SOMMAIRE

« Innovation et savoir-faire d'excellence »

ENTRETIEN AVEC PHILIPPE NGUYEN, PRÉSIDENT DE L'ASSOCIATION NATIONALE DES ENTREPRISES DU PATRIMOINE VIVANT

Propos recueillis par Claude Pommereau

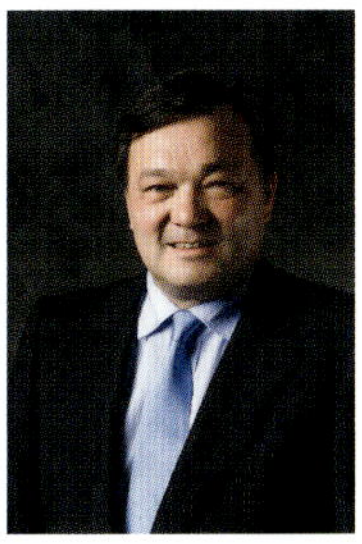

Pouvez-vous nous rappeler comment est né le label EPV ?

Créé il y a dix ans, le label EPV est un label d'État qui signifie « Entreprise du patrimoine vivant ». Il est décerné par le ministère de l'Économie et des Finances et par son secrétariat d'État chargé du Commerce, de l'Artisanat, de la Consommation et de l'Économie sociale et solidaire. Le label est régi par une commission composée d'une vingtaine de personnes représentant l'Administration ainsi que différents secteurs de l'industrie et de l'artisanat, auxquels se joignent des experts, avec l'appui de l'Institut supérieur des métiers.

Il appartient à la commission d'émettre auprès des deux ministères des propositions de labellisation des entreprises après une étude très approfondie du dossier de celles qui se déclarent candidates.

De mon point de vue, il s'agit d'une des meilleures commissions d'expertise de l'Administration, s'appuyant sur trois critères principaux: le savoir-faire rare, industriel ou artisanal; le patrimoine économique: machines anciennes, dessins, modèles, moules; enfin, la notoriété régionale, nationale ou internationale.

Combien d'entreprises ont-elles été labellisées à ce jour ?

1375 en dix ans. Elles représentent un chiffre d'affaires d'environ 14 milliards d'euros et emploient plus de 62 000 salariés. L'ensemble des régions et des secteurs y sont représentés, puisqu'on y retrouve les arts de la table, le patrimoine bâti, la gastronomie, la mode, la beauté, la décoration, la culture et les loisirs, et la technologie. Le label, à terme, permettra d'identifier 5 000 entreprises environ.

Quel est le rôle dévolu à votre association ?

L'Association nationale des entreprises du patrimoine vivant, organisation professionnelle qui représente des entreprises ayant reçu ce label d'État, favorise leur synergie et leur promotion. Elle se veut leur porte-parole auprès des pouvoirs publics, qu'ils soient régionaux, nationaux ou européens. Nous les appuyons, en particulier, dans leur développement international.

Que faites-vous pratiquement pour aider les entreprises moyennes ou petites à gagner des marchés extérieurs ?

En premier lieu, ce sont les actions des entreprises dans la durée qui sont déterminantes. En second lieu, un ensemble d'institutions contribuent à cette promotion: Business France, les conseillers du commerce extérieur, etc. En ce qui nous concerne, nous faisons en sorte que nos adhérents puissent se regrouper, bénéficier de soutiens régionaux, échanger des informations issues des expériences déjà vécues, accéder à des salons et profiter de tarifs préférentiels pour y participer. Ainsi, nous incitons nos adhérents à participer à l'événement French May, à Hong Kong.

Toutes les entreprises ayant obtenu le label font-elles partie de l'association ?

25 % des entreprises labellisées adhèrent à l'association. Notre représentativité au niveau régional est forte avec l'aide de nos délégués régionaux, responsables d'entreprises bénéficiant du label, qui agissent bénévolement au service de tous les adhérents.

Grâce aux délégués, les entreprises labellisées de chaque région communiquent entre elles, se réunissent de façon périodique, expriment leurs souhaits auprès du conseil régional. Ils favorisent la création de synergies entre les entreprises. Synergies de clientèles, de fournisseurs, de réseaux, etc. C'est un écosystème.

Vous n'avez pas évoqué la formation. Vos adhérents exercent des métiers très pointus, disposent d'un savoir-faire unique. Les successions doivent parfois se révéler très difficiles... Les artisans qui savent faire n'ont pas toujours le temps ou les moyens de rechercher des apprentis et de les former. Jouez-vous un rôle dans ce domaine ? Les aidez-vous à assurer leur succession ?

Cette capacité à renouveler le tissu de ceux qui disposent de l'expertise et de l'expérience professionnelle pour réaliser des produits d'excellence est un élément stratégique pour l'ensemble de ces entreprises. C'est vrai, de nombreux animateurs partent à la retraite et ne sont pas remplacés. Nous héritons de métiers orphelins pour lesquels la formation conduisant au « savoir-faire » n'existe plus. Il nous revient de les remettre en route, en relation avec les organismes de formation régionaux et nationaux, ainsi qu'avec les entreprises susceptibles d'accueillir des apprentis. Des initiatives prometteuses se développent, tel l'Institut des métiers rares (SEPR) à Lyon.

Nous demandons que, dans les régions, il y ait une prise en charge du salaire des formateurs, qui consacrent parfois 50 % de leur temps à former des apprentis. Pour le moment, ils sont à la charge des entreprises. Nous souhaitons que, peu à peu, ce soit les régions qui contribuent, dans le cadre de leurs nouvelles compétences, au financement de ce type de formations.

Les normes techniques émises par les pouvoirs publics évoluent ; le respect du principe de précaution soulève de délicats problèmes...

C'est vrai. Il nous revient également de faire en sorte que les normes techniques récentes émises par les pouvoirs publics puissent s'adapter à des métiers anciens.

Un exemple : pour estamper un couvert en argent massif, il faut utiliser ce que l'on appelle un « mouton » d'une tonne, un appareil vieux de 150 ans et qui ne se fabrique plus.

Pour obtenir le bon estampillage, il est indispensable de bouger à la main la partie d'argent massif qui est estampée. Cela signifie qu'il faut assurer la protection de cette main.

Aujourd'hui, il est techniquement impossible d'y parvenir sans risque. Nous avons trouvé dans une entreprise experte du domaine une adaptation originale de la réglementation en matière d'orfèvrerie, les normes techniques étant respectées.

Vous connaissez très bien les arcanes de l'administration fiscale, avec lesquelles vos adhérents doivent composer...

Oui, et je vais vous donner un exemple : le crédit d'impôt métiers d'art a donné lieu à une prorogation en loi de finances pour 2017. Dans le passé, il a conduit à ce que 50 % des entreprises soient requalifiées sur le plan fiscal. Nous appuyons ces entreprises et faisons en sorte qu'au niveau de la direction du Budget et de la direction de la Législation fiscale, on puisse disposer d'une circulaire interprétative du crédit d'impôt métiers d'art, afin que la même interprétation prévale sur tout le territoire.

En conclusion, quelle est votre grande ambition en tant que président de l'Association ?

Le label identifie l'excellence française. Les EPV qui réussissent sont celles qui allient tradition et innovation. C'est la clé du succès. Avec les EPV et leur développement dans le monde, nous nous employons à faire réussir la marque France.

LES CHIFFRES DES EPV EN 2016

1 375 entreprises labellisées

14 milliards d'euros de chiffre d'affaires cumulés

Plus de **62 000** emplois

38 % ont un chiffre d'affaires supérieur à 1,7 million d'euros

24,8 % ont été créées avant 1900

21,6 % ont été créées entre 1900 et 1950

« La République française a donné un caractère officiel et d'intérêt public au label »

ENTRETIEN AVEC RENAUD DUTREIL, ANCIEN MINISTRE, ENTREPRENEUR

Propos recueillis par Claude Pommereau

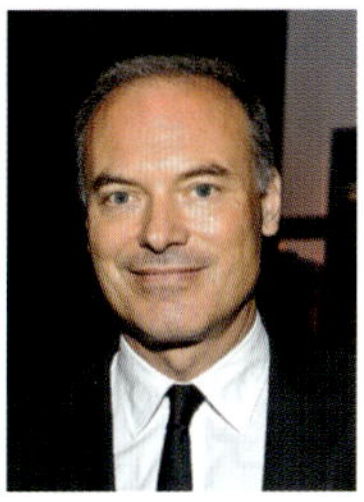

Ministre chargé des PME de 2002 à 2007, passionné par les métiers d'art français, vous êtes à l'origine du label EPV, il y a dix ans.

C'est exact. À l'époque, j'avais découvert les trésors nationaux vivants japonais. J'ai pensé à tous les trésors vivants que nous possédions en France, c'est-à-dire à ces entreprises au savoir-faire unique, porteuses d'une culture exceptionnelle. J'ai alors lancé un double inventaire :

- celui des métiers d'art, qui a conduit à leur reconnaissance et à la publication d'une liste officielle des métiers d'art, validée par l'État;
- celui des entreprises du patrimoine vivant présentes en France.

La dénomination de « patrimoine vivant » reposait sur deux idées : d'une part, ces entreprises font partie de notre héritage culturel; d'autre part, elles sont vivantes, donc fragiles, susceptibles de disparaître et d'emporter avec elles un savoir-faire et un patrimoine précieux. J'ai voulu à la fois les protéger et les encourager à se développer à l'international. La loi de 2006 prévoyait une incitation à la formation des apprentis et une incitation à l'investissement dans l'innovation, deux conditions de leur développement futur.

Le Comité Colbert vous a-t-il aussi servi de modèle ?

Oui, en partie. Le Comité Colbert sentait la nécessité d'une stratégie collective, valorisant le patrimoine culturel dont le luxe français est l'héritier. À travers tous les réseaux français avec lesquels j'étais en contact – les chambres de commerce et les chambres de métiers, les experts-comptables, les fédérations professionnelles, etc. –, j'ai tenté de mener à bien un inventaire, dont il est sorti trois catégories :

- les très grandes entreprises – bien souvent représentées au Comité Colbert –, qui ont déjà réussi à l'international et ont diffusé dans le monde entier des standards de goût liés à l'art de vivre français;
- les très petites entreprises, souvent artisanales et comptant un ou deux salariés;
- les entreprises petites et moyennes qui, bien souvent, se battent pour accéder au marché international et sont menacées d'asphyxie sur le seul marché français.

J'ai souhaité que ces trois familles puissent vivre ensemble, sous le même toit et qu'elles puissent partager ces valeurs, en commun. Voilà l'origine du label Entreprise du patrimoine vivant.

Pourquoi les entreprises concernées ont-elles accepté de se rallier à votre initiative ?

La loi, avec son autorité, a établi ce label, auquel la République française a donné un caractère officiel et d'intérêt public. Depuis Louis XIV, le vrai père des entreprises du patrimoine vivant, l'État a joué un rôle dans cette rencontre entre notre art de vivre et la performance économique d'entreprises privées.

L'industrie du luxe, les grands groupes ont admis que l'intérêt commun pouvait coexister avec les intérêts particuliers. Ils ont joué le jeu et accepté de présenter des dossiers de candidature au label EPV. Leur participation a donné une grande crédibilité au label, car ces entreprises ont réussi sur tous les marchés du monde. Elles ouvrent la voie à celles plus petites, qui peuvent réussir dans leur sillage, tout en conservant leur originalité.

Les petites travaillent pour les grandes, non ?

Pas forcément. Il faut distinguer les entreprises manufacturières qui produisent pour d'autres marques – je n'aime pas le mot « sous-traitant », qui valorise mal leur travail exceptionnel – de celles qui produisent des biens distribués sous leur propre marque. Dans le monde actuel, la valeur se concentre sur les marques. Il faut que les EPV aillent vers ce déploiement des marques, qui allie qualité du produit et transmission d'une histoire singulière au consommateur moderne, si amoureux de notre art de vivre.

AGRO'NOVAE INDUSTRIE
LES COMTES DE PROVENCE

INDUSTRIEL CONFITURIER

Manufacture de spécialités et ingrédients à base de fruits

❖ DES MACHINES-OUTILS SUR MESURE

Dès les premières années de sa manufacture, installée près de Manosque en 1986, Yves Faure a fait un double choix de modèle économique : celui de travailler sous sa marque propre, « Les Comtes de Provence », et celui de distribuer ses spécialités haut de gamme (confitures, compotes, desserts de fruits) dans les grandes surfaces. Trente ans plus tard, cette stratégie s'avère payante : Les Comtes de Provence est devenue une des plus belles marques françaises de confitures premium, disponible sur tout le territoire français (plus de 3 000 magasins des sept plus grands distributeurs). Elle a acquis ce niveau d'excellence par la qualité de ses recettes (65 à 80 % de fruits, sucre de canne) et grâce à une chaîne de fabrication créée sur mesure pour l'entreprise. Toutes les étapes sont pensées pour préserver la qualité des confitures : cuisson au chaudron, pots remplis par gravité (et non par pompage comme dans les systèmes industriels, action qui détruit les morceaux de fruit) et conservation assurée par empotage à chaud et autopasteurisation pour éviter la stérilisation (qui représenterait une deuxième cuisson des fruits à plus de 100 °C).

❖ LA MAIN DE L'HOMME GARANTE DE LA QUALITÉ

L'humain reste un pilier fondamental du processus, en maîtrisant les étapes clés de la production : c'est en cela que le terme de « manufacture » prend vraiment tout son sens. « Nous avons gardé un mode de fabrication traditionnel, comme pratiqué en atelier artisanal ou à la maison : nous changeons simplement d'échelle, avec un volume de 60 000 pots produits par jour. » Ce processus technique « mécanisé main, manufacturé » a amené l'entreprise à se doter de bâtiments modernes, aujourd'hui d'une surface de 6 000 m² après plusieurs phases d'agrandissement.

❖ UNE IDENTITÉ PROVENÇALE ET PATRIMONIALE EN FRANCE ET À L'EXPORT

Ancrée dans son territoire provençal, l'entreprise a développé une large gamme de recettes typées méditerranéennes. Les fruits qui remportent le plus de succès ? La figue, les agrumes, les pêches, abricots et fraises. Le bio prend de plus en plus de place, soit 50 % des volumes produits. Avec une croissance actuelle à deux chiffres, Yves Faure organise une accélération de l'exportation vers une cinquantaine de pays d'ici à cinq ans (de l'Asie à l'Amérique du Nord en passant par l'Europe et l'Afrique).

L'entrepreneur est serein, tant il inscrit son action dans une démarche patrimoniale et familiale inspirée par l'abbaye bénédictine de Ganagobie qui, installée elle aussi en 1992, surplombe sa manufacture et veille sur elle. Il a fait des valeurs de la règle de saint Benoît celles de l'entreprise : stabilité, persévérance dans l'engagement, progression et amélioration permanente, écoute attentive, recherche de la qualité dans toutes les tâches quotidiennes. Le logo même de la marque en est porteur, avec la citation latine inscrite sur son gonfalon : *Ut in omnibus Deus glorificetur.* Pour voir loin... **S. P.**

LES 5 DATES CLÉS

1986
Création d'Agro'Novae Industrie « Les Comtes de Provence » près de Manosque, en Haute-Provence

1992
Construction du site industriel de l'entreprise à Peyruis (04), près de l'abbaye bénédictine de Ganagobie

2001
Premières certifications ISO 9001, ISO 22000 et bio

2014
L'entreprise est labellisée EPV et s'ouvre au public dans la démarche Qualité Tourisme et la Route des Saveurs & des Senteurs

2016
Le bâtiment voit sa 3e phase d'extension, croissance à deux chiffres de l'activité, dont 15 % réalisés à l'export dans 22 pays

1 et 3. Des fruits de très haute qualité et le choix exclusif du sucre pur canne blanc pour une belle couleur des recettes ! **2.** L'automatisation supprime des actions où l'intervention humaine n'apporte aucune valeur ajoutée, comme le remplissage, le capsulage ou l'étiquetage. **4.** L'humain au cœur de la manufacture pour une qualité premium. **5.** Une cuisson en chaudron traditionnel ! Comme autrefois...

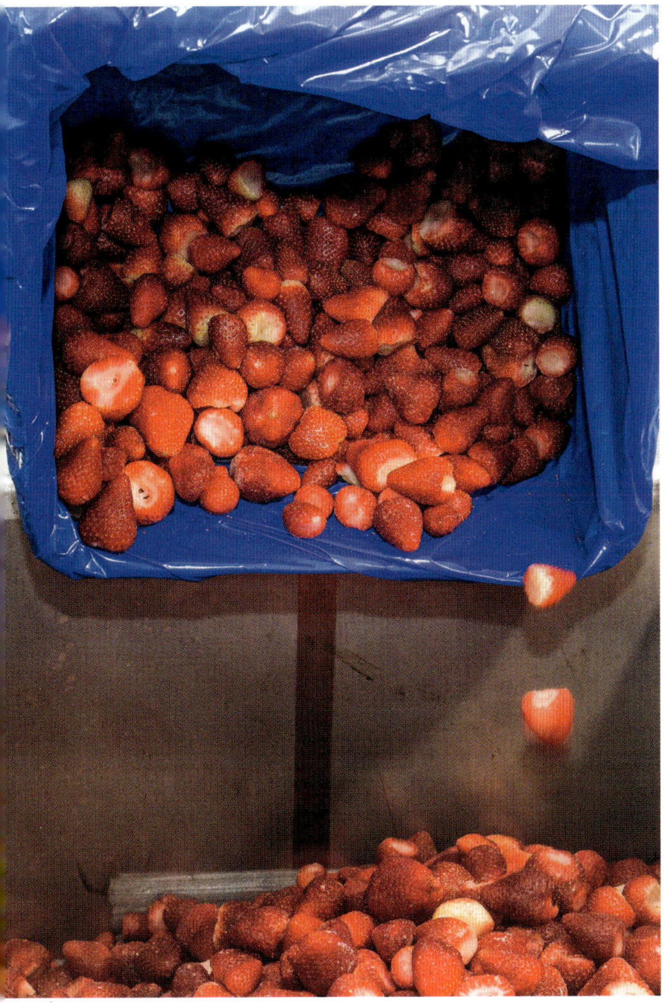

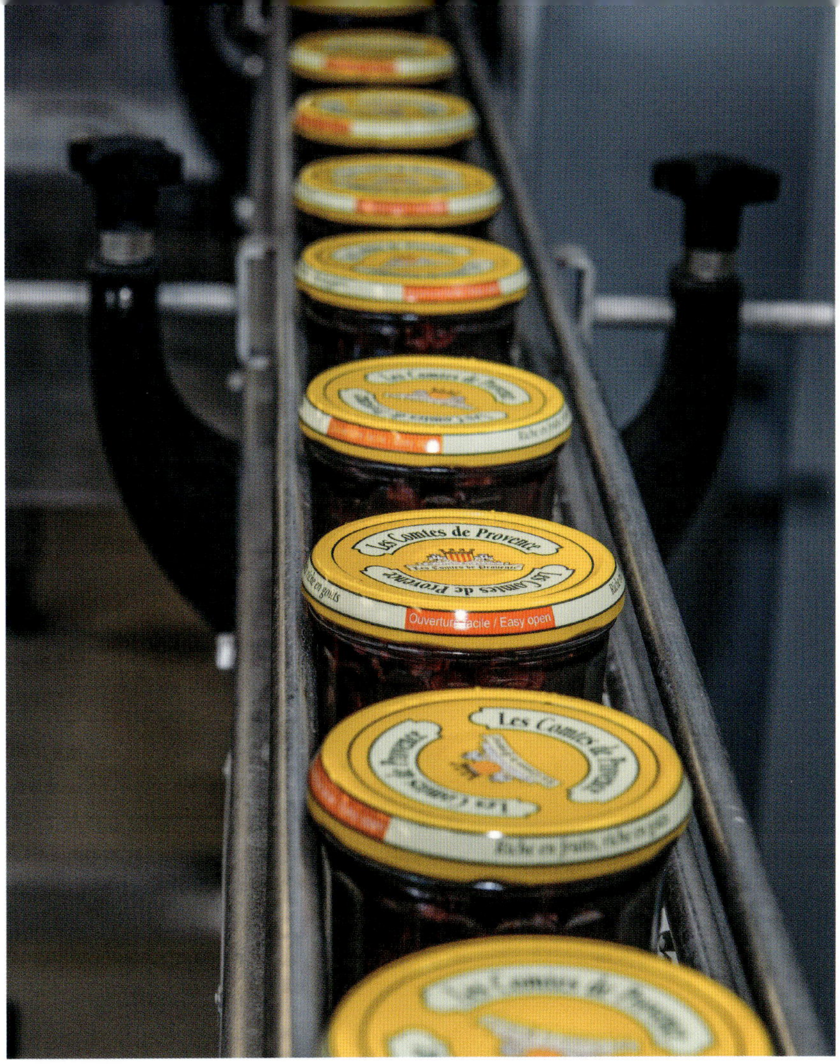

2

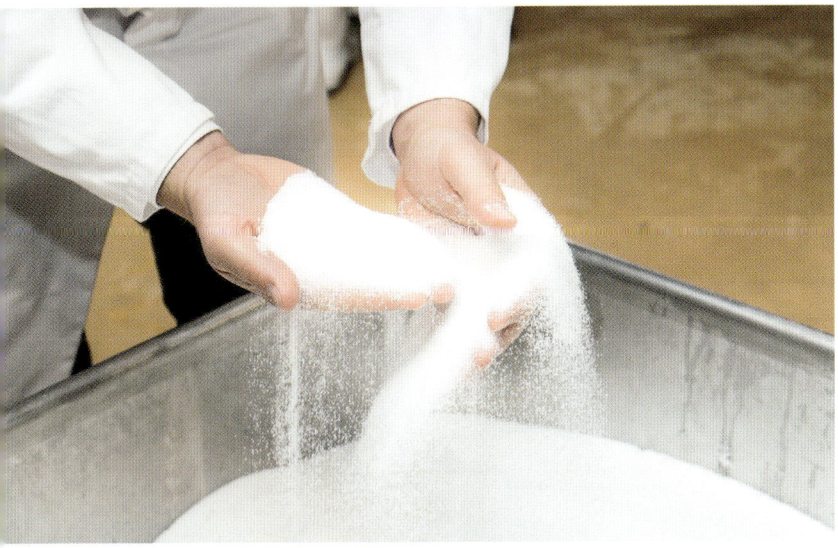

3

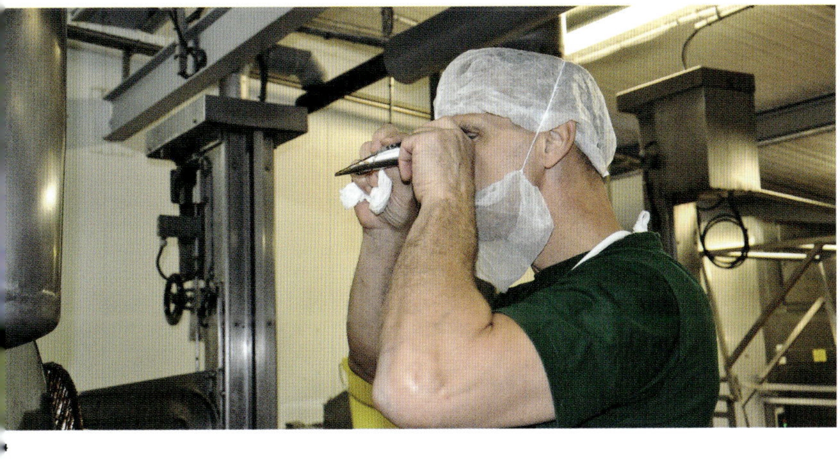

4

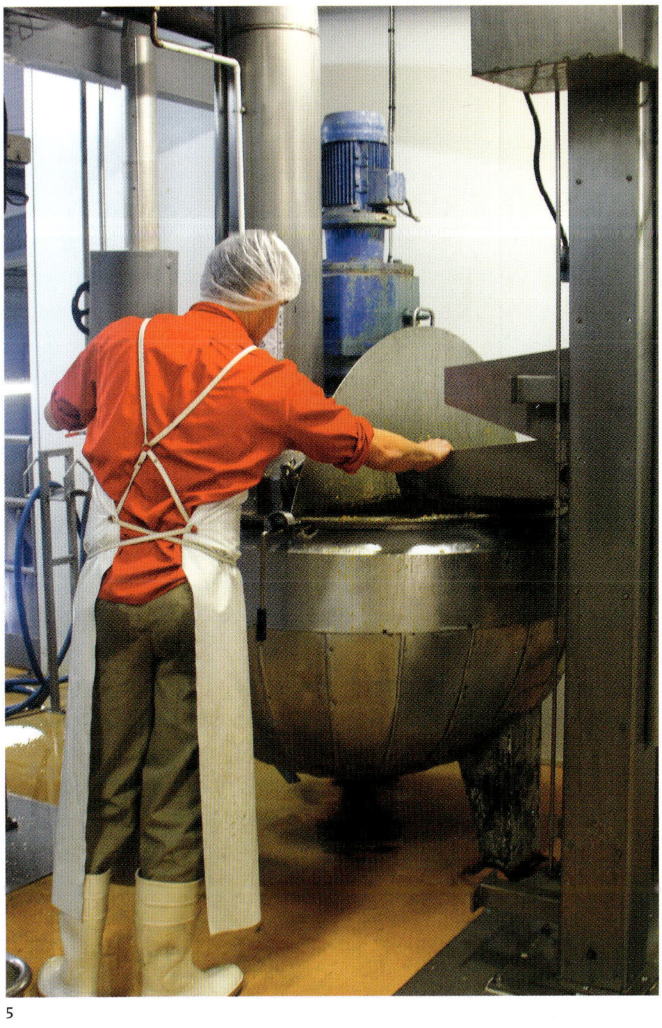

5

LES ATELIERS DE LA CHAPELLE

ÉBÉNISTE ET RESTAURATEUR

Ébénisterie, sculpture, boiseries, menuiserie d'art ❖ Conservation et restauration de mobilier civil et religieux

Une double ambition : restaurer et créer

❖ **QUARANTE PROFESSIONNELS HAUTEMENT QUALIFIÉS**

De la restauration des grands décors (parquets, mobiliers d'église ou civil...) à la fabrication de boiseries ou de bibliothèques, en passant par la réalisation de mobilier contemporain et de sculpture ornementale et statuaire, Les Ateliers de la Chapelle peuvent aborder tout le répertoire du mobilier et du décor français. Créés en 1969 par l'ébéniste Yves Gilbert, ils sont installés au Longeron, dans le Maine-et-Loire. Une quarantaine de professionnels hautement qualifiés se répartissent dans les différents ateliers de la société.

❖ **QUATRE ATELIERS COMPLÉMENTAIRES**

Les Ateliers de la Chapelle sont organisés autour de quatre pôles : l'atelier de restauration œuvre à la restauration-conservation de grands décors historiques, de parquets, de mobilier en bois massif ou plaqué ; il a travaillé notamment pour la cathédrale de Chartres et Notre-Dame de Paris, la Banque de France et le domaine de Chantilly. L'atelier de sculpture est spécialisé dans la restauration et la copie des ornements, depuis le XVe siècle jusqu'à l'Art déco, et comprend un salarié reçu Meilleur Ouvrier de France en 2011. L'atelier de fabrication produit, quant à lui, des bibliothèques, des boiseries, des parquets et du mobilier (pour des particuliers, mais aussi pour des musées nationaux ou des monuments historiques comme le Palais-Royal, le musée du Louvre ou la villa Cavrois). Dans cet atelier, une section ébénisterie est spécialisée dans la réalisation de mobilier contemporain pour le compte de designers, de décorateurs et d'architectes d'intérieur, et va jusqu'à la réalisation d'œuvres d'art, comme pour l'artiste Régis Perray. Enfin, le bureau d'études effectue des diagnostics complets comprenant l'analyse des modes de construction, la critique d'authenticité, le constat d'état, les relevés graphiques. Il joue également un rôle important dans le travail de recherche à mener sur les décors à restituer. À cette fin, le bureau d'études dispose d'une large documentation et des compétences de techniciens, dessinateurs, restaurateurs et historienne d'art des différents ateliers.

❖ **UN ÉQUIPEMENT DIGNE D'UN ATELIER DE MUSÉE**

En plus des équipements classiques, les ateliers possèdent des ateliers – d'une surface totale de 2750 m^2 –, disposent de trois chambres fortes à hygrométrie contrôlée pour le stockage des œuvres d'art, d'un hangar fermé et ventilé de 800 m^2 pour le stockage du bois massif (environ 220 m^3, dont la moitié en chêne de France et le reste en bois fruitier ou en essences rares), d'un stock de placage de nombreuses essences, d'un stock de serrurerie ancienne et d'une cellule de séchage sous vide. ⁒ **D. L.**

LES 5 DATES CLÉS

1969
Création de l'entreprise par Yves Gilbert

1995-1996
Musée J. Paul Getty (Los Angeles).

Restauration et fabrication de compléments de trois grands décors de boiseries du XVIIIe siècle provenant d'hôtels particuliers français

1999
Création de l'atelier de restauration

2011
L'entreprise reçoit le label EPV

2015
Restitution des menuiseries intérieures et du mobilier créé par Mallet-Stevens en 1932 à la villa Cavrois

1 et 2. Dans la chambre des parents et la salle à manger des enfants de la villa Cavrois (Croix), les Ateliers de la Chapelle ont restitué les décors conçus par Mallet-Stevens en 1932. Ce travail a été réalisé après une étude préliminaire approfondie dans le but de restituer le mobilier d'origine en excluant l'emploi de matériaux et de techniques de fabrication anachroniques. Chambre des parents : palmier ciré, laiton oxydé, satin de laine ivoire. Salle à manger des enfants : zingana vernis satiné, laiton chromé. **3 et 5.** Au cours de la restauration des retables monumentaux du transept de l'église Saint-Paul de Bordeaux, il s'agit ici de sculpter un élément restitué et d'appliquer au pinceau un vernis d'ambre sur un angelot. **4.** Restauration des boiseries sculptées de la Galerie dorée de la Banque de France à Paris. **6.** Création de cette armoire basse par Romain Gilbert, en ébène blanche du Laos incrustée de filets d'étain et d'ébène noire. **7.** Fabrication des décors de boiseries des salles XVIIIe du département des objets d'art au musée du Louvre.

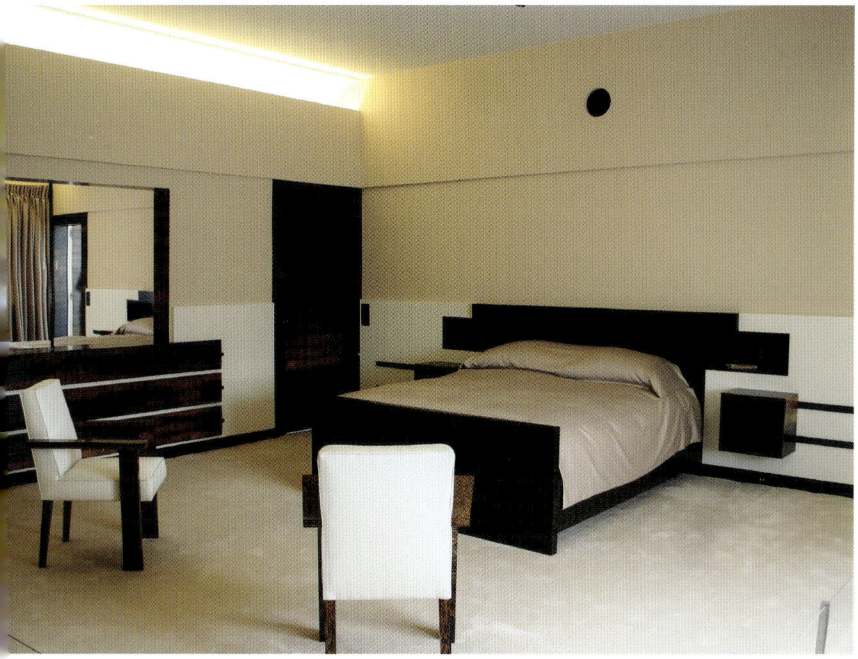
1

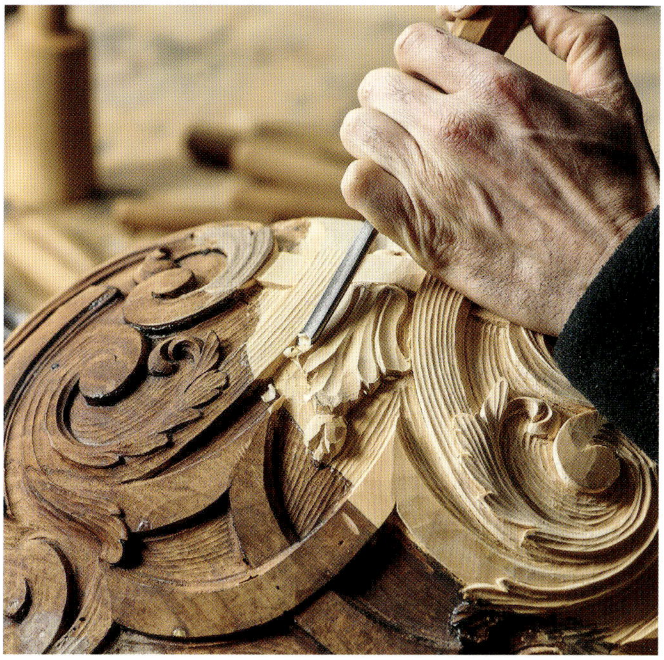
3

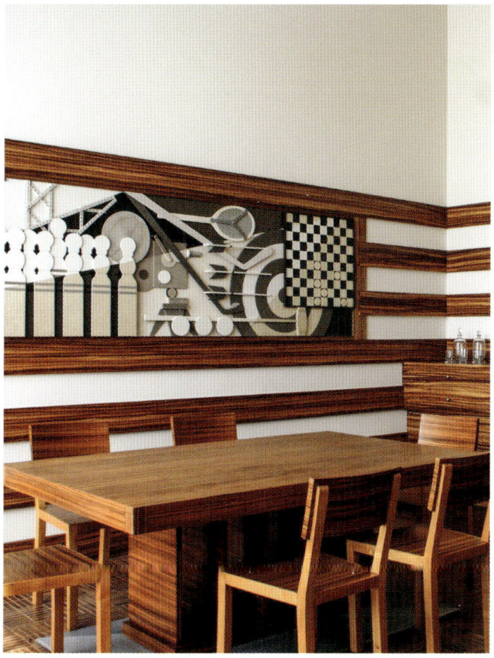
2

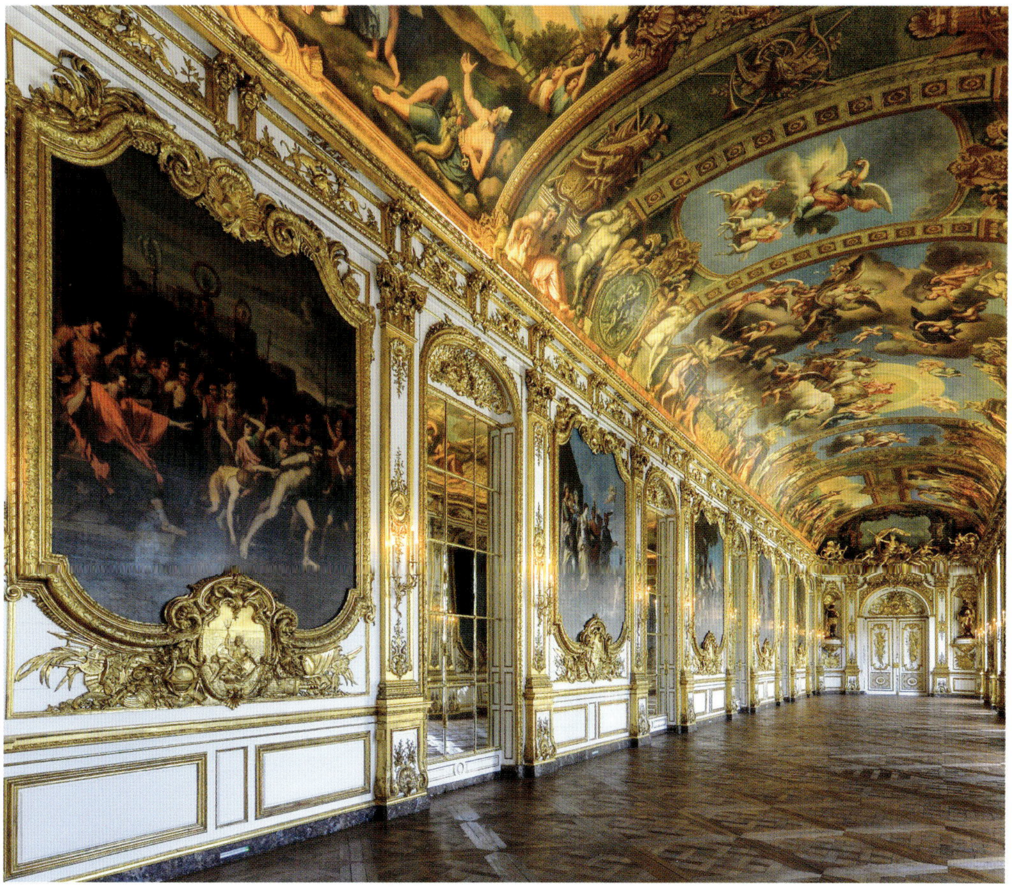
4

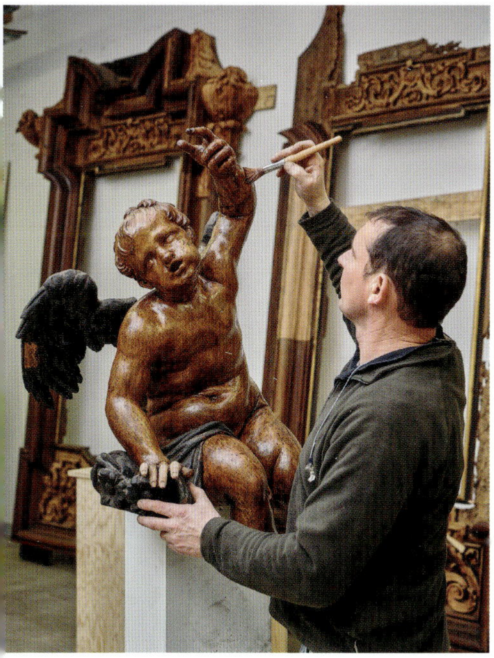
5

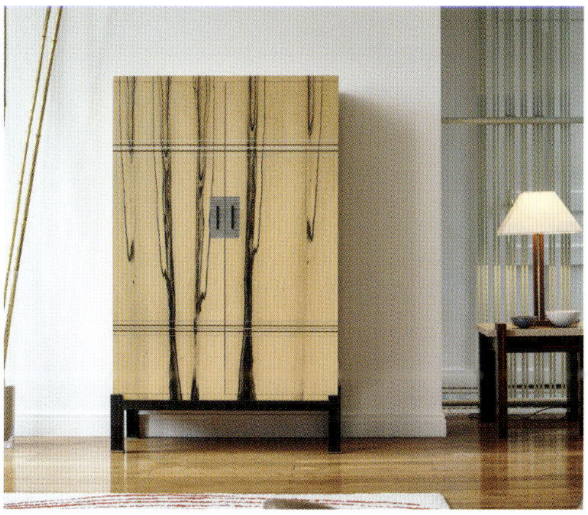
6

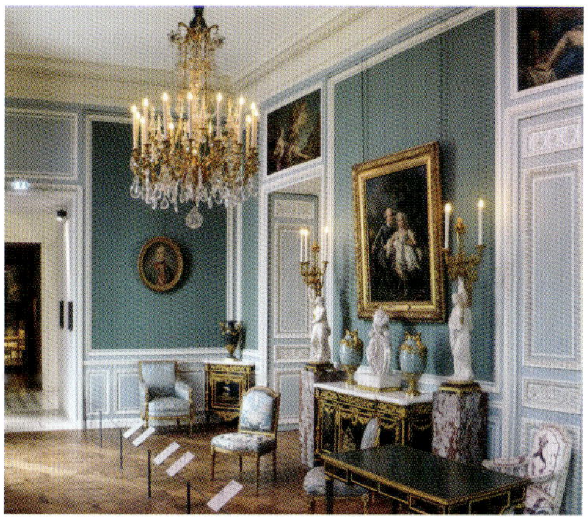
7

LA BOTTE GARDIANE

BOTTIER

Bottes camarguaises

Des bottes clouées, cousues, collées

❖ VOUS AVEZ DIT FRENCH COWBOY ?

Créées à l'origine pour les gardians – ces hommes chargés de surveiller les troupeaux de taureaux ou de chevaux –, les mythiques bottes gardianes ont au fil du temps séduit au-delà du territoire. Les «camarguaises» – comme on les appelle aussi – s'adressent aujourd'hui à un public d'initiés. Tout se passe par le bouche à oreille depuis la création de l'entreprise La Botte Gardiane en 1958 – à Villetelle, entre Nîmes et Montpellier – jusqu'à la reprise en 1995 par la famille Agulhon, qui va lui donner un souffle nouveau (l'effectif passe de quatre personnes à pas moins de 20 en 2016).

❖ DES CUIRS ORIGINAIRES D'AVEYRON

La Botte Gardiane a construit son identité avant tout autour de lignes pures, élégantes et modernes. Les bottes sont reconnaissables entre mille avec leur tige droite et leur montage mixte. Elles sont d'une solidité à toute épreuve, car cousues, collées et clouées. Les peaux utilisées mesurent entre 2,6 et 3 millimètres d'épaisseur et proviennent principalement de veaux de l'Aveyron. De plus, l'entreprise utilise une centaine de cuirs différents, dont plus de 70 % sont français. Ils sont retannés à la graisse chaude, ce qui leur assure souplesse et éclat pour longtemps. Dans l'atelier, les machines coupent, percent, piquent le cuir, mais elles ne seraient rien sans l'adresse des artisans qui manipulent la peau: un vrai ballet de gestes millimétrés. Héritiers d'une tradition exigeante, Antoine et Julien Agulhon s'affairent à la fabrication de 15 000 paires de chaussures par an: un rythme soutenu qui nécessite la construction d'un nouvel atelier (toujours dans la région), afin d'augmenter encore la capacité de production.

❖ LE MARCHÉ DU LUXE CONQUIS

Fanny, la dernière du clan Agulhon, a pris les commandes du stylisme et insuffle sa vision créatrice. Les collections incarnent la modernité des savoir-faire ancestraux, revivifiant sans cesse l'ADN de la marque. Et ça marche: un tiers de la production est distribué au Japon et aux États-Unis principalement, habillant été comme hiver les amoureux de la qualité française. La Botte Gardiane poursuit une trajectoire sans faute dans le milieu de la mode parisienne et poursuit ses collaborations avec des designers: après Céline et Vanessa Bruno, Jérôme Dreyfuss a créé des modèles en 2016. Avec deux boutiques à Paris – à Bastille et dans le Marais –, elle conquiert les amoureux de nature sauvage en territoire urbain. Jean Dujardin, Inès de la Fressange, Isabel Marant et bien d'autres ne jurent que par les modèles de la marque. Et il y a de quoi avoir une belle collection: des bottes aux sandales, tout est personnalisable, même les sacs et les ceintures. Un vrai plaisir des yeux et des sens. **D. L. et S. P.**

LES 5 DATES CLÉS

1958
Création de La Botte Gardiane

1995
Rachat de l'entreprise par la famille Agulhon

2007
L'entreprise reçoit le label EPV

2012
Ouverture d'une première boutique à Paris (Bastille). Deux ans plus tard, une deuxième dans le Marais

2017
Ouverture d'un nouvel atelier à Aigues-Vives (Gard)

1. Montage des arrières. **2.** Le semelage. **3.** Finition: on brûle les bords du cuir. **4.** Pose du talon. **5.** Marquage du logo. **6.** La botte finie.

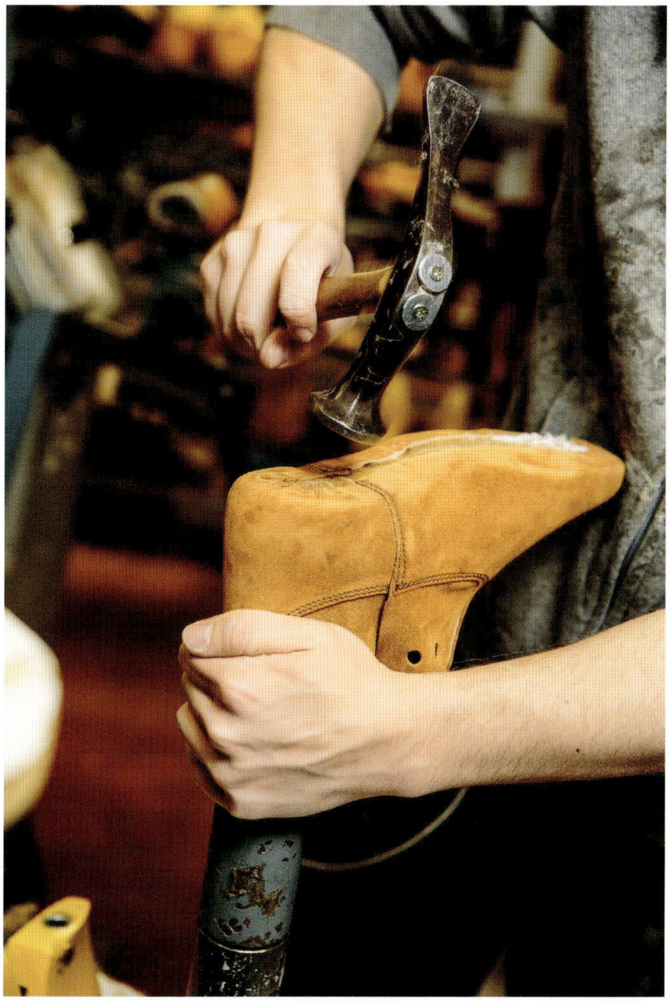

1

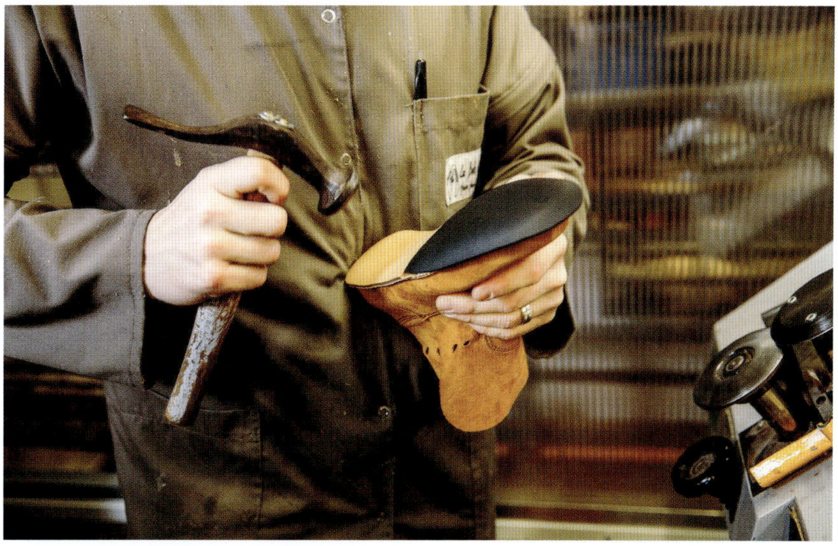

2

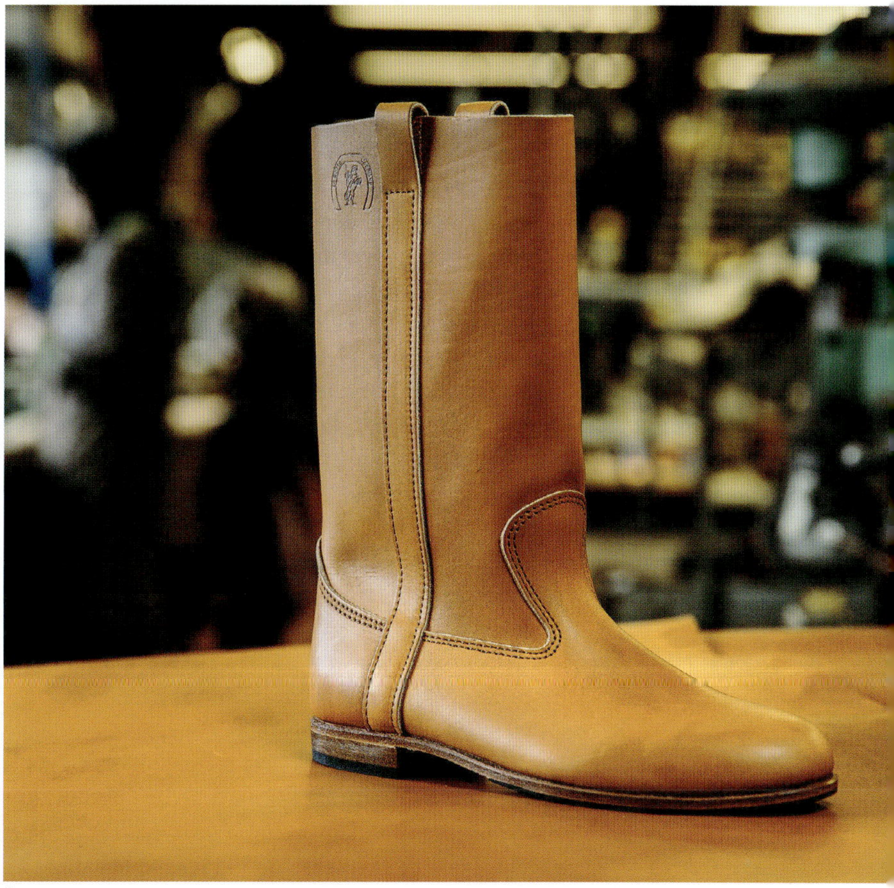

6

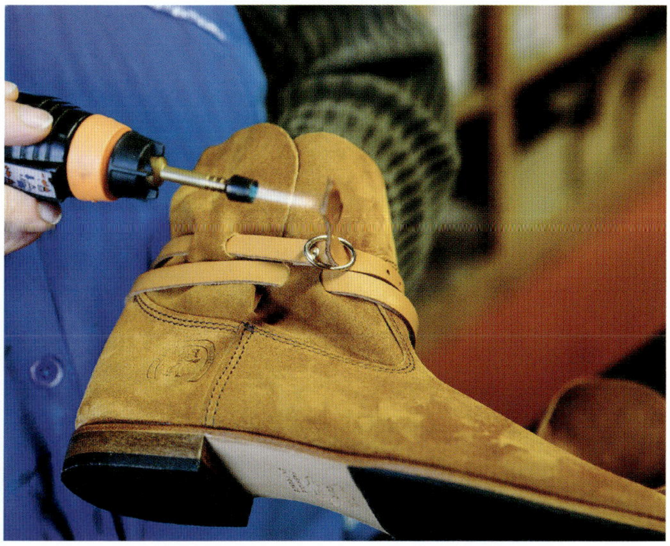

3

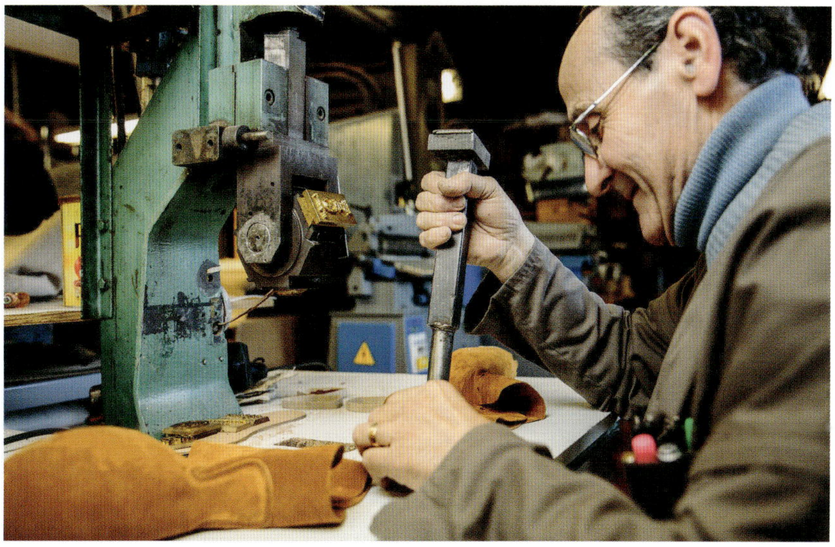

5

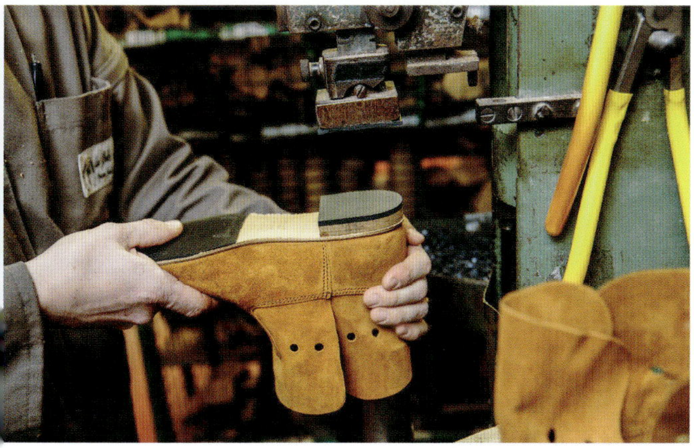

4

BULLIER - PINCEAUX LÉONARD

FABRICANT DE PINCEAUX

Spécialiste de pinceaux pour l'art et la cosmétique

Dans le sens du poil

◆ TROIS MILLIONS DE PINCEAUX PAR AN

En 1840, Gabrielle Bullier – dite «veuve Bullier» – rachète la maison Cherion et Samuel, un des tout premiers ateliers de fabrication de pinceaux du monde occidental. Depuis lors, sept générations se sont succédé à la tête des pinceaux Léonard, entreprise installée à Saint-Brieuc depuis 1866.

Dès l'origine, elle se spécialise dans la fabrication et la commercialisation de pinceaux pour les beaux-arts, d'où son nom, en référence à Léonard de Vinci. À partir de 1967, la société Bullier se lance dans la fabrication de pinceaux pour le maquillage, ce qui représente désormais près de 50 % de son chiffre d'affaires. L'entreprise, qui propose une gamme de 7000 pinceaux différents, en produit autour de 3 millions par an. Le personnel (27 personnes au total) est essentiellement féminin, une tradition dans cette région de marins où la dextérité des ouvrières, souvent épouses de marins, est appréciée.

◆ LE PINCEAU, PROLONGEMENT DE LA MAIN DE L'ARTISTE

Le pinceau est le prolongement de la main de l'artiste pour déposer la matière sur un support, et c'est la combinaison de ces trois éléments qui fait référence chez Bullier. D'où l'importance du poil et le choix de tel ou tel type selon la destination du pinceau. Naturel (Léonard utilise une vingtaine de types: martre, blaireau, putois...) ou synthétique (une quarantaine de références), le poil varie en fonction de sa finesse, de son ressort (aptitude à revenir droit après avoir été courbé) et de sa capacité de rétention (son effet réservoir) pour répondre aux besoins diversifiés des artistes: peinture à l'eau, à l'huile, acrylique, sur porcelaine ou céramique... ou pour réaliser des décors (faux bois, faux marbre, dorure).

◆ UN PINCEAU NUMÉRIQUE

Ce savoir-faire ancestral n'empêche pas l'esprit d'entreprise et l'innovation dans cette société qui exporte 37 % de sa production – un axe amené à se renforcer, puisqu'elle a ouvert récemment un bureau en Chine. En 2012, les pinceaux Léonard ont mis sur le marché l'eBrush, un pinceau numérique qui permet de dessiner et de peindre sur une tablette numérique, comme on peut le faire sur une toile. Deux ans plus tard, l'entreprise allait encore plus loin avec l'invention d'un pinceau en trois dimensions (le 3Dbrush), qui permet de peindre et de créer en relief à partir de filaments en plastique. Beau mariage entre le savoir-faire traditionnel et les technologies les plus modernes... **D. L.**

LES 4 DATES CLÉS

1840
Gabrielle Bullier rachète la maison Cherion et Samuel

1866
L'atelier, jusqu'alors en région parisienne, déménage à Saint-Brieuc

1967
Lancement d'une gamme de pinceaux pour la cosmétique

2011
Ouverture d'un bureau en Chine. L'entreprise reçoit le label EPV

1 et 4. Des pinceaux lavis avec de véritables plumes d'oie. **3 et 6.** Le fait-main dans l'atelier. **2 et 5.** Des poils naturels pour tous les usages.

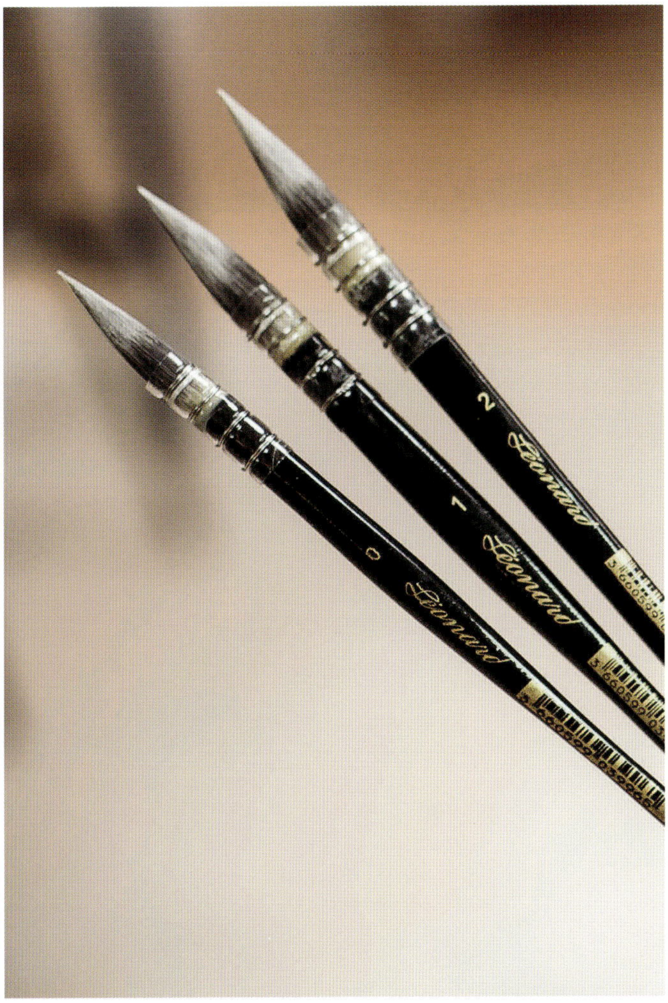
0
1
2
Léonard
Léonard
Léonard

1

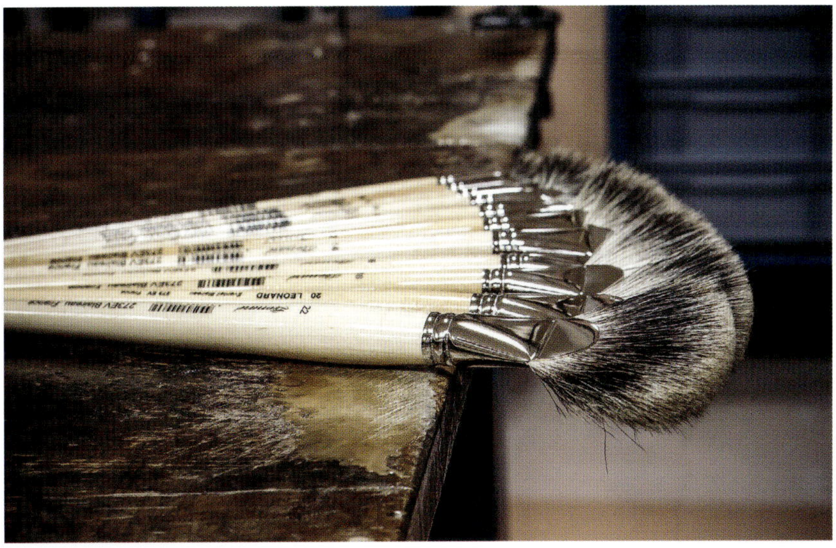

2

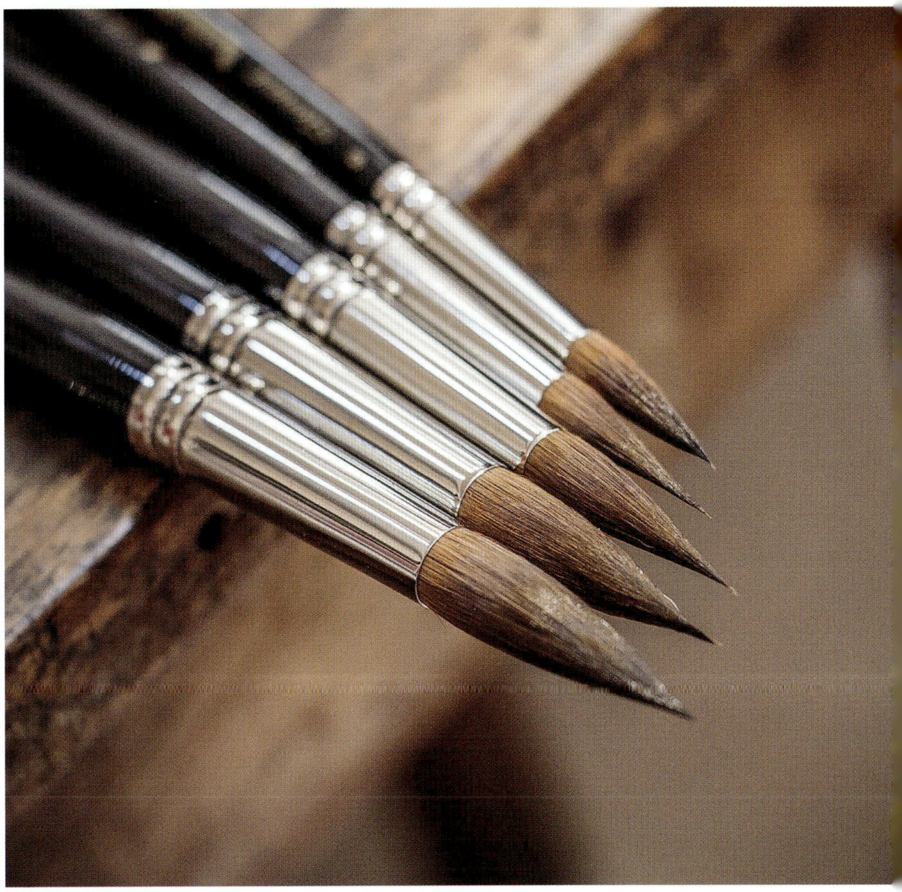

5

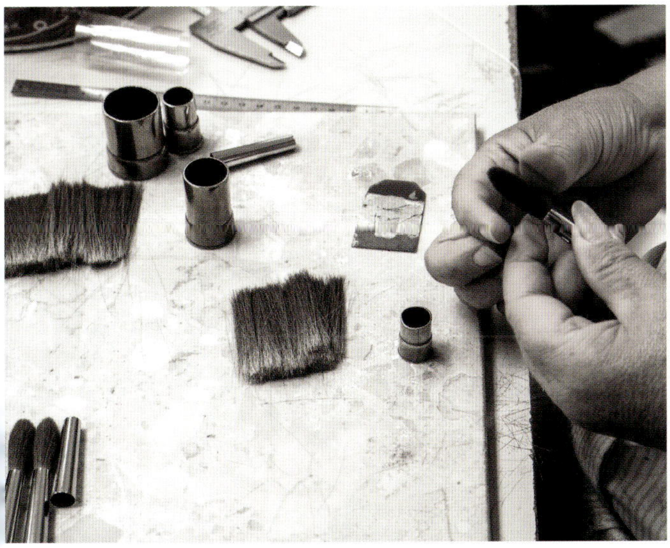

3

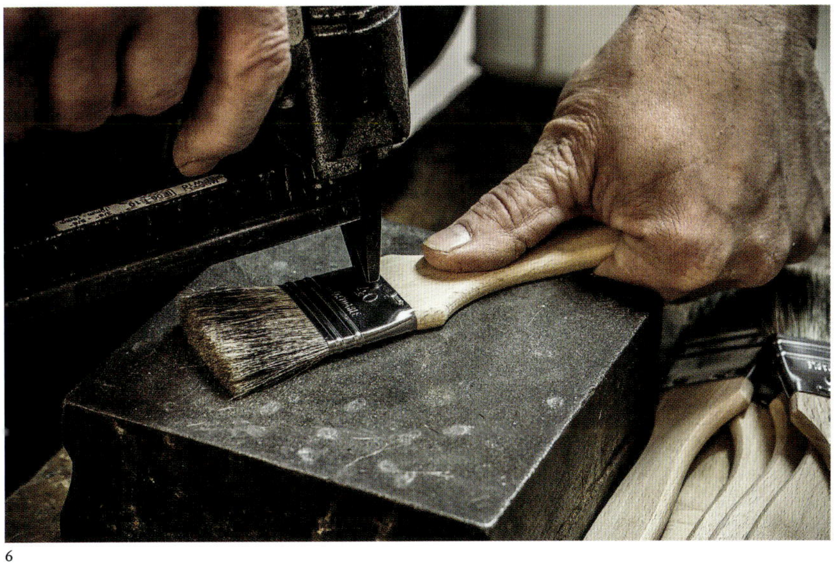

6

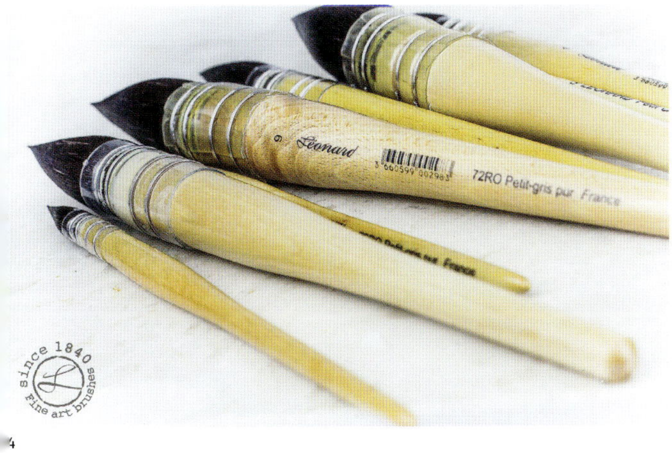
Léonard
72RO Petit-gris pur France
Since 1840
Fine art brushes

4

LES HARPES CAMAC

LUTHIER

Facture de harpes

Inventeur des harpes du XXIᵉ siècle

◆ UN « TIMBRE TRÈS FRANÇAIS »

Fondée en 1972 par Joël et Gérard Garnier à Mouzeil (en Loire-Atlantique), la Société Camac lance sa première harpe (la *Bardique*) avant de s'intéresser aux harpes à pédales en 1990 avec la *Blue Harp*, une harpe électrique totalement novatrice. Quatre ans plus tard naissent les *Harpes de Concert Nouvelle Génération*, aboutissement de dix années de recherches pour la mise au point d'une meilleure ergonomie, et offrant une performance acoustique inégalée, appréciée des grands interprètes classiques, parmi lesquels Isabelle Moretti. Au décès de Joël Garnier, en 2000, Jakez François – entré dans la maison en 1988 – lui succède et donne une nouvelle impulsion. Musicien de formation, il accorde une importance primordiale à la sonorité, mettant la technologie moderne au service de ce «timbre très français, riche, clair et brillant» emblématique de la maison, qui figure parmi les leaders mondiaux de la lutherie. L'entreprise comprend 48 artisans et produit chaque année trois cents harpes classiques et deux mille harpes celtiques.

◆ UNE GRANDE COMPLEXITÉ, DES EXIGENCES EXTRÊMES

Fruit d'une longue évolution au cours des âges, la structure de la harpe est très complexe et sa fabrication relève d'un savoir-faire d'exception. Le corps est fait de bois façonné à la main, généralement de hêtre ou d'érable, avec des placages d'essences rares (parfois très précieuses) pour la décoration. Pour la table d'harmonie (partie où sont fixées les cordes), on utilise l'épicéa. La mécanique – fourchettes et chevilles – est, elle, en métal. Une harpe comporte de 40 à 47 cordes, généralement en boyau, et 1970 pièces de mécanique fabriquées avec une extrême précision grâce à des machines à commande numérique de haute technicité, puis assemblées intégralement à la main.

◆ LE RESPECT DE LA TRADITION, LE GÉNIE DE L'INNOVATION

Si la *Nouvelle Génération* marque une étape fondamentale dans la conception de la «harpe du XXIᵉ siècle», elle se réfère aux principes établis en 1810 par Sébastien Érard, inventeur de la harpe de concert – ou harpe à pédales – «à double mouvement». Celui-ci permet d'obtenir sur une même corde trois demi-tons: bémol, bécarre et dièse. Sur cette base, la harpe Camac renouvelle les concepts de fabrication et les matériaux, et en 2009 apparaît la harpe *MIDI*, la première harpe électronique. L'artiste breton Alan Stivell fera appel à Camac pour la commande d'une harpe portant son nom.

Très ouverte à la création musicale, la Société organise des festivals et concerts qui démontrent combien la harpe, l'un des plus anciens instruments au monde, ne cesse de se métamorphoser. **E. M.**

LES 5 DATES CLÉS

1972
Création de la Société Camac à Mouzeil, près de Nantes

1990
Lancement de la première harpe électrique *Blue Harp* au Congrès mondial de la harpe, à Paris

2000
Jakez François prend la direction de la Société Camac

2007
L'entreprise reçoit le label EPV

2011
La première harpe électronique *MIDI* obtient le prix Max Mathews, qui récompense l'innovation technologique dans la nouvelle lutherie

1. Mise en place des fourchettes de mécanique, toutes de diamètres différents en fonction de celui des cordes qu'elles vont pincer pour en raccourcir la longueur vibrante. **2.** Toutes les pièces en bois sont fabriquées à la main. La console qui va recevoir la mécanique et les chevilles est en multiplis de hêtre, qui va supporter les deux tonnes de traction des cordes. **3.** Perçage de la table d'harmonie, dont le motif floral a été réalisé à la main. **4.** Vasilisa Lushchevskaya, l'une des plus brillantes harpistes de l'école russe, avec sa harpe modèle Atlantide en érable naturel. **5.** L'accordage et le réglage final, dernières opérations réalisées avant la sortie de l'atelier. L'accord des dièses et des bécarres obtenus par le mouvement de la mécanique est réglé avec une parfaite précision. **6.** La mécanique de la harpe à pédales est un ensemble de 1970 pièces intégralement assemblées à la main, dont les mouvements permettent de raccourcir la longueur des cordes afin d'obtenir des notes altérées.

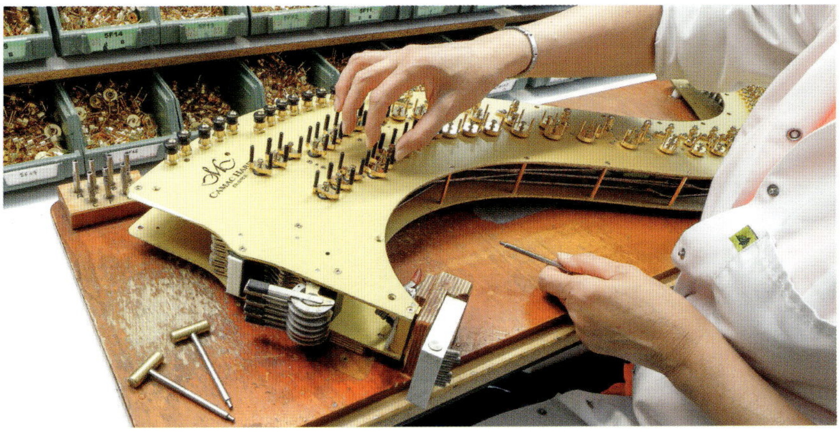

1

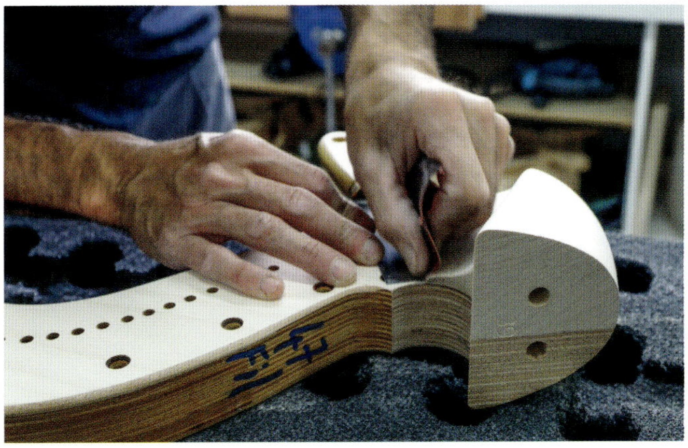

2

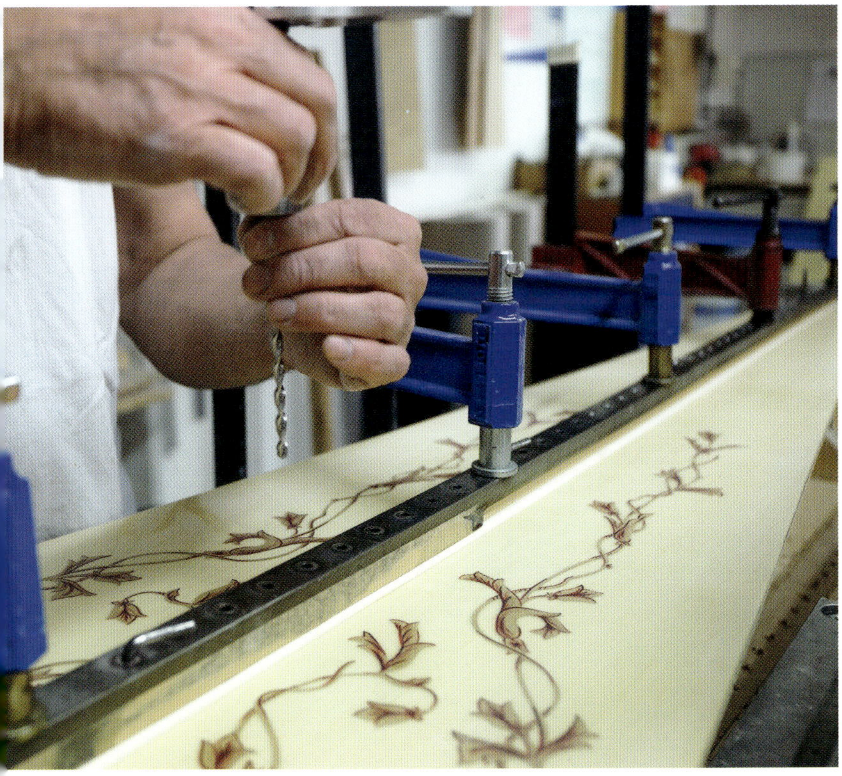

3

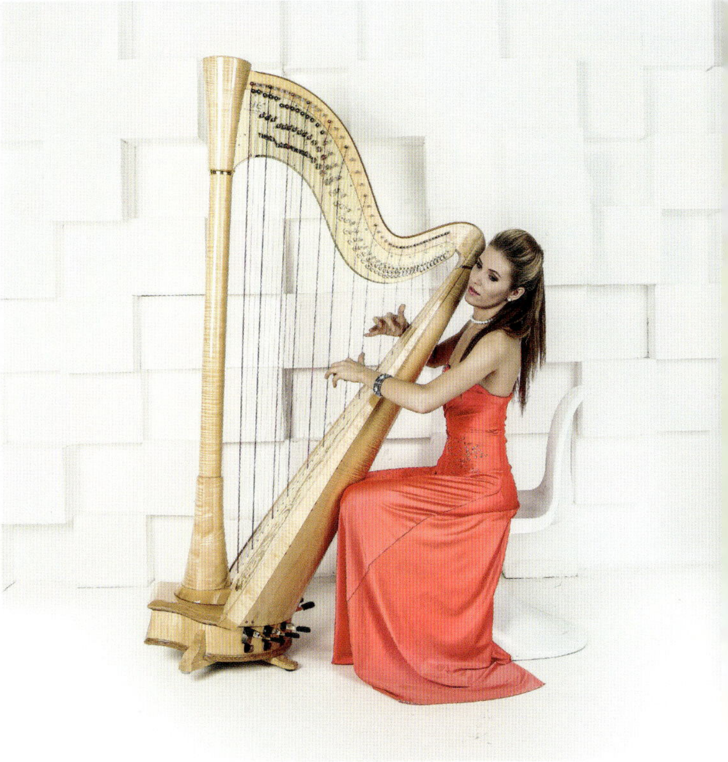

4

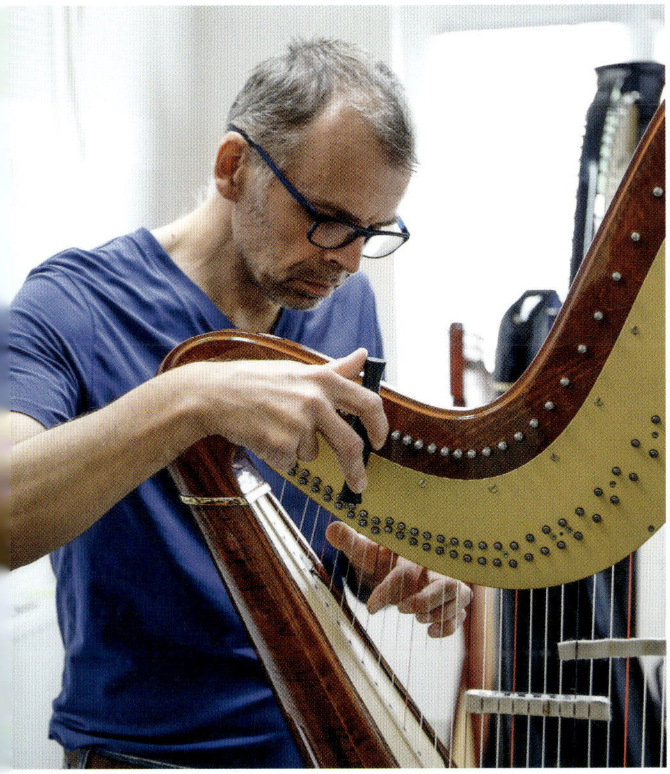

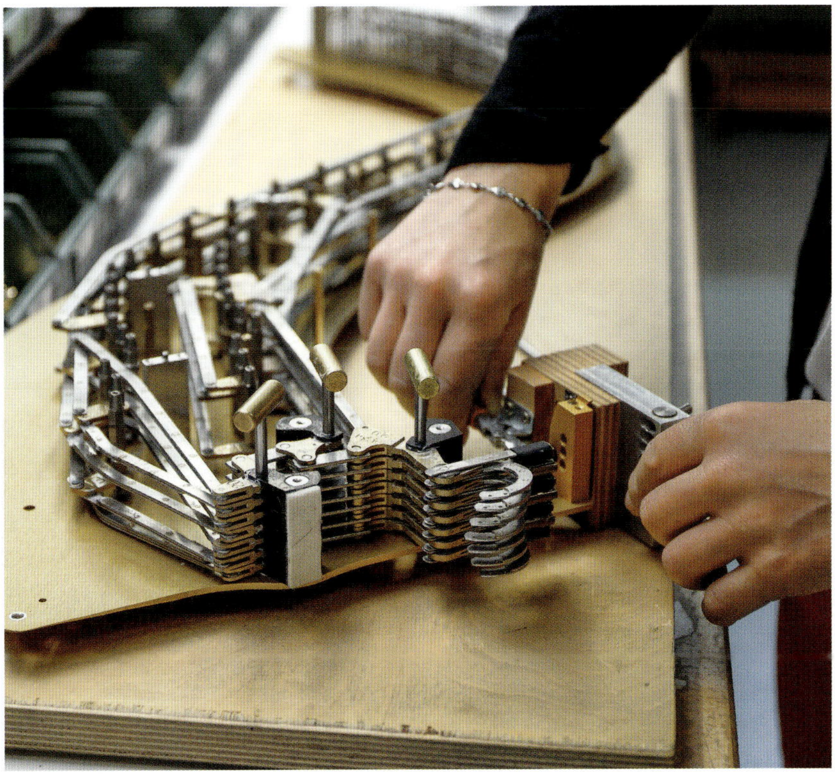

6

PARFUMS CARON

PARFUMEUR

Création de parfums et cosmétiques

Magicien de la poudre et du parfum

◆ DES SENTEURS INTEMPORELLES

Père fondateur des parfums Caron, Ernest Daltroff crée en 1903 la seule marque dont l'héritage spirituel et technique perdure aujourd'hui sans interruption depuis plus d'un siècle. En 1919, avec *Tabac Blond* dédié aux garçonnes, la première poudre assortie est lancée. Du laboratoire d'Asnières, où furent élaborés ses premiers bouquets floraux qui deviendront sa signature, aux compositions récentes de Richard Fraysse avec son fils William – « nez » de la Maison aux côtés du président Romain Alès –, une cascade de senteurs devenues mythiques jalonne l'histoire de l'entreprise. Toutes sont reliées par un héritage olfactif transmis d'une nouvelle création à l'autre, tel un patrimoine. Afin d'éviter la moindre modification des fragrances, la régularité des sources d'approvisionnement est essentielle. Les roses de Bulgarie, notamment, qui entrent dans la plupart des compositions, doivent toujours être cultivées selon les mêmes méthodes sur les mêmes terres. Plus de trente-cinq parfums aux noms symboliques dans l'univers du luxe – élaborés près de Paris – ont vu le jour et donnent à Caron l'identité d'un parfumeur singulier et intemporel.

◆ LA POUDRE LA PLUS FINE DU MONDE

Le génie de Caron est incontestablement la création de poudres aériennes inimitables. Le secret de leur fabrication artisanale, unique au monde et jalousement gardé, se transmet depuis des générations. Les textures d'une extrême finesse sont composées à partir d'éléments minéraux purs. Les matières premières en provenance d'Italie sont rigoureusement contrôlées, les composants naturels et les pigments, dosés avec une extrême précision, sont broyés et tamisés plusieurs fois pour constituer le « cœur de poudre ». Dès 1937, Caron réussit la prouesse d'insérer un parfum liquide de rose de Bulgarie dans la poudre *Madame Peau Fine*, dont la ligne comprend vingt teintes. En 2016, la création d'un nouveau concept, la poudre *semi-libre* déclinée en onze nuances, célèbre les 110 ans de la Maison, qui ne cesse de faire évoluer la formulation de ses poudres entrées dans la légende.

◆ UNE SIGNATURE SANS PAREILLE

Pour ces joyaux de senteurs, Caron imagine de précieux écrins et crée un univers dont la féerie tient à l'excellence des métiers d'art et des savoir-faire qui se déploient autour de la Maison. Dès 1922, des flacons en cristal de Bohême richement ornés reçoivent les élixirs. Puis les lignes évoluent sous les doigts des maîtres verriers. Les fontaines en cristal de Baccarat sont conçues pour les douze extraits mythiques. Coffrets décorés en porcelaine de Limoges, étuis et boîtes de galuchat, bijoux somptueusement brodés, accessoires de soie se développent dans le sillage des parfums et des poudres. À l'inverse des couturiers qui se tournent ensuite vers la parfumerie, Caron est, dès l'origine, l'authentique parfumeur à la signature reconnaissable entre toutes. **E. M.**

LES 5 DATES CLÉS

1903
Ernest Daltroff fonde le laboratoire des parfums Caron à Asnières, en banlieue parisienne

1908
Création de *Pompon-poudre*, astucieusement présentée sous forme de sachet qu'il suffit de tapoter sur le visage

1937
Création de *Madame Peau Fine*, innovation dans le maquillage correcteur et embellisseur

2006
L'entreprise reçoit le label EPV

2016
Création de la poudre *semi-libre* dans un boîtier nomade pour le sac, grâce à un système de pressage

1. Vaporisateur et double miroir ornés de perles, vibrant hommage de Caron à l'éternel féminin. Le flacon est paré de perles de verre nacrées, serties de cristal Swarovski. **2.** Poudrier de galuchat et doseuse. Cet accessoire inédit, réalisé dans une édition limitée de 250 pièces, remet au goût du jour les poudriers de sac dans une version en galuchat, qui a nécessité pour le maître gainier plusieurs semaines de travail. La doseuse faite de nacre, d'argent et de strass permet de remplir le poudrier de sac de poudre libre. C'est une exclusivité Caron. **3.** Richard Fraysse, créateur olfactif, et son fils William, quatrième génération de « nez ». **4.** Orgue à parfum. C'est une pièce unique réalisée par un artisan pour la création des compositions de Richard et William Fraysse.

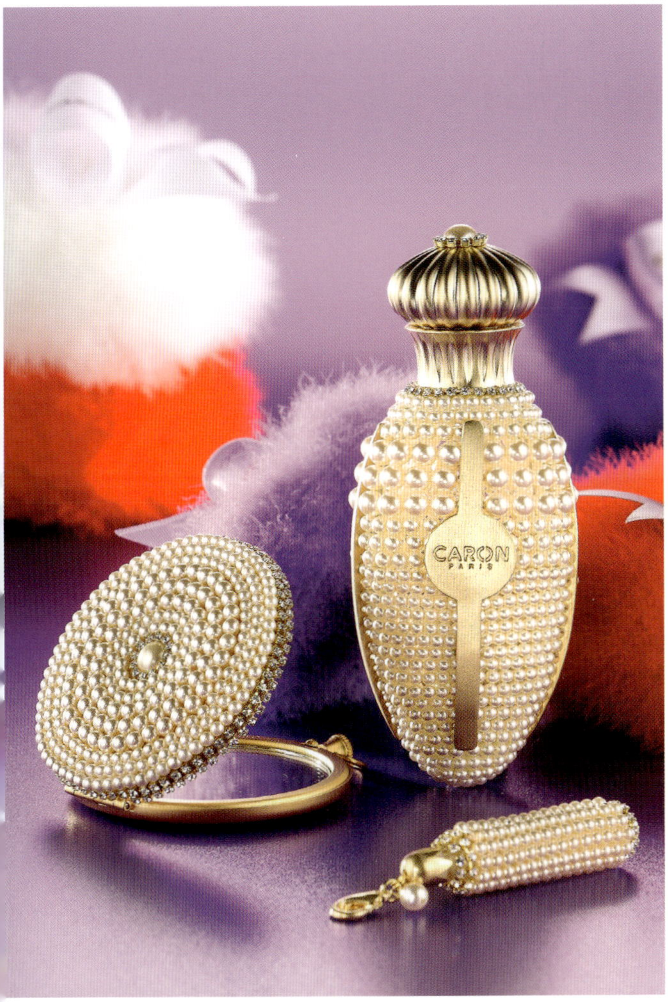

1

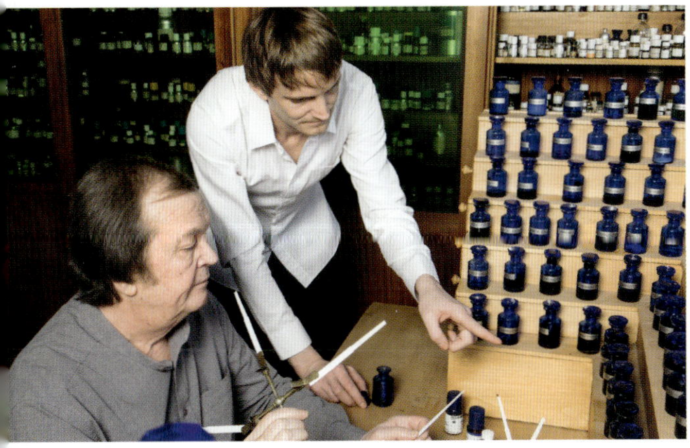

3

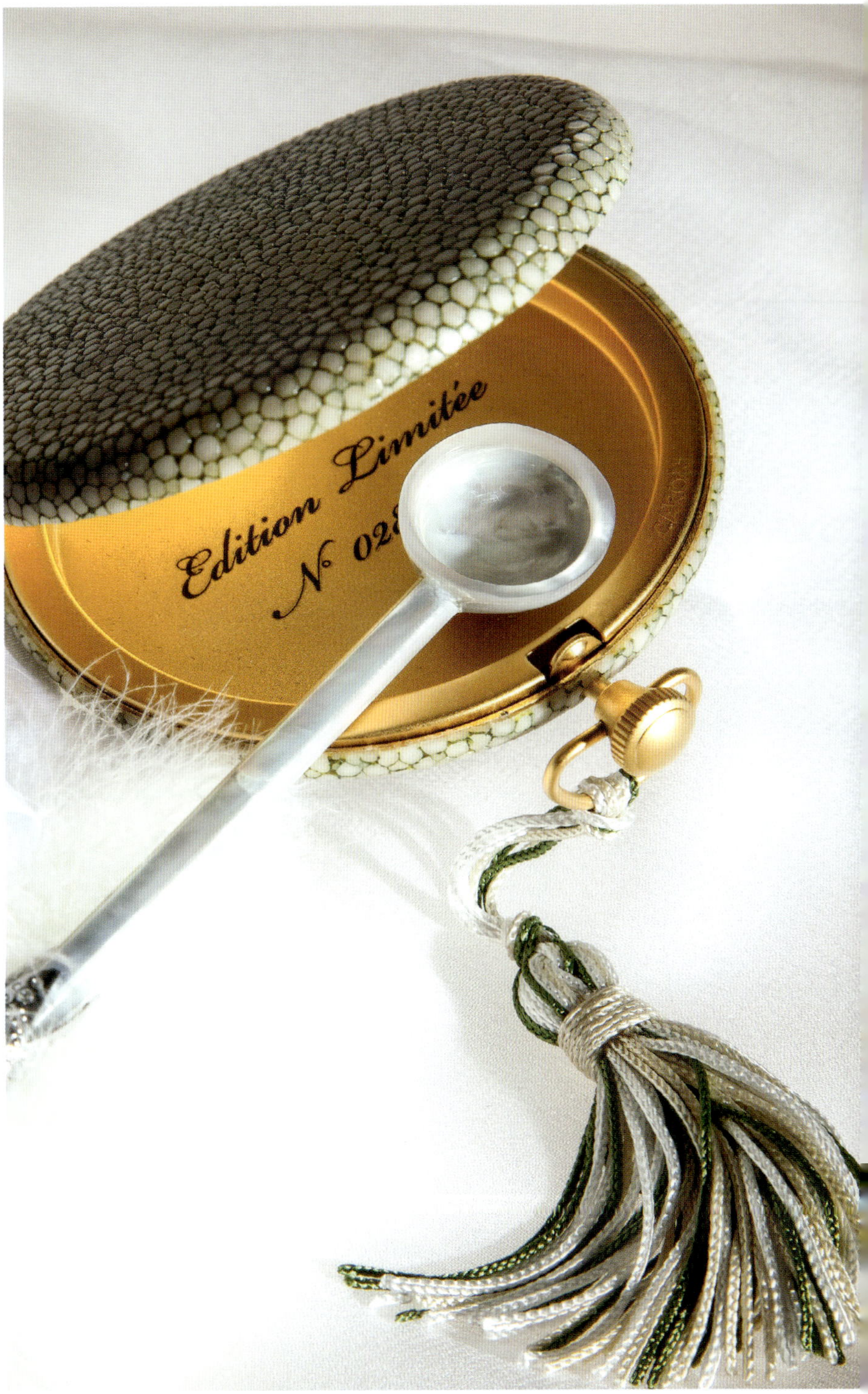

2

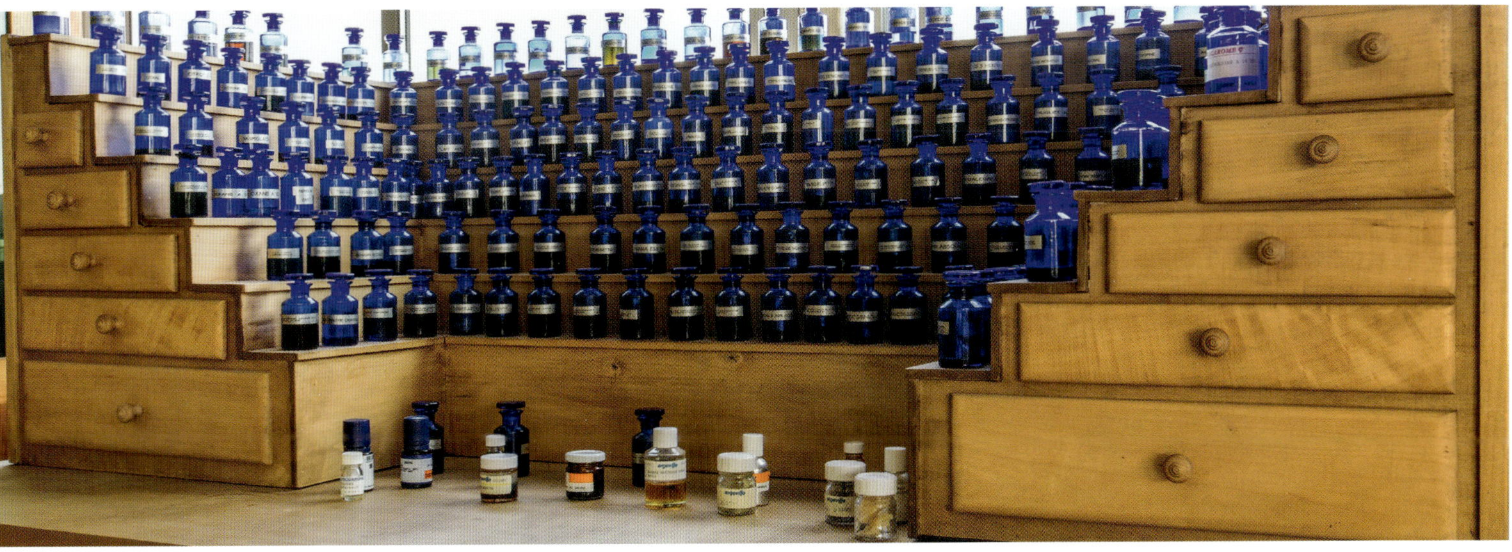

ATELIERS JEAN-BAPTISTE CHAPUIS

ÉBÉNISTE ET RESTAURATEUR

Ébénisterie et menuiserie d'art ◈ Restauration de meubles d'art

Ébénisterie, classe internationale

◈ **DEPUIS LE XVIIIe SIÈCLE**

Le nom de Chapuis est synonyme de dynastie d'ébénistes d'art, et ce, depuis plusieurs générations. L'ancêtre Jean-Joseph Chapuis – qui a installé son atelier à Bruxelles en 1795 – a vite connu la notoriété grâce à la minutie et à l'élégance de ses réalisations. Après deux siècles, cette réputation perdure, avec certaines de ses créations qui sont toujours au catalogue des ventes aux enchères de Christie's et Sotheby's.

◈ **LE SAVOIR-FAIRE DES GRANDS MAÎTRES**

De retour en France, la famille s'installe en région parisienne, puis, à partir de 1979, à Muzillac en Bretagne, à l'initiative de Jean-Baptiste Chapuis, l'actuel patron, passionné de voile. Passionné, celui-ci l'est aussi pour les savoir-faire des grands maîtres de l'ébénisterie d'art des XVIIe et XVIIIe siècles. Il a conservé les techniques anciennes authentiques, et quand certains éléments ont disparu, il n'hésite pas à utiliser la photographie infrarouge ou ultraviolette pour les redécouvrir. Il a ainsi retrouvé le procédé de fabrication et d'emploi de certains vernis utilisés au XVIIIe siècle ainsi qu'un procédé de teinte de l'ivoire mis en œuvre au XVIIe siècle. Plus généralement, il a adapté ces savoir-faire ancestraux au progrès technique, comme la mise en place de portes dérobées. Depuis 1979, l'atelier a produit plus de 3 000 objets, dont certaines réalisations – telle cette boiserie de bibliothèque de style Ruhlmann – ont demandé plus de 5 000 heures de travail. L'atelier a également restauré de nombreuses boiseries de monuments historiques : celles de Notre-Dame de Paris ou du musée du Louvre, du palais de l'Élysée, mais aussi de la bibliothèque de l'Arsenal ou du mobilier de l'église de Salers.

◈ **DÉSORMAIS LE MARCHÉ EUROPÉEN ET ASIATIQUE**

Depuis plusieurs années, l'entreprise – qui emploie aujourd'hui 45 personnes, dont bon nombre de compagnons du Devoir et du Tour de France – s'est beaucoup développée à l'international. D'abord en Russie – qui représentait en 2012 60 % de son chiffre d'affaires à l'export –, les Ateliers Jean-Baptiste Chapuis se tournent désormais vers le marché européen (Genève, Londres, Berlin...) et asiatique, en particulier chinois. « En 2016, notre chiffre d'affaires à l'international pourrait approcher les 90 %. C'est la marque France qui attire », explique Damien Chapuis, fils de Jean-Baptiste, chargé notamment des relations commerciales et de la communication au sein de l'entreprise. Une notoriété qui s'est construite autour d'une clientèle de collectionneurs privés, de musées et d'institutions publiques. **D. L.**

LES 5 DATES CLÉS

1795
Jean-Joseph Chapuis ouvre son atelier à Bruxelles, où il emploiera jusqu'à une vingtaine de compagnons

1979
Installation de l'atelier à Muzillac, près de Vannes

1986
Invention par Jean-Baptiste Chapuis d'une technique de déplacage électronique qui permet la dépose des marqueteries les plus complexes

2007
L'entreprise reçoit le label EPV

2012
Trophée Artisans Mag', dans la catégorie stratégies et développement

1. Boiserie Louis XV rocaille en bois sculpté. **2.** Aquarelle de présentation artistique, boiserie Louis XV. **3.** Aquarelle de présentation artistique, boiserie Art déco. **4.** Mise en abyme par jeux de miroirs et détails des sculptures raffinées.

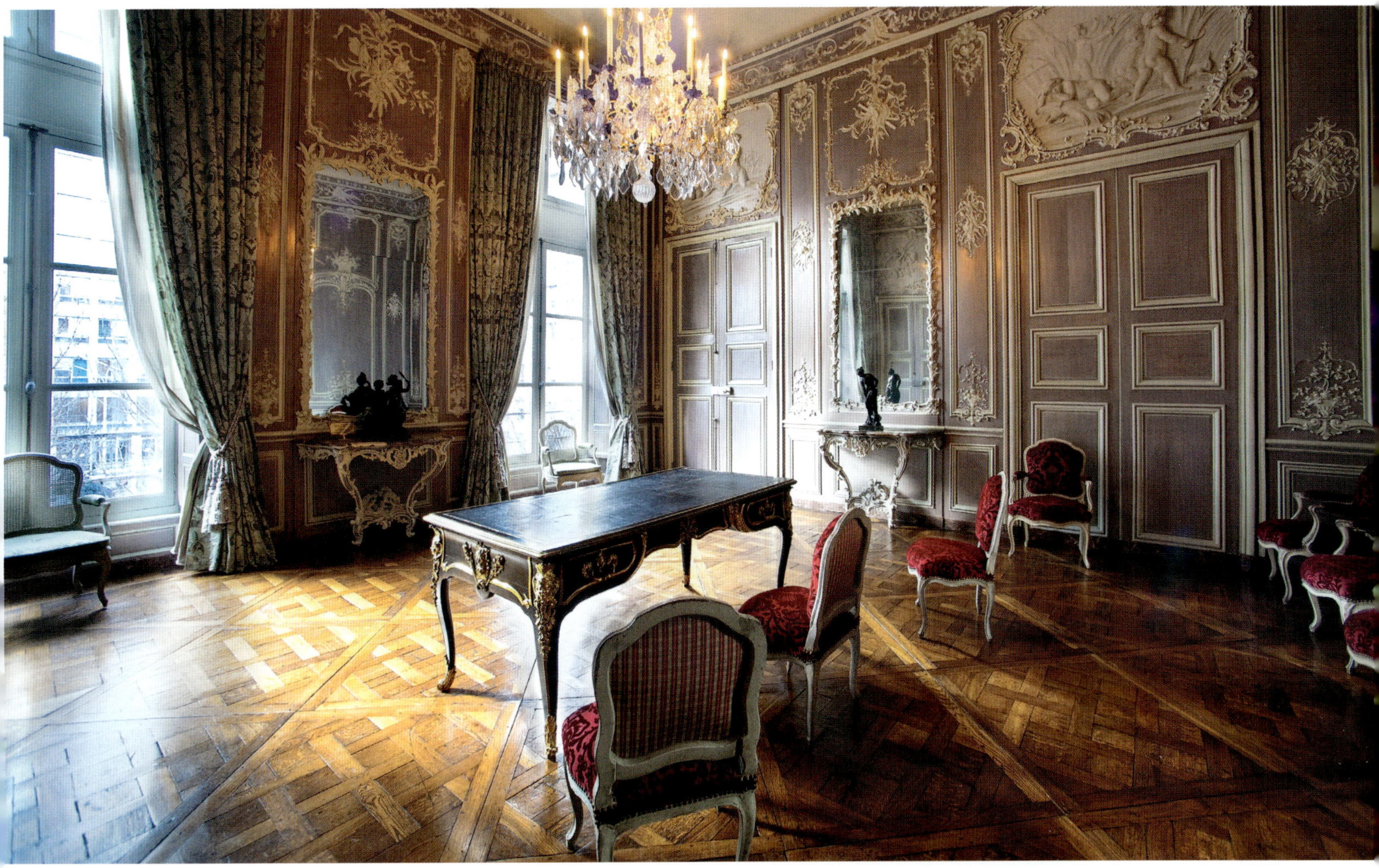

1

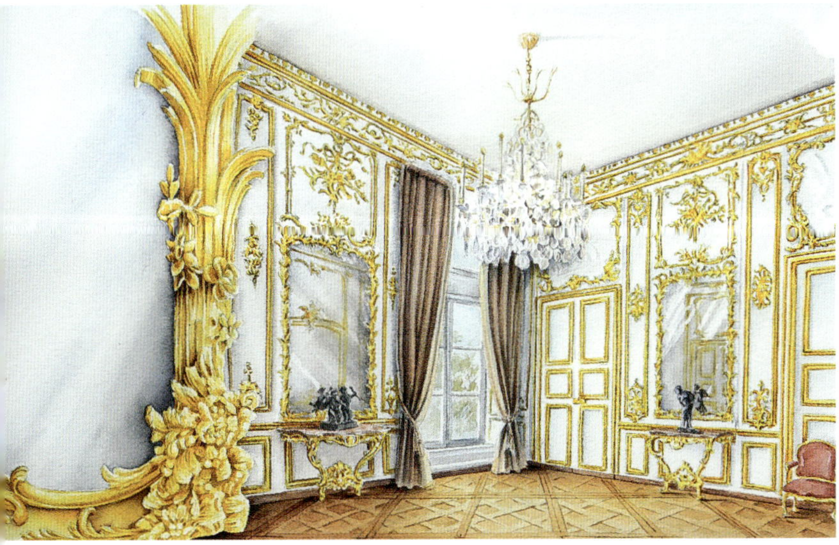

2

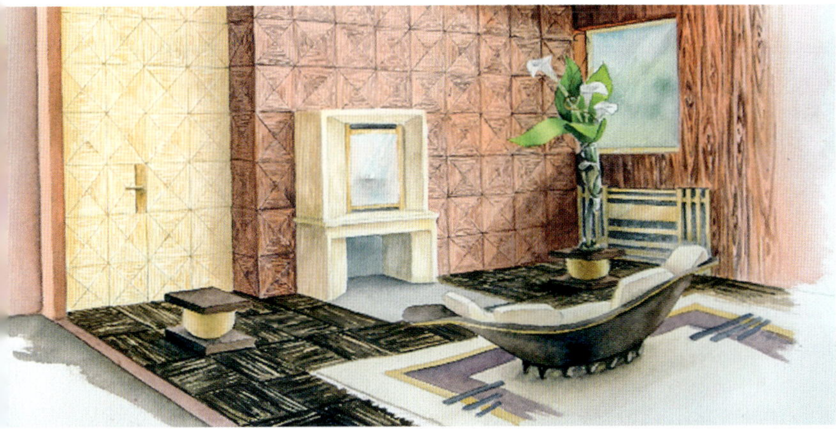

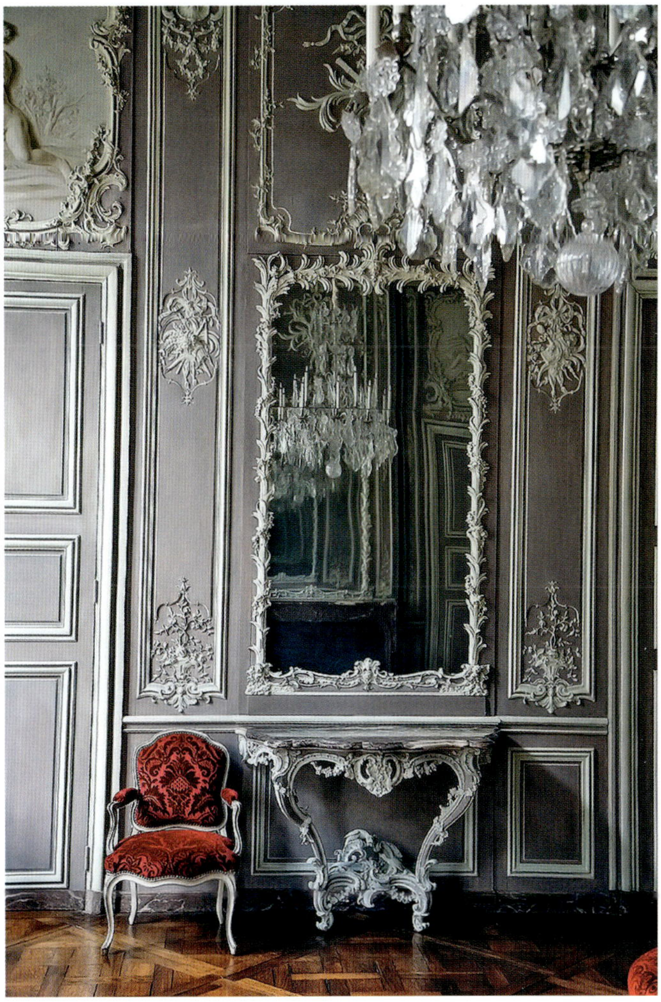

4

CHÂTEAU HAUT-BAILLY

VITICULTEUR

Production de vins (Bordeaux, Grand Cru Classé de Graves)

Le terroir garantit des grands vins

❖ LA RÈGLE ABSOLUE

Alcide Bellot des Minières le révélait déjà en 1901 dans *L'Œnophile*: « Il faut quatre choses pour faire un bon vin. Premièrement, du savoir-faire; deuxièmement, une honnêteté professionnelle parfaite; troisièmement, de l'énergie et de la ténacité: quatrièmement, de l'argent. » Un adage auquel se sont tenus les différents propriétaires dès le XVIIe siècle, quand Firmin Le Bailly et Nicolas de Leuvarde donnent ses limites actuelles au domaine – cultivé dès le Moyen Âge –, et plus particulièrement depuis 1872, lorsque Alcide Bellot des Minières porte aux nues le Château Haut-Bailly. Daniel Sanders (à partir de 1955) et Robert G. Wilmers (depuis 1998) feront également de l'excellence un pilier de leur action. Ce dernier, passionné et atypique pour diriger une grande maison de vin – un Américain francophile – a été fait chevalier de la Légion d'honneur en 2008 et distingué comme « banquier de l'année » en 2011 – il est en effet également à la tête de la M & T Bank Corporation à Buffalo, dans l'État de New York.

❖ « AVOIR UNE VISION, GARDER SON STYLE ET NE PAS SUIVRE LES MODES »

Accroché au sommet de l'appellation Pessac-Léognan et enraciné dans un sol de sables mêlés à des graves provenant d'un glissement du tertiaire, le vignoble de 30 hectares forme une mosaïque de parcelles aux caractéristiques complémentaires (drainage, restitution de la chaleur ou, au contraire, fraîcheur et humidité). « Un atout, car il produit de grands vins quelles que soient les conditions météorologiques », confie la directrice, Véronique Sanders. Une valeur sûre donc, assurant aux vins élégance et finesse, avec des tanins soyeux issus de cabernets parfaitement mûrs. « Il faut avoir une vision, garder son style et ne pas suivre les modes. » D'autant que l'enjeu est toujours de travailler pour l'avenir: le vin issu des vendanges de 2016 ne sortira pas des chais avant 2019, par exemple. « Un millésime de Château Haut-Bailly est généralement prêt à boire entre sept et vingt ans. Les plus exceptionnels traverseront le siècle ! »

❖ LE TRÉSOR DE HAUT-BAILLY

Ce territoire conserve un véritable trésor: de très vieilles vignes (15 %) de 120 ans d'âge. Véritable conservatoire d'un patrimoine génétique rare, cette parcelle de quatre hectares rassemble six cépages complantés (cabernet franc, carménère, merlot, malbec, petit verdot, cabernet sauvignon). Une illustration des savoir-faire ancestraux présents et préservés autour des métiers de la vigne, mais aussi autour de la vinification. À travers les siècles, on retrouve Château Haut-Bailly sur les plus grandes tables: présidence de la République, cour d'Angleterre, Nations unies, Versailles… sans oublier les caves des connaisseurs et collectionneurs du monde entier.

La famille de Haut-Bailly se décline en plusieurs étiquettes: Château Haut-Bailly, La Parde Haut-Bailly, ROSE de Haut-Bailly, Pessac-Léognan… et, depuis 2012, Château Le Pape. Chaque année, 85 % des 180 000 bouteilles produites sont exportées partout en Europe, aux États-Unis et en Asie, et depuis peu en Inde et en Amérique latine: les nouveaux amateurs de cet art de vivre à la française. **S.P.**

LES 5 DATES CLÉS

1630
Séduit par la vigne déjà cultivée et un terroir prometteur, Firmin Le Bailly compose le domaine dans ses limites actuelles

1872
Alcide Bellot des Minières, à la pointe des innovations techniques viticoles, réorganise Haut-Bailly et pousse les vins au niveau des premiers crus. Surnommé « Roi des vignerons », il insuffle une dimension nouvelle à la viticulture bordelaise

1955
Daniel Sanders renouvelle les équipements et fait venir à ses côtés Émile Peynaud, grande figure de l'œnologie

1998
Robert Wilmers fait entrer le domaine dans le XXIe siècle. Ses investissements donnent à l'équipe les moyens de faire encore progresser la qualité

2016
L'entreprise reçoit le label EPV

1 et 2. Des vendanges effectuées à la main, suivies de trois étapes de tri. **3 et 4.** Une vinification parcellaire: fermentation en cuves ciment et remontage en douceur. **5.** Un élevage de 16 à 18 mois en barriques. **6.** Habillage et conditionnement à la propriété. **7.** Un vin d'une grande élégance et à la constance inégalée. Haut-Bailly propose des visites et dégustations toute l'année sur rendez-vous.

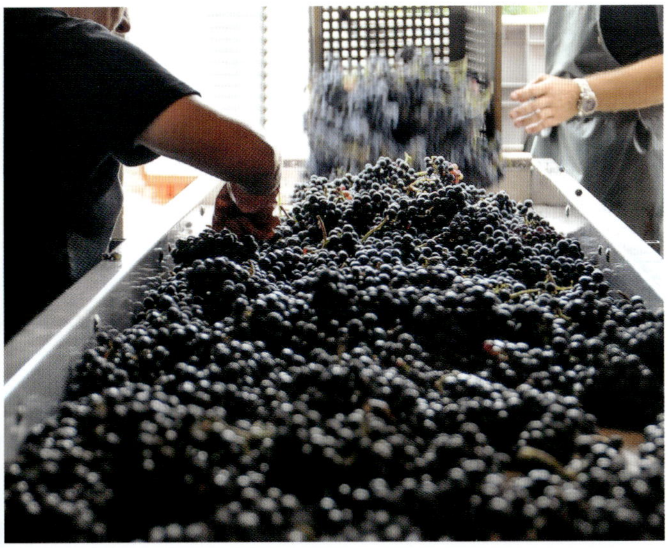
1

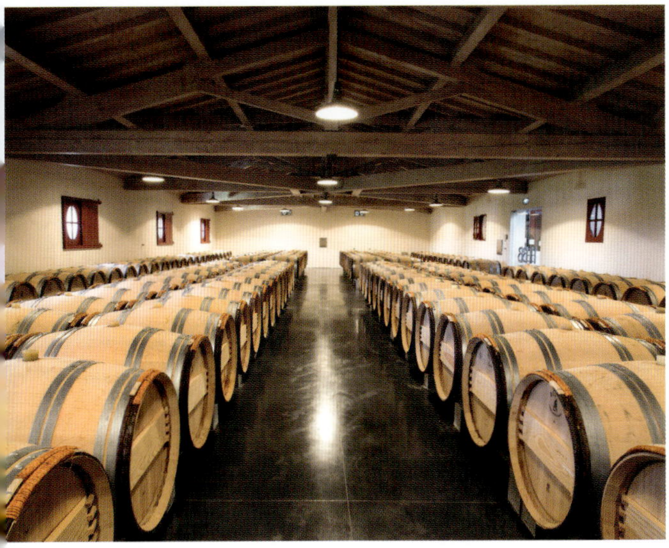
5

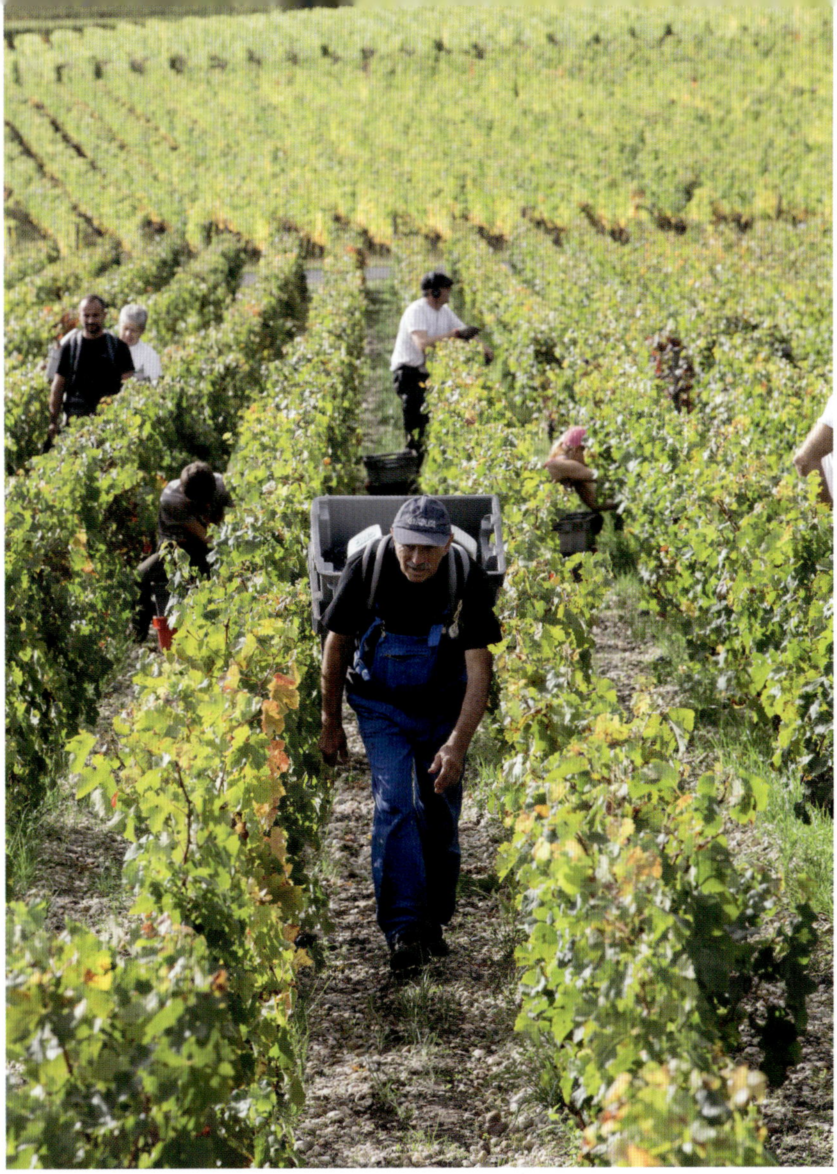
2

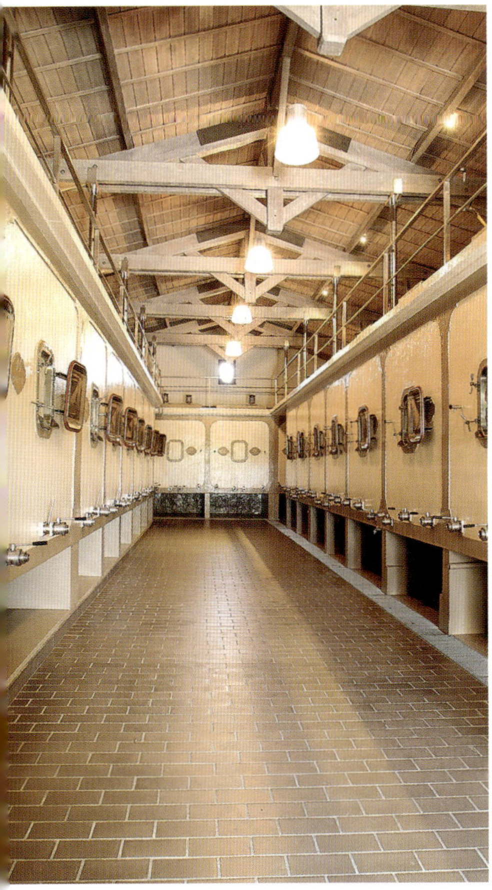
3

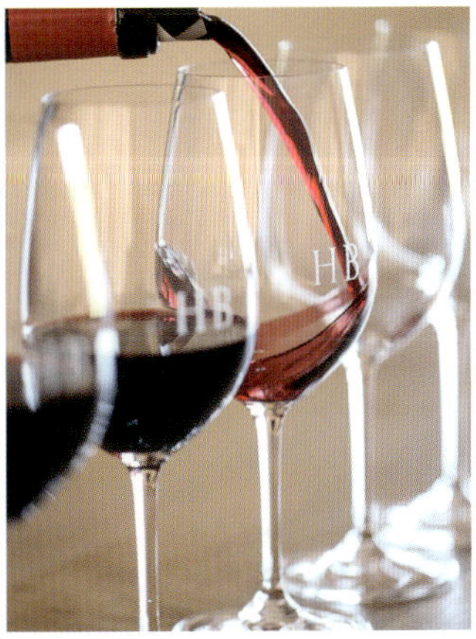
HB
7

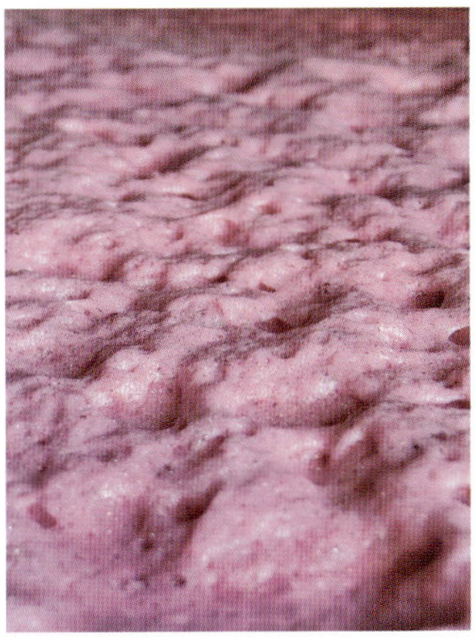
4

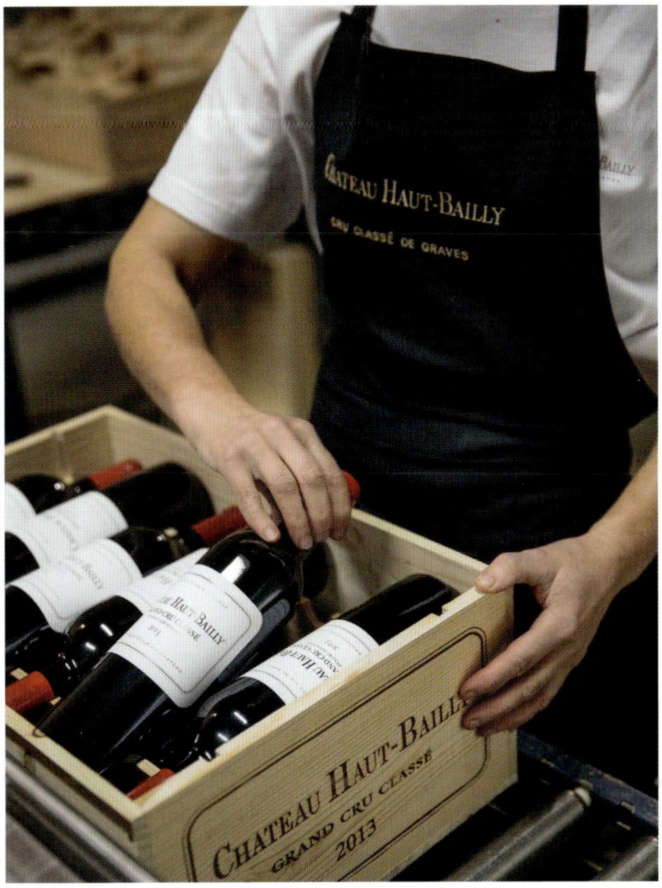
CHATEAU HAUT-BAILLY
CRU CLASSÉ DE GRAVES
CHATEAU HAUT-BAILLY
GRAND CRU CLASSÉ
2013
6

COQUET

PORCELAINIER

Fabrication de porcelaine

À Limoges, l'alchimie du blanc

❖ SUR LE SITE D'UNE MANUFACTURE HISTORIQUE

Fondés en 1963, les établissements J.-L. Coquet sont implantés sur le site de l'ancienne manufacture créée par Pierre Tharaud en 1824 à Saint-Léonard-de-Noblat, près de Limoges. Là se sont succédé des générations de grands porcelainiers qui ont contribué à faire la renommée de la région. Dès 1835, la pureté de l'eau et la qualité du kaolin extrait des gisements de Saint-Yrieix-la-Perche – alliées au savoir-faire des frères Pouyat – permet la création du fameux « blanc de Limoges ». À partir des dessins de sa mère Simone, créatrice de mode, Jean-Louis Coquet réalise de nouveaux modèles et fait évoluer la production vers des formes et des décors modernes qui la rendent reconnaissable entre toutes.

❖ UNE PRODUCTION INTÉGRALEMENT RÉALISÉE À LIMOGES

La pâte est élaborée sur place à partir de trois éléments : le quartz, élément siliceux qui permet la tenue à la cuisson ; le feldspath, roche métamorphique dégradée qui donne du « fondant » et permet la vitrification ; et le kaolin, argile blanche et onctueuse qui apporte blancheur et plasticité. Liquide, la barbotine est ensuite affinée dans les caves de la manufacture pendant trois mois. Cette méthode lui confère une meilleure élasticité, ce qui permet d'obtenir l'extraordinaire finesse propre à la marque. Puis les pièces sont réalisées selon divers procédés en fonction de leur forme : par « calibrage » pour les « pièces tournées » (assiettes, plats ronds) ; pour les « pièces de forme » (théières, articles décoratifs), la barbotine est coulée dans un moule creux en plâtre. Après séchage, elles sont affinées individuellement à la main puis passent à la première cuisson pendant seize heures à une température maximale de 980 °C, qui les rend poreuses. Après avoir été trempées dans un bain d'émail, elles subissent une seconde cuisson « grand feu » pendant vingt-trois heures à 1400 °C. Elles sont alors prêtes à être décorées. Pas moins de vingt manipulations alliant techniques de pointe et savoir-faire artisanal sont nécessaires pour élaborer une pièce à la blancheur et à la translucidité extrêmes.

❖ LE DÉCOR RÉINVENTÉ

Forte de cette qualité de fabrication, la marque J.-L. Coquet réinvente un décor qui en fait une figure de proue de l'art de la table français contemporain. Là encore, l'entreprise détient l'exclusivité de ses techniques de décor entièrement réalisées à la main. Sous la direction artistique de Christian Le Page et de Catherine Badaire depuis 2004, la manufacture produit actuellement plus de 200 000 pièces par an. La porcelaine J.-L. Coquet crée des atmosphères aux sommets de l'élégance et du luxe et pare les tables prestigieuses des grands chefs en ambassadrice de l'art de vivre à la française dans le monde. ⁒ **E. M.**

LES 5 DATES CLÉS

1963
Jean-Louis Coquet crée de nouveaux modèles à partir des dessins de sa mère

1998
Création du modèle Hémisphère, « icône de la Maison »

2004
Christian Le Page, créateur de la marque Jaune de Chrome avec Catherine Badaire, reprend la manufacture et renouvelle les créations

2010
L'entreprise reçoit le label EPV

2014
Le groupe industriel Héritage Collection, créé par Philippe Nguyen et dédié aux savoir-faire, reprend la manufacture et investit dans son développement commercial à l'international

1. Émaillage manuel d'une assiette « dégourdie », c'est-à-dire après la première cuisson, modèle Georgia ivoire. **2.** Décor du modèle Toundra or (collection « Hémisphère »), dont les herbes folles sont peintes à la main. **3.** Gravure d'un moule pour le modèle Swann, réalisée dans l'atelier de modelage. Ce travail nécessite une grande précision. **4.** Paire de tasses à café Prélude, finition platine. C'est l'un des tout premiers modèles de forme carrée. **5.** Décoration à la main d'une anse de tasse à café Hémisphère, finition or. La collection « Hémisphère » est emblématique de la Maison Coquet. Sa spécificité tient à l'irrégularité des stries et au double aspect émaillé (brillant) et satiné (mat). **6.** Atelier de modelage : fabrication du modèle en plâtre d'une tasse Hémisphère, première étape avant la réalisation des moules.

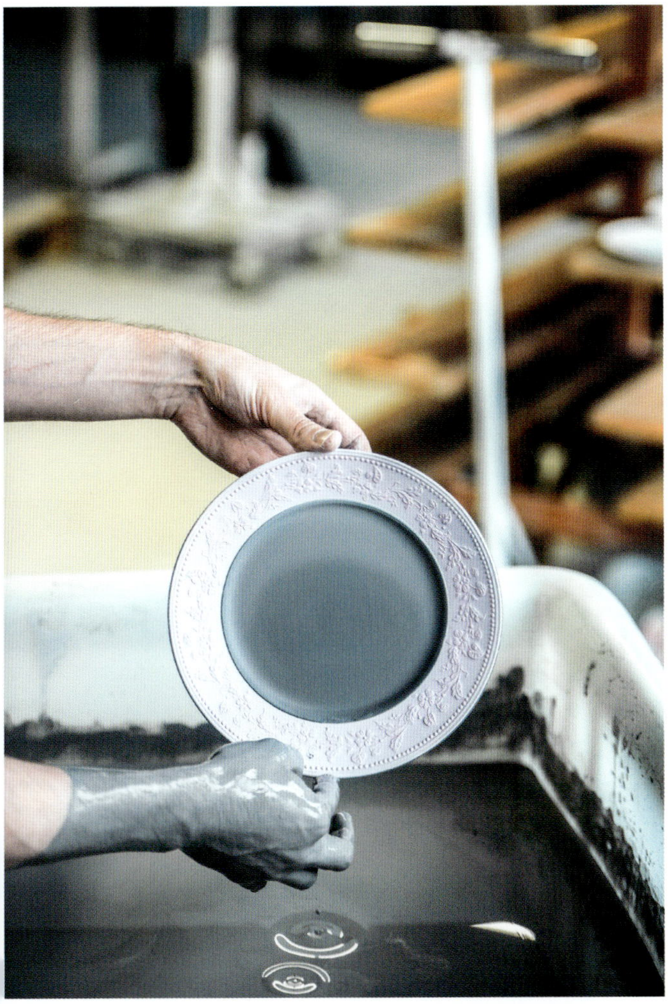
1

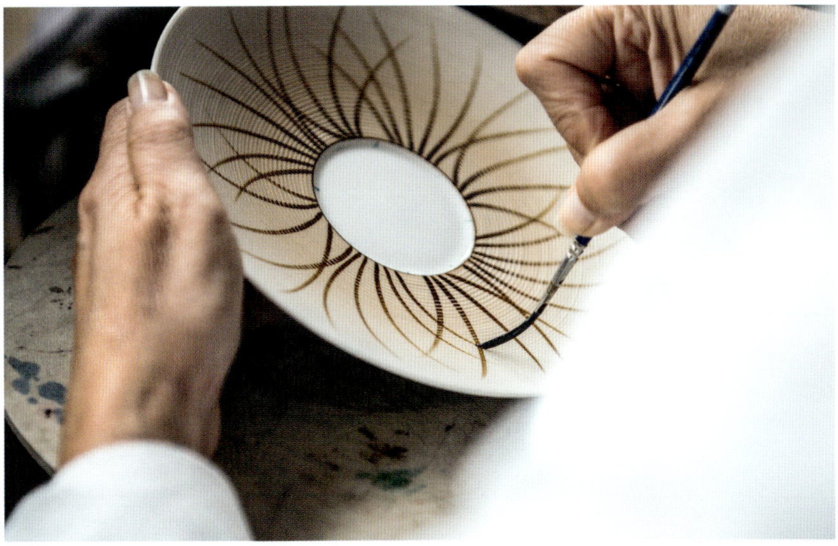
2

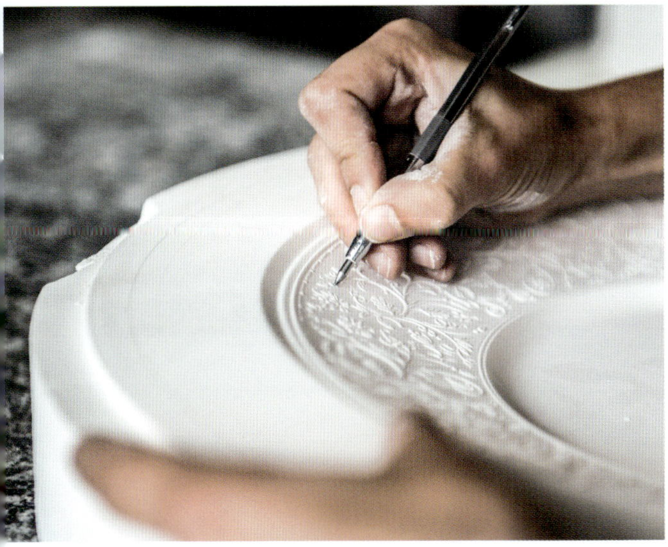
3

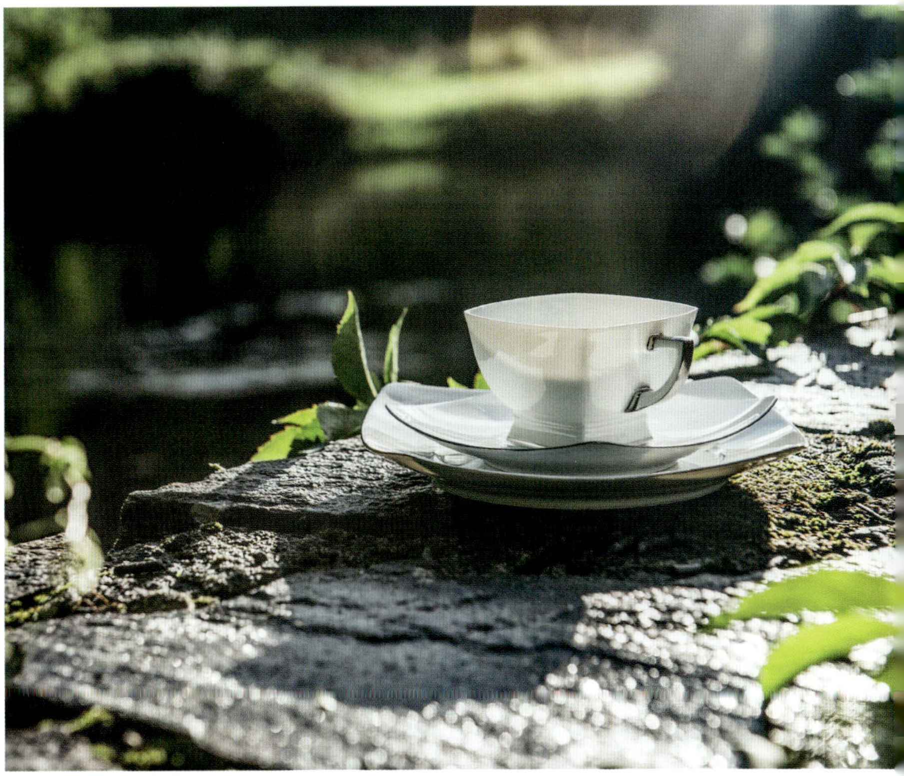
4

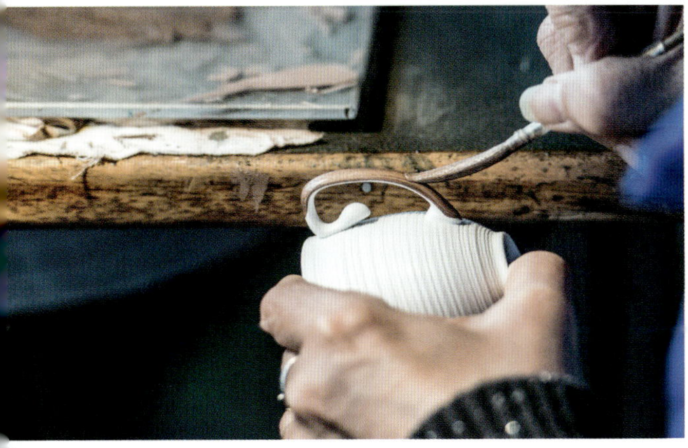
5

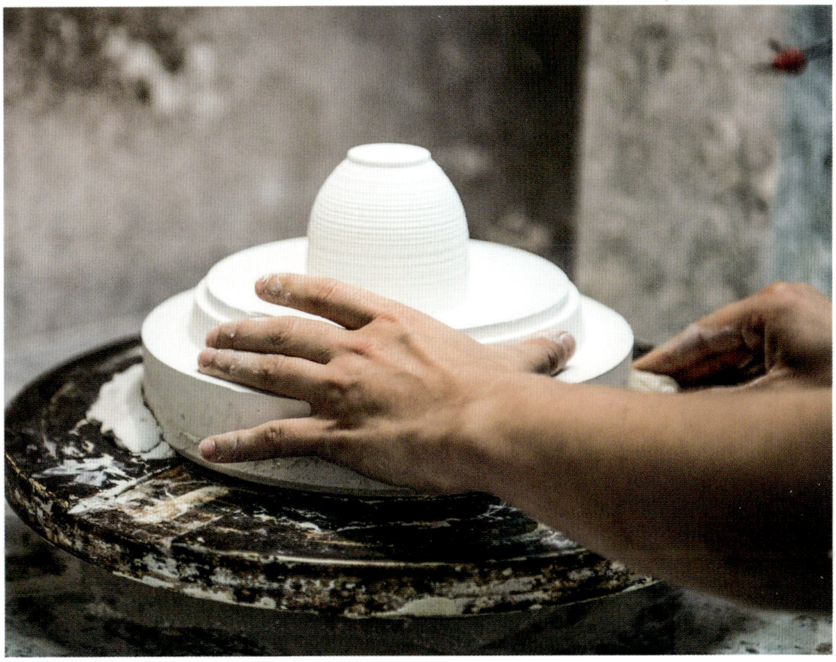
6

ATELIERS PHILIPPE COUDRAY

TAPISSIER-DÉCORATEUR

Tapisserie-décoration d'intérieur ❖ Tapisserie d'ameublement

Le tapissier d'intérieur haute couture

❖ **RESPECT DES SAVOIR-FAIRE**

Nichés à Pantin, au sein d'une ancienne usine réhabilitée, dans le quartier des artisans d'art de l'Est parisien, les Ateliers Philippe Coudray – artisans d'art – perpétuent l'héritage des tapissiers du Moyen Âge tout en intégrant des techniques ou matières novatrices. Chaque pièce est réalisée dans le plus grand respect des savoir-faire traditionnels en y mêlant la touche de création des architectes-décorateurs et artistes qui leur font confiance.

❖ **METTRE LA TRADITION AU SERVICE DE LA CRÉATIVITÉ**

Le tapissier façonne tout ce qui touche à la décoration textile d'un espace intérieur. Ainsi, les Ateliers créent et installent aussi bien des décors de fenêtre (rideaux, voilages) que des tentures murales, des décors de lit ou de plafond (où les tissus sont tendus ou plissés). Chaque désir étant unique, les artisans créent sur mesure ou gainent et habillent des meubles (sièges, canapés, fauteuils) ainsi originaux. Les croquis et esquisses, nés de l'imagination de designers et d'architectes d'intérieur, prennent vie dans les mains de la vingtaine d'artisans qui les réalisent. Ces derniers marient avec brio les techniques tapissières traditionnelles – couture, découpe, sanglage en jute, ressorts, garnitures piquées au crin végétal, passementiers... –, que ce soit pour la décoration d'intérieur ou pour l'ameublement. Un réseau d'artisans d'art complète l'équipe de production et les Ateliers Philippe Coudray s'appuient également sur d'autres partenaires : éditeurs de tissus, ébénistes d'art, ferronniers, manufacturiers du cuir, brodeurs, plisseurs... Ainsi, tout récemment, la réalisation des décors pour La Galerie de l'hôtel Four Seasons George-V Paris a nécessité au total plus de 6000 heures de fabrication par des artisans passementiers, plisseurs, brodeurs, tisseurs et bien sûr tapissières. De la tapisserie haute couture...

❖ **UNE QUÊTE DE PERFECTION**

Points communs de toutes ces réalisations : une quête de la perfection d'exécution dans la création, un raffinement dans le choix des matières, un goût pour le respect du patrimoine culturel et artisanal, une association harmonieuse des époques, sur fond d'esprit de curiosité. Des palaces de par le monde (le Bristol, le Ritz, le Royal Évian, le Shangri-La...), des restaurants prestigieux (Taillevent, Les Crayères, Robuchon...), mais aussi le Sénat, l'Assemblée nationale, tous ont fait appel au savoir-faire des ateliers créés par Philippe Coudray, tapissier-décorateur, ancien élève de l'école Boulle. **D.L.**

LES 5 DATES CLÉS

1991
Rachat de la société Application de la Tapisserie et Aménagement de la Décoration (ATAD)

1997
Rachat de la Société de Siège Traditionnel (SST)

2000
Partenariat avec M. Ferrin, descendant du fondateur de la célèbre société de tapisserie Soutumier

2006
Obtention du label EPV

2009
Fusion des sociétés SST et ATAD et création de la marque Ateliers Philippe Coudray

1. Façade des Ateliers Philippe Coudray au 29, rue Victor-Hugo, à Pantin. **2, 3 et 4.** Confection des rideaux haute couture pour La Galerie du Four Seasons George-V Paris. **5.** Pour les Galeries Lafayette Strasbourg, tabouret dessiné par Bruno Moisnard. **6.** Banquette du hall de l'hôtel Vernet. Architecte François Champsaur. **7.** Grand Salon de l'hôtel Royal Évian. Architecte François Champsaur.

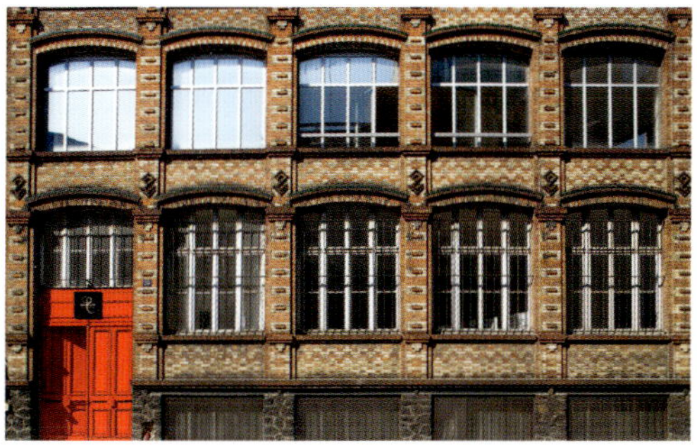
1

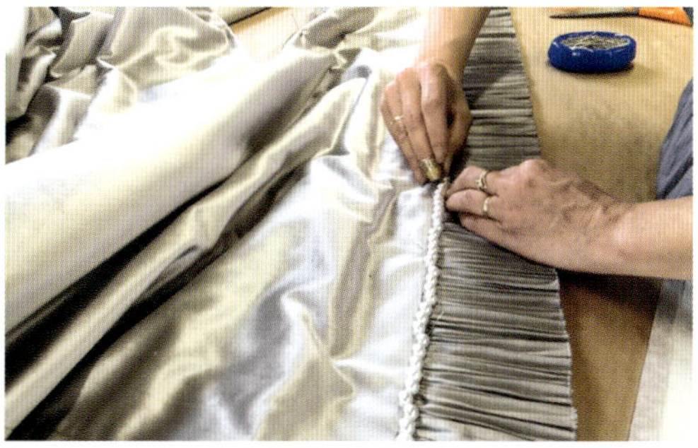
2

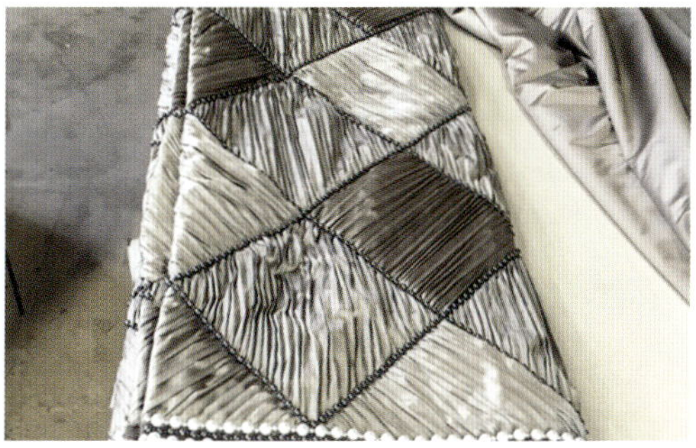
3

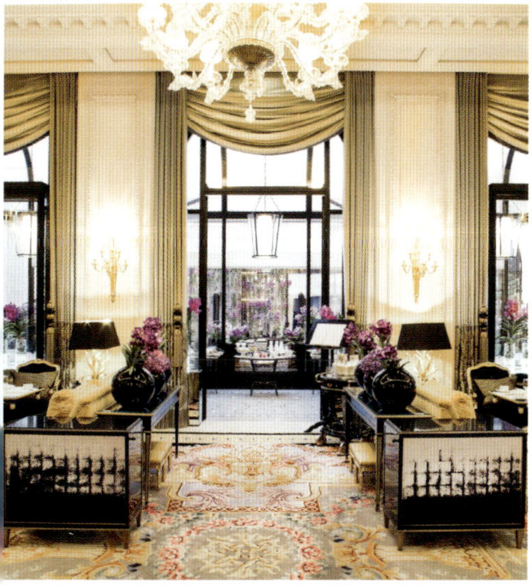
4

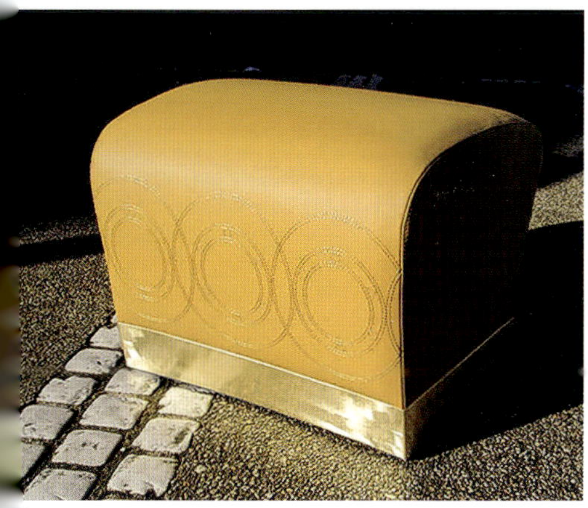
5

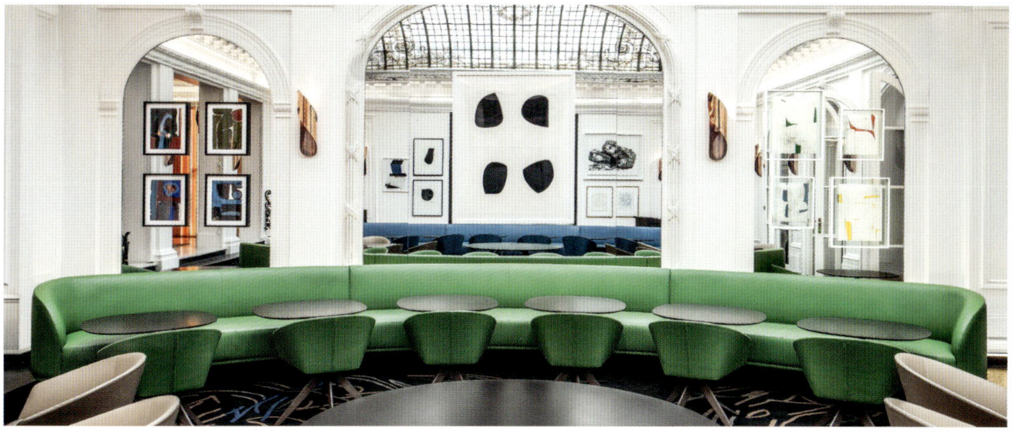
6

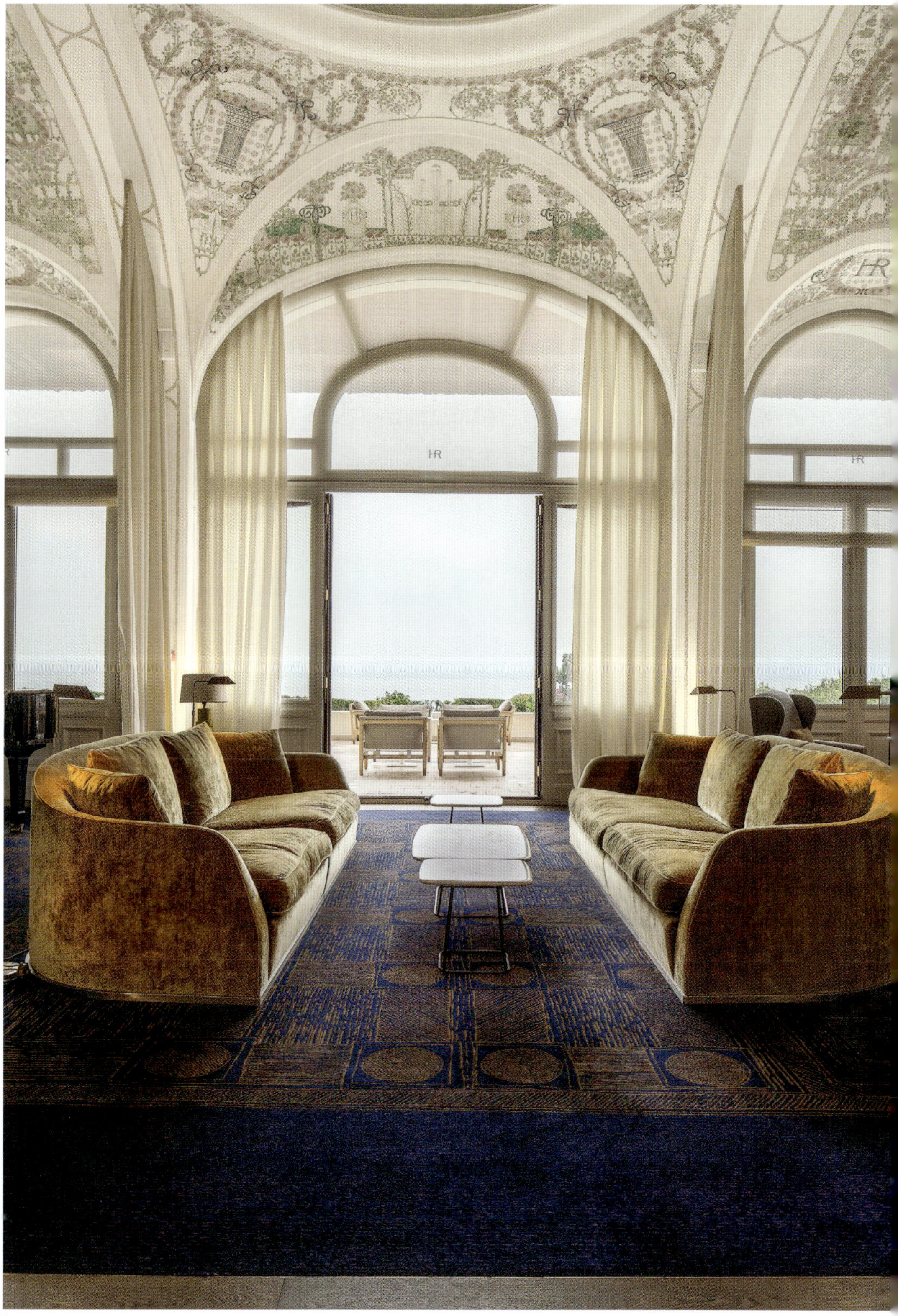
7

CRISTALLERIES DE SAINT-LOUIS

MAÎTRE VERRIER, MAÎTRE TAILLEUR

Fabrication de pièces en cristal

Lustre et flamboyance du cristal

❖ DE LA VERRERIE ROYALE À LA CRISTALLERIE ROYALE

Les origines de la prestigieuse cristallerie remontent en 1586, lorsque la verrerie de Holbach – ayant cessé de travailler faute de bois – est rétablie à Müntzthal, son site actuel. En 1767, Louis XV lui confère le titre de Verrerie royale de Saint-Louis. Le secret du cristal y sera découvert en 1781 par François de Beaufort et reconnu par l'Académie des sciences l'année suivante. Rebaptisée Compagnie des cristalleries de Saint-Louis en 1829, elle se consacre depuis lors à la seule production du cristal. Au XIXe siècle, elle perfectionne son savoir-faire grâce à l'évolution des procédés chimiques et mécaniques, inventant les techniques les plus pointues de coloration du cristal, la taille à froid, la gravure de motifs sophistiqués et le décor à l'or. Elle inaugure l'ère des services de verres dès 1834. D'immenses lustres multicolores, véritables feux d'artifice de cristal, des tables étincelantes sous le chatoiement des teintes et des ciselures, des boules presse-papier *millefiori* et de précieux sulfures prisés des collectionneurs sont devenus emblématiques de la manufacture.

❖ VIRTUOSE DE LA COULEUR, ARTISTE DE LA TAILLE

La couleur est entrée dans les gènes du cristal Saint-Louis en 1837, avec l'introduction de la technique de coloration par le façonnage à chaud dans la masse et la création du rouge rubis. Aux composants de base – sable extrablanc, potasse, plomb –, l'ajout d'oxydes métalliques permet d'obtenir les teintes éclatantes qui seront adaptées au goût des époques et s'inscrivent désormais dans l'identité de la marque. Deux métiers sont au cœur du «village» Saint-Louis, où les savoir-faire – acquis en six à huit années d'apprentissage – se sont transmis verticalement au sein des familles durant quatre siècles, avant que les élèves des lycées techniques ne viennent agrandir le cercle d'une «aristocratie» conquise au mérite. D'abord, les verriers (ou souffleurs) travaillent à chaud pour donner une première forme aux objets. Ensuite, à froid, les tailleurs taillent, gravent, dorent, polissent: plus de trente interventions sont nécessaires pour un objet gravé, décoré à l'or fin et poli à la pierre d'agate. Couleur et taille signent de manière unique ces œuvres d'art de la haute cristallerie.

❖ REVISITER « LE CHIC À LA FRANÇAISE »

Saint-Louis jalonne l'histoire de la cristallerie française de créations issues d'un patrimoine revisité et d'innovations dues à la parfaite maîtrise des procédés, tels que la gravure et la taille à la meule. L'ère moderne commence en 1950 avec le vase *Versailles*, dont le pied est taillé en carré, et s'ouvre à la création contemporaine en 1992 avec le service *Bubbles*, qui empile les billes de cristal sur la jambe des verres. En 2016, la collection de lustres *Arlequin* – soufflés bouche et taillés main – voyage dans une cinquantaine de pays sous le label «Le chic à la française». **E. M.**

LES 5 DATES CLÉS

1767
Louis XV confère à la verrerie de Müntzthal le titre de Verrerie royale de Saint-Louis

1781
François de Beaufort, directeur de la Verrerie royale de Saint-Louis, perce le secret du cristal

1845
Saint-Louis ravive la technique vénitienne du filigrane (*latticino*), crée la première boule presse-papier et met au point les vases en opaline

1867
La cristallerie reçoit la médaille d'or à l'Exposition universelle de Paris

2011
L'entreprise reçoit le label EPV

1. Gravure à la roue d'un vase *Botticelli*. C'est un travail minutieux «à vue d'œil» et dix ans de pratique sont nécessaires pour acquérir cette expertise. **2.** Polissage du décor à l'or 24 carats sur une pièce exceptionnelle, la coupe *Tigre*, afin de lui donner tout son éclat et sa brillance. **3.** Taille à la meule d'un vase *Médicis*. La taille «diamant» est une signature de la Maison Saint-Louis. **4, 5 et 6.** Façonnage et assemblage d'un vase *Versailles* par des maîtres verriers opérant en petits groupes ou «places». **7.** L'or 24 carats est déposé avec minutie sur le vase *Apollinaire* de couleur chartreuse. **8.** La technique du *millefiori*: une composition de bonbons de cristal dessine un relief avant d'être encapsulée dans une bulle. Saint-Louis est aujourd'hui la seule cristallerie française capable de réaliser des presse-papiers intégrant une telle multitude de savoir-faire.

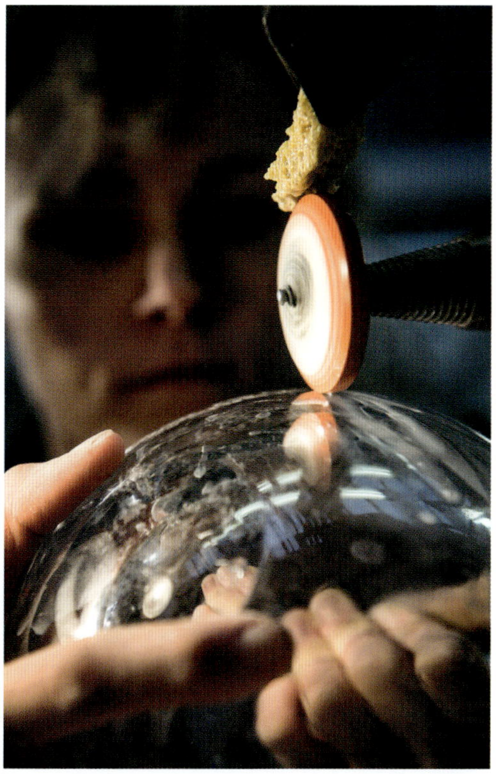

1

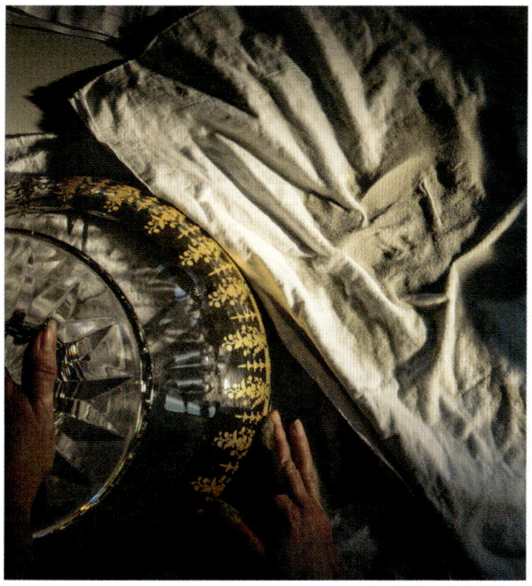

2

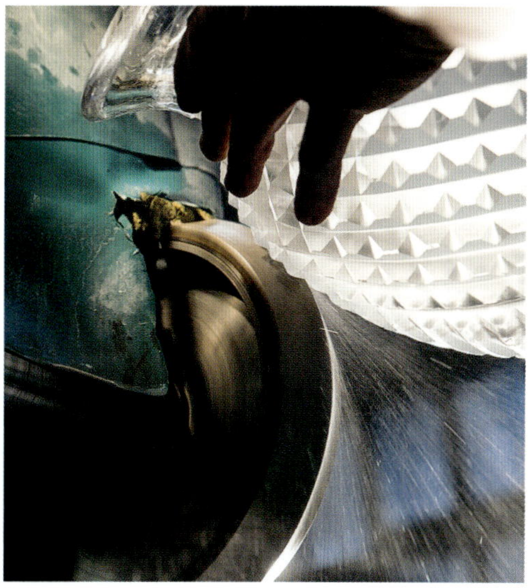

3

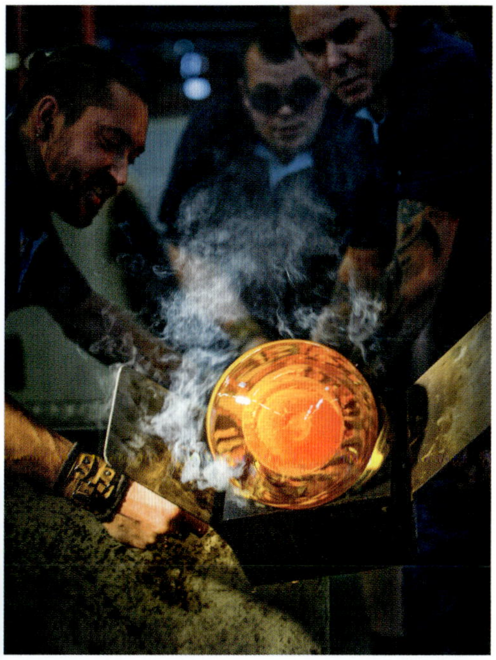

4

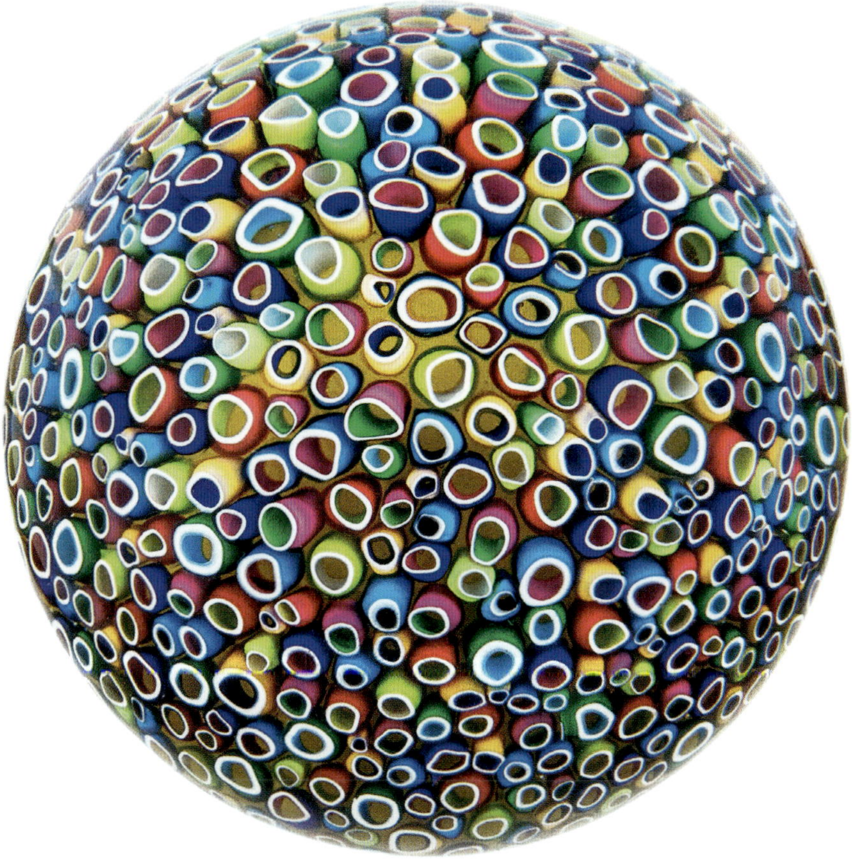

8

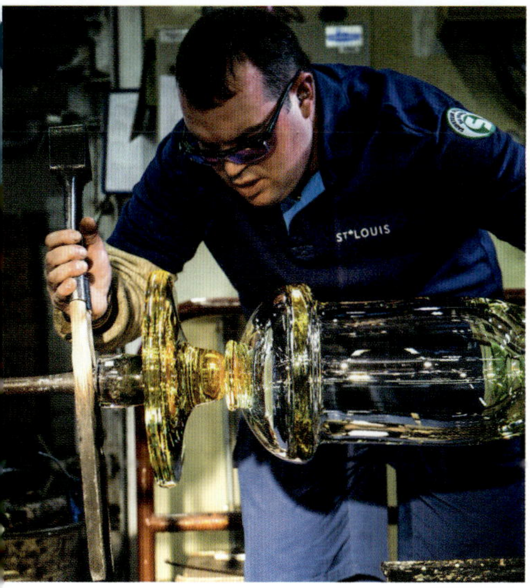

5

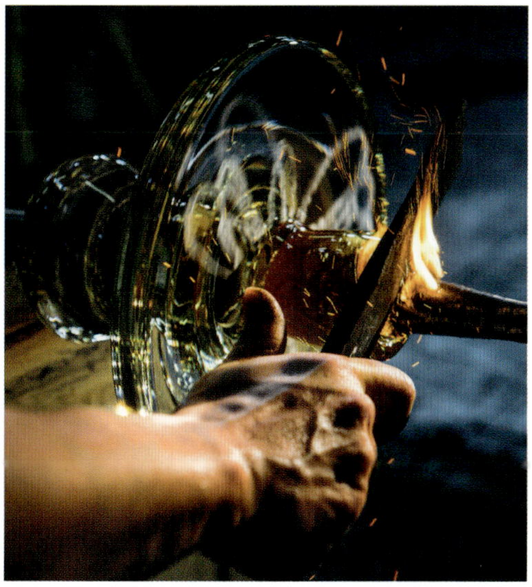

6

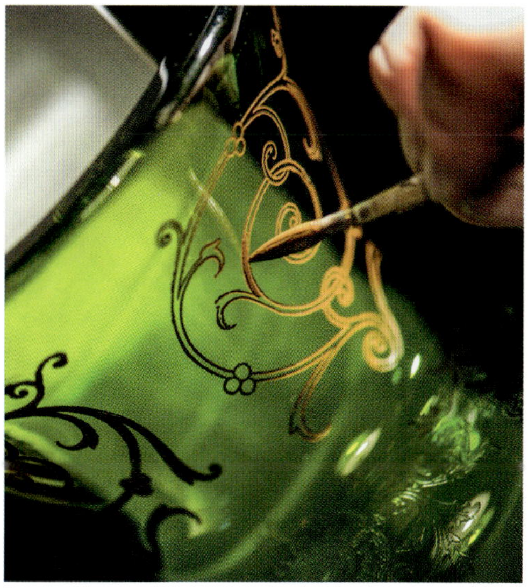

7

LAZAR CUCKOVIC COUTURE

COUTURIER

Confection dames, hommes, costumes de scène

LCC, la main d'un artiste

◆ DE PÈRE EN FILS

Le père, Stéphane Cuckovic, maître tailleur, fonde en 1965 un atelier de couture d'une quinzaine de personnes. Il réalise pour de grandes marques du Sentier, aujourd'hui disparues, ce qu'on appelle alors du «tailleur homme». Après des études universitaires éclectiques, son fils Lazar intègre l'atelier, qu'il reprend en 1996, lui donnant pour nom LCC – Lazar Cuckovic Couture. Sous cette nouvelle enseigne, de grands projets se profilent. Il décide d'orienter l'atelier vers une voie mieux adaptée à sa sensibilité et au contexte moderne: «Nous avons restructuré et refait l'atelier à la main de l'industrie du luxe naissante», déclare-t-il. Cette vision ambitieuse et novatrice du métier posait les bases de l'entreprise actuelle.

◆ DE LUXUEUSES COULISSES

Si les maisons de haute couture disposent de créateurs pour leurs croquis, il faut aussi savoir interpréter et donner forme à ces croquis. Ici se situent l'art et le talent de Lazar Cuckovic, qui résume les exigences du métier: «Le studio de la maison de couture fournit un croquis, qui est ensuite interprété par l'atelier au diapason du directeur de style, pour une interprétation qui sonne juste.» Parallèlement au façonnage du tailleur, il propose «du grand soir et du flou» et séduit les grandes griffes par sa polyvalence et l'excellence de son savoir-faire, authentiquement *made in France*. LCC est ainsi entré dans le cercle très fermé des ateliers travaillant avec les plus prestigieuses maisons françaises de la scène parisienne.

◆ UN STUDIO INNOVANT

Répondre aux exigences de l'excellence nécessite une organisation basée en même temps sur les références de qualité issues de savoir-faire traditionnels et sur une adaptation à de nouvelles méthodes de travail. Pour cela, LCC est divisé en deux entités: l'atelier, où les machines sont le prolongement de la main, et le Bureau de Recherches & Développement, où les stylistes-modélistes inventent, essaient de nouveaux matériaux et proposent des solutions adaptées à la réalité du marché. Sous cette organisation propre aux métiers du patrimoine, le dialogue et la prise d'initiative ouvrent la voie à la créativité. C'est un lieu cosmopolite qui emploie 80 personnes et où trois à quatre générations se côtoient, des apprentis au maître tailleur. Pour nourrir sa démarche d'innovation dans la mode, LCC parraine régulièrement de jeunes créateurs. Portant un regard très actuel sur son rôle culturel, la maison présente en 2016, en collaboration avec Études, griffe de mode masculine et d'édition d'art, la collection éphémère «New York dans le biais de Paris», qui incarne la culture new-yorkaise du vêtement et l'excellence parisienne. **E. M.**

LES 5 DATES CLÉS

1965
Création de l'atelier par Stéphane Cuckovic

1996
Lazar Cuckovic reprend l'atelier de son père

2001
LCC crée le Bureau de Recherches & Développement et travaille sur le croquis avec Alexander McQueen pour Givenchy

2005
Travail du grand soir pour Rochas, avec Olivier Theyskens

2015
L'entreprise reçoit le label EPV

1. L'atelier, vaste espace ouvert dans lequel les différents corps de métiers de la confection se côtoient, tels que les mécaniciens, les finisseuses, les presseurs et les contrôleurs de qualité. **2.** La silhouette, point de départ de la création stylistique. **3.** L'essayage des toiles regroupe les modélistes et les directeurs artistiques. C'est une étape décisive, qui permet de valider les volumes voulus par le styliste, et de réaliser les retouches nécessaires avant le montage définitif de la pièce. **4.** La technique du double face: une excellence parisienne. Détail d'une redingote réalisée par LCC à l'occasion du salon annuel du *made in France* à Paris, exposant l'étendue des savoir-faire des ateliers de fabrication français. Ce manteau est entièrement cousu à la main, en tissu double face incrusté de deux longues chaines de métal. **5.** Le studio, où les modélistes s'attellent à l'élaboration des toiles en 3D par le système du moulage sur mannequin à partir des croquis en 2D.

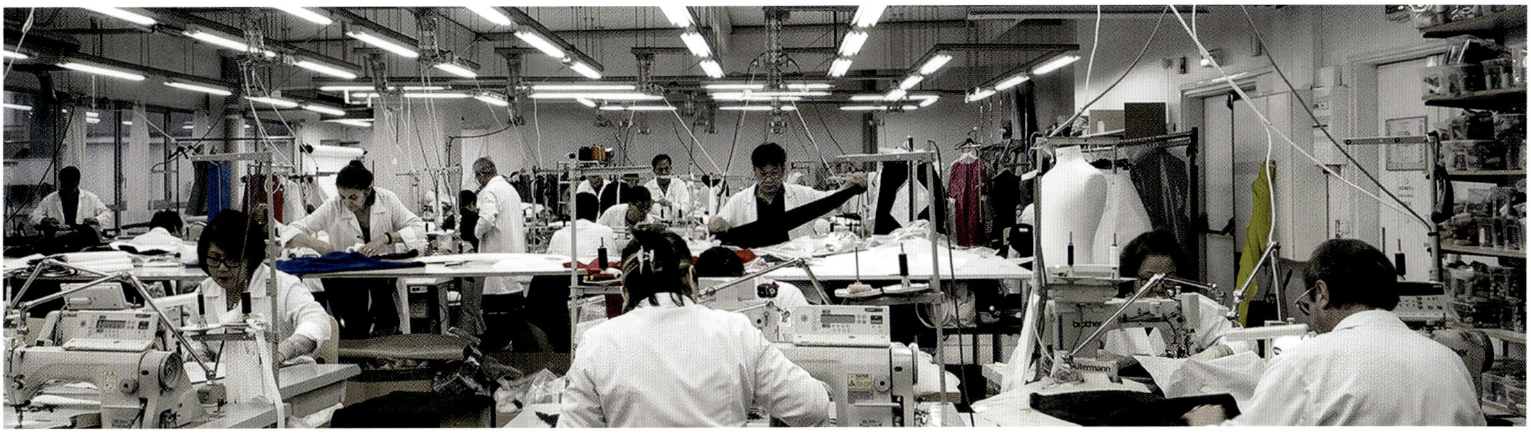
1

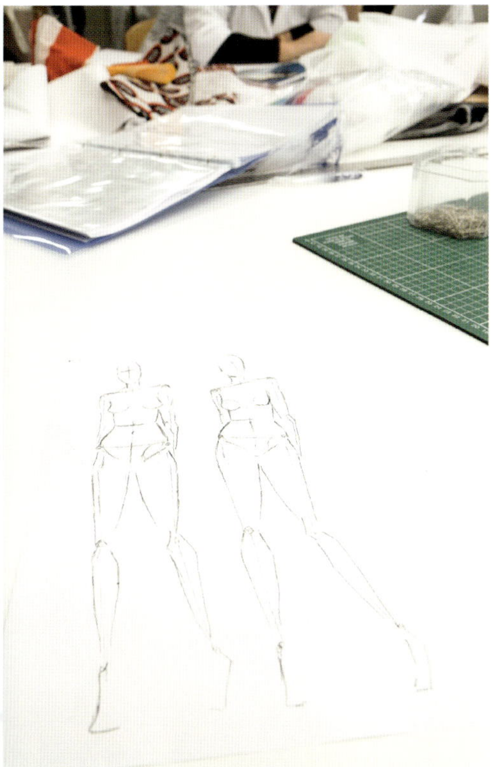
2

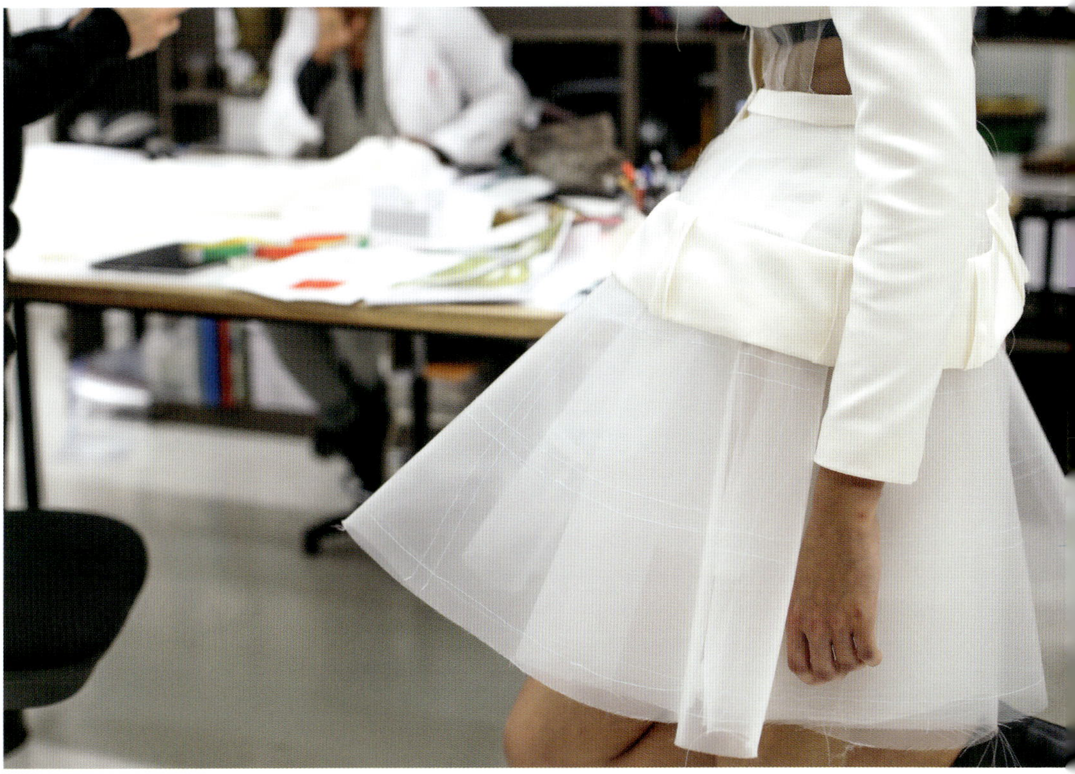
3

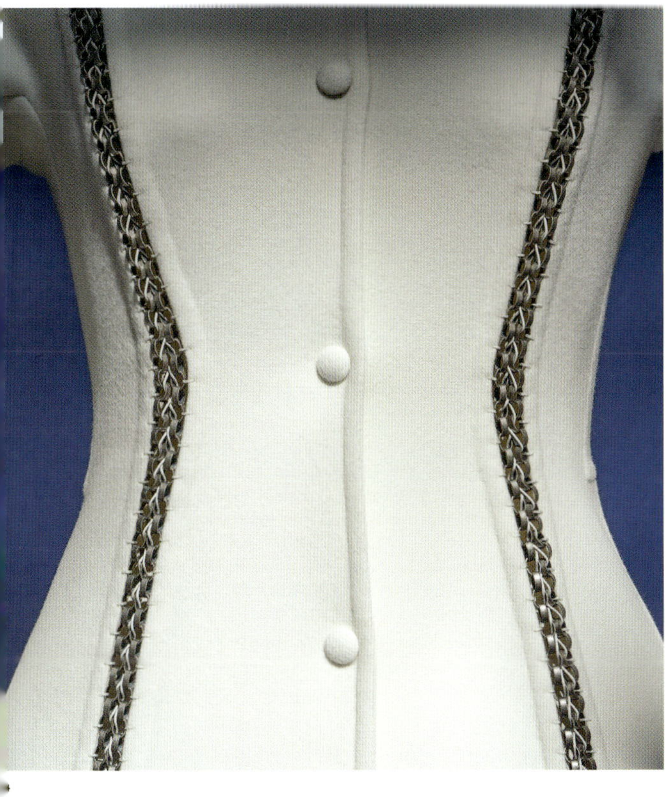
4

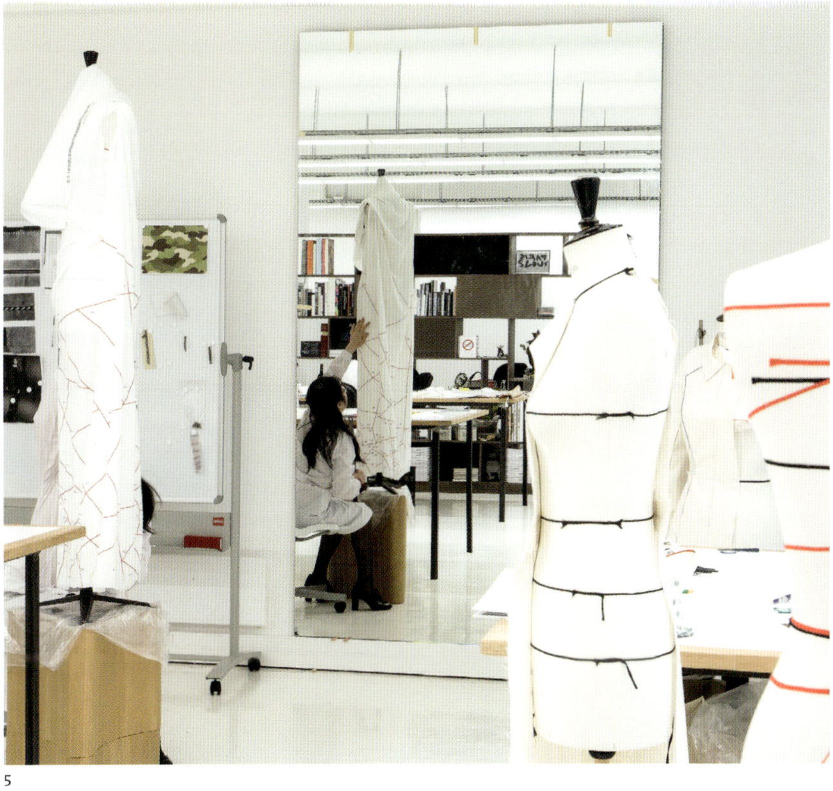
5

FONDERIES DACHEVILLE NICOL ARDI

FONDEUR

Fonderie aluminium, mécanique générale

Le design aux couleurs de l'aluminium

✧ DES SOLDATS MINIATURES...

Lorsque Pierre Dacheville crée, en 1950, la fonderie Dacheville à Méré (dans la région parisienne), nous sommes au sortir de la guerre et la production d'aluminium se répand dans différentes branches de l'industrie (automobile, aérospatial, électroménager...). Le matériau est moins lourd et moins cher que le bronze, mais plus solide que le plastique. C'est dans ce contexte que l'ingénieur se spécialise dans le jouet, coulant pistolets à eau, figurines de soldats, de coureurs cyclistes... Autant de petits gadgets peints à la main et conditionnés par les voisins et les voisines, puis acheminés par Pierre Dacheville avec sa Juvaquatre Renault chez les dépositaires de Paris et d'ailleurs. Par la suite, il commence à diversifier la production avec des pièces pour les machines à laver Laden. En 1983, l'ingénieur cède la société à ses neveux Olivier et Anne-Marie Nicol – d'où la nouvelle dénomination Fonderies Dacheville Nicol –, qui diversifient à leur tour la production: mobilier urbain, corps de projecteur de cinéma... jusqu'à (ces dernières années) éléments d'ameublement, piétements de table, de chaise, boutons de porte... Des ateliers modernes voient le jour et emploient une vingtaine de salariés.

✧ ... AU DESIGN

Après une rencontre avec Philippe Starck, la société ouvre un nouveau chapitre avec le design. Le célèbre créateur leur demande en 1985 de fabriquer son cendrier *Ray Hollis* au couvercle basculant. L'aluminium est véritablement la matière de l'époque. Alors, de nombreux designers jeunes et talentueux, mais qui n'ont pas les moyens d'investir dans la fabrication, défilent à la fonderie. C'est dans ce contexte qu'Anne-Marie Nicol crée ARDI – du nom d'une revue de design espagnole de l'époque –, avec comme directeur artistique Kristian Gavoille – il sera élu « créateur de l'année » au Salon du meuble de Paris en 1992 pour sa table *Divine* (financée par la fonderie). Ils décident ainsi de se charger de la réalisation et de l'édition de différents projets, et produisent une collection d'objets usuels (une centaine jusqu'à aujourd'hui), allant de l'art de la table aux luminaires en passant par la collection *outdoor*. Tous ces objets en aluminium sont le fruit d'un coup de cœur avec un designer.

✧ UN FIL CONDUCTEUR : L'ALUMINIUM

Nous sommes en 1990 et ARDI crée sa propre histoire du design autour de noms qui sont des références: Alexis Tricoire, Ronan Bouroullec, Pucci De Rossi, Éric Jourdan... Toujours en marge, sensible et sans concessions, avec comme fil conducteur l'aluminium, matériau que les designers ont toujours remis en question. Voilà vingt-six ans de rencontres et d'amitiés qui ont donné lieu à la naissance de collections nombreuses dans les arts de la table, du bureau, de la maison, du jardin, les lampes et les bougeoirs... Une aventure qui perdure... **D. L. et S. P.**

LES 5 DATES CLÉS

1950
La fonderie Dacheville voit le jour à Méré (78)

1983
Reprise de la fonderie Dacheville par Olivier et Anne-Marie Nicol, qui devient Fonderies Dacheville Nicol

1990
Création de la société d'édition ARDI et pose de la première pierre de la nouvelle usine sur la même commune dans la zone d'activité de la gare

1991
Premier salon Mooving, porte de Versailles à Paris (qui deviendra le salon Maison & Objet)

2011
L'entreprise reçoit le label EPV

1. Mise en peinture du support d'enceinte. Design Sylvain Dubuisson pour Cabasse. **2.** Montage et soudage des éléments de fonderie aluminium formant la stèle. **3.** Finition intérieure à la feuille d'or des lampes en fonte d'aluminium polie main. Design Philippe Starck pour le Royal Monceau. **4.** Ensemble de sucrier, salière et poivrière en fonte d'aluminium polie main Boob-Peeksal. Design Marie Garnier pour Ardi. **5.** Lumisol, lampe à poser en fonte d'aluminium polie main et abat-jour noir/doré. Design Kristian Gavoille pour Ardi. **6.** Coulée d'aluminium en fusion dans un outillage métallique élaboré par les ateliers.

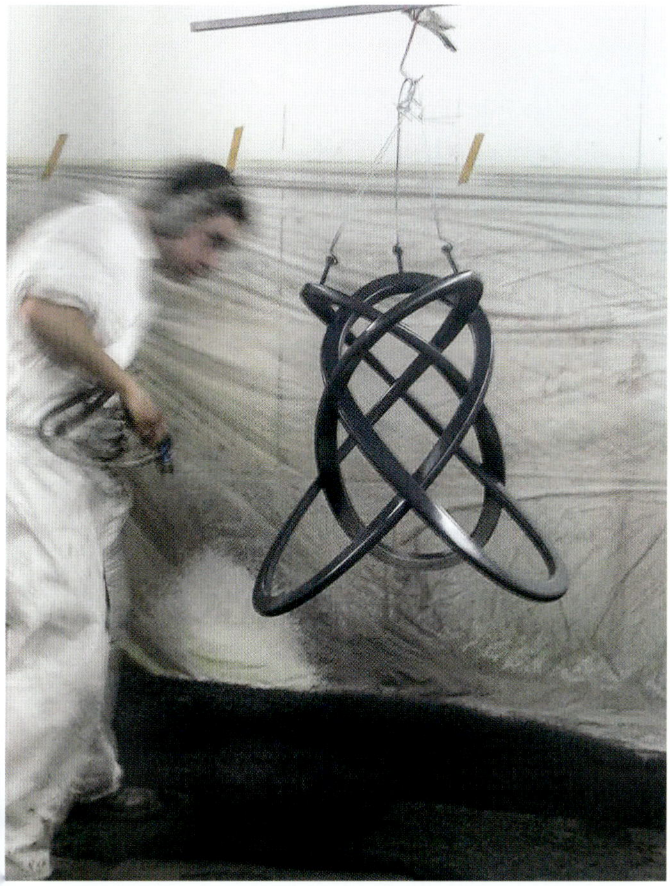

1

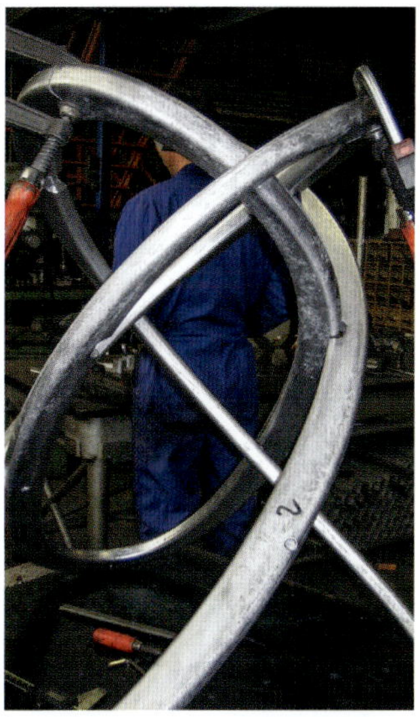

2

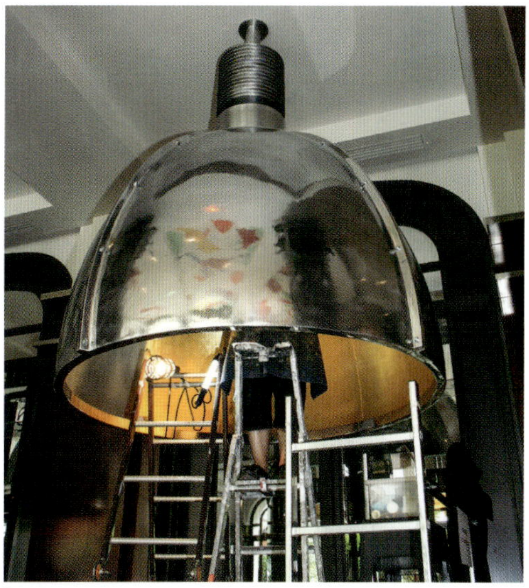

3

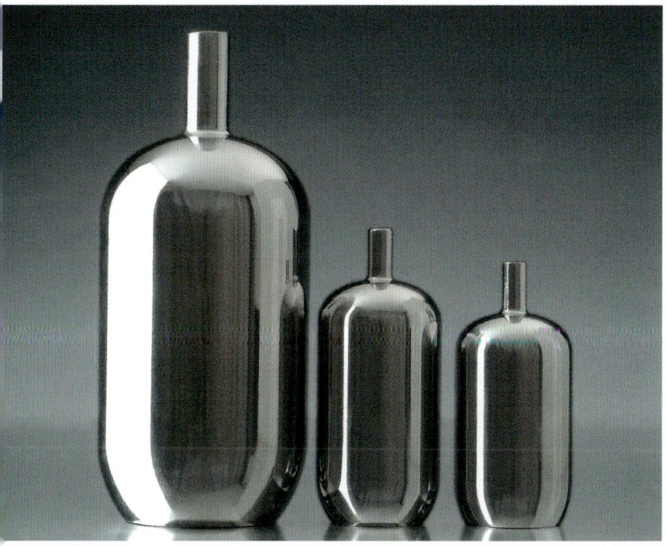

4

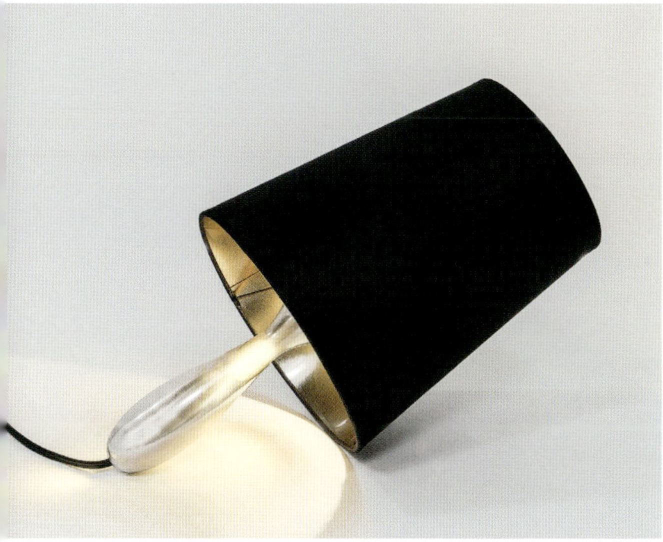

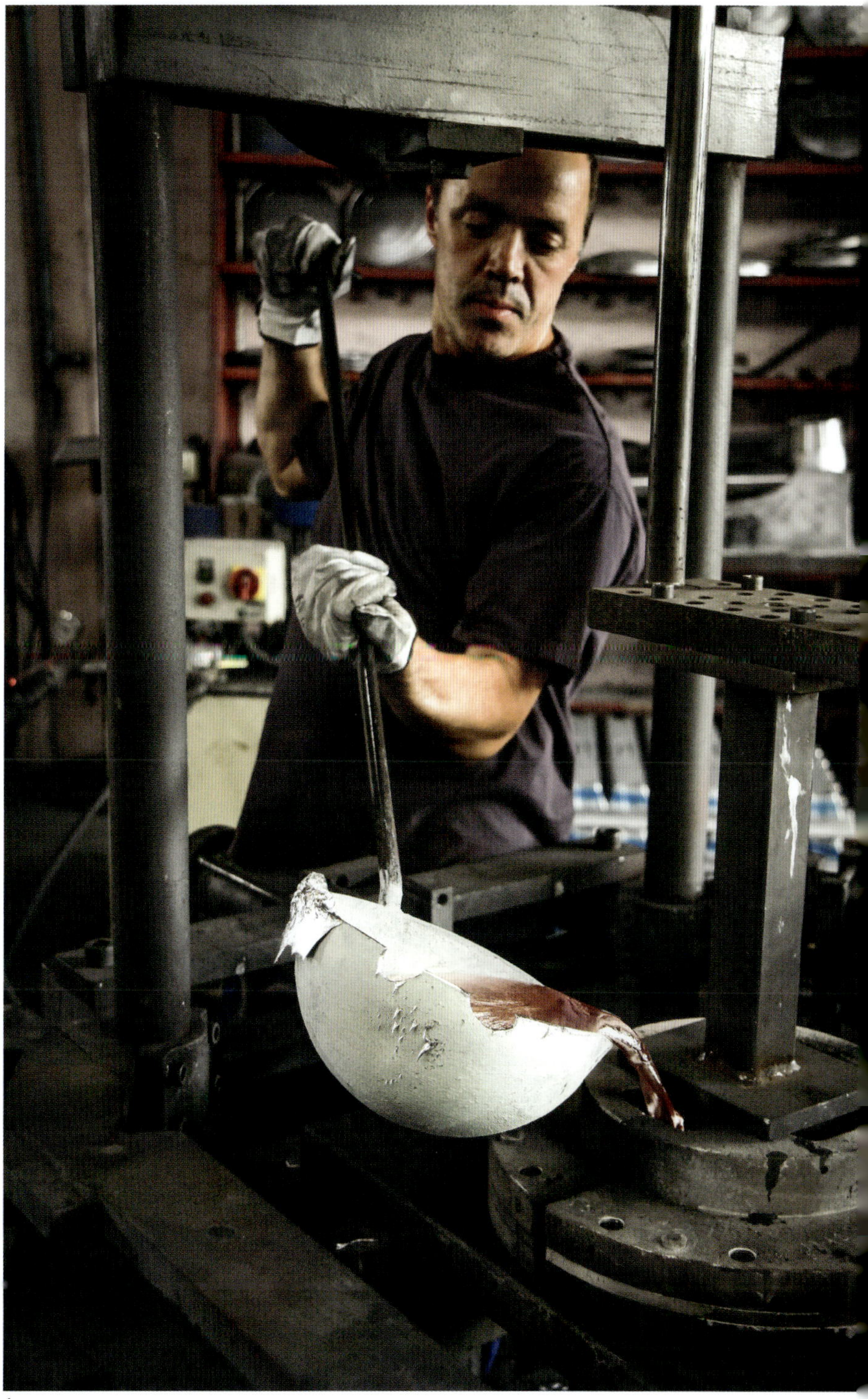

6

DELISLE

BRONZIER ET FERRONNIER D'ART

Création et restauration de luminaires et de mobilier d'exception

Faire rimer contemporain et classique

DESTINÉ À RENCONTRER LES PUISSANTS

«Henry Delisle était un brillant dessinateur, récompensé très tôt par de nombreuses distinctions, dont le grand prix de dessin d'art à l'Exposition universelle de Bruxelles en 1897», raconte Jean Delisle, son arrière-arrière-petit-fils. Il venait de créer son entreprise deux ans auparavant avec son frère Gaston. Sa destinée bascule après sa rencontre avec le grand-duc Paul Alexandrovitch Romanov à Paris: contraint à l'exil après le mariage scandaleux avec une roturière en 1902, celui-ci se fait construire un hôtel particulier dans le style XVIIIe à Boulogne. Il demande à Henry Delisle de dessiner luminaires et meubles, et ne sachant à qui s'adresser pour leur mise en œuvre, la lui confie aussi. C'est ainsi que commence l'aventure de la création et de la fabrication de bronzes et de ferronnerie d'art. Gracié par le tsar en 1910, Romanov commandera une réplique de cet hôtel particulier à Tsarskoïe Selo (l'actuelle Pouchkine), une occasion unique pour Henry Delisle d'être introduit auprès de l'aristocratie russe – jusqu'au tsar Nicolas III lui-même – puis des cours européennes. Les années 1920 le feront traverser l'Atlantique et se rapprocher des grandes fortunes américaines, parmi lesquelles les Vanderbilt et Henry Phipps Jr. La réputation acquise par la Maison l'amène sur les grands chantiers de restauration de monuments historiques – dont la salle du Sacre du château de Versailles, l'Élysée ou le Grand Trianon –, à restaurer les appliques et les lanternes du Ritz et du Crillon ainsi qu'à la réalisation de répliques de pièces de musée – comme cette commande de restauration et de reproduction d'appliques de Ruhlmann par le Louvre Abou Dabi.

120 ANS DE CRÉATION

La Maison a toujours travaillé avec les plus grands ensembliers: Jean Royère ou Gilbert Poillerat, jusqu'aux designers Christian Liaigre, Nicolas Aubagnac et Jean-Michel Wilmotte. Sa force est d'avoir su être à leur écoute et de bénéficier d'archives riches aujourd'hui de plus de 10000 dessins et aquarelles: le point de départ de nombreux projets adaptés aux goûts des clients, à l'image de ce lustre de Tsarskoïe Selo transposé dans des dimensions «hors norme» pour un client asiatique. «On fait du contemporain classique», pointe Jean Delisle, se positionnant comme chef d'orchestre et concepteur. L'idée est de travailler avec une centaine d'entreprises partenaires – dont beaucoup sont également EPV –, pour intégrer toutes les techniques possibles: le cristal de roche, la marqueterie de paille, le bois, l'albâtre, l'aluminium, la miroiterie... toujours au service du projet et de l'excellence. Clin d'œil de l'histoire: la collaboration avec Lalique pour la fabrication des lanternes de L'Orangerie du George-V, poursuivie avec le lancement de la collection «Gingko» en septembre 2016, avait vu le jour en 1938 pour l'ambassade de Turquie en Iran. L'avenir s'écrit avec le passé chez les Delisle. **S. P.**

LES 6 DATES CLÉS

1895
Création de l'entreprise et installation d'Henry Delisle avec son frère Gaston dans l'hôtel Lamoignon

1922
Lancement des premières créations Art déco. La Maison Delisle est récompensée à l'Exposition universelle de Rio de Janeiro

1958
Confection des lustres, lanternes et appliques du Grand Trianon, de l'Opéra Louis XV et de la salle du Sacre du château de Versailles

1984
Delisle devient membre du Comité Colbert, parrainé par Jean-Jacques Guerlain, son fondateur

2006
L'entreprise reçoit le label EPV

2015
Célébration des 120 ans à travers une exposition au musée des Arts décoratifs à Paris

1. Ciselure d'un modèle ananas Louis XIV en bronze. **2.** Assemblage d'un lustre, feuillage en fer repoussé au marteau. **3.** Éléments de bronze ciselé rassemblés pour la monture d'un lustre néoclassique. **4.** Cariatides en bronze ciselé attendant leur bouquet de lumières. **5.** Lustre Louis XV en fer forgé doré à la feuille d'or blanc et cristal de roche. **6.** Aquarelles originales de présentation pour le grand-duc Paul de Russie en 1910 et modèle d'applique de style russe en bronze ciselé doré nitraté et vernis bleu sur nickel.

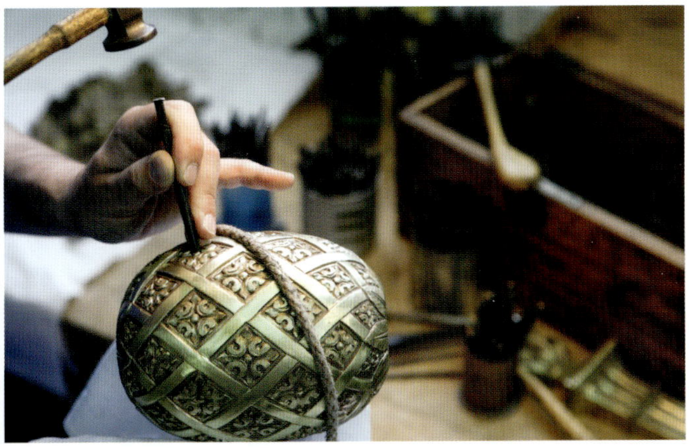

1

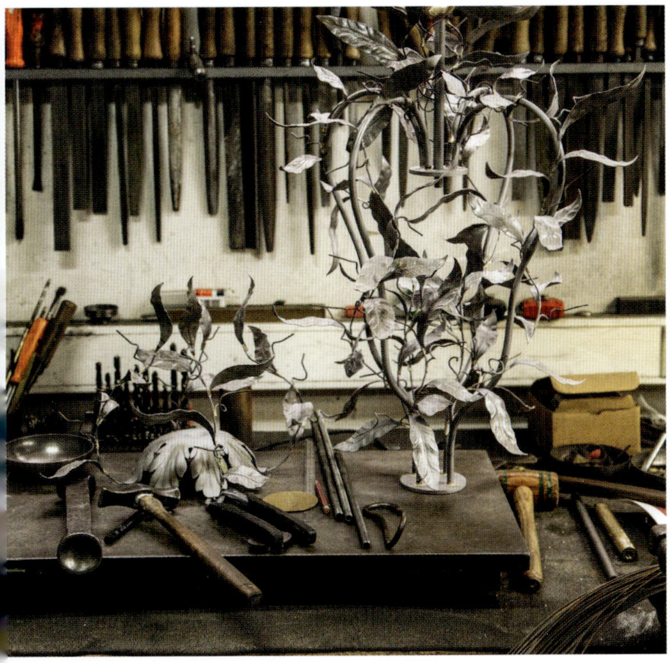

2

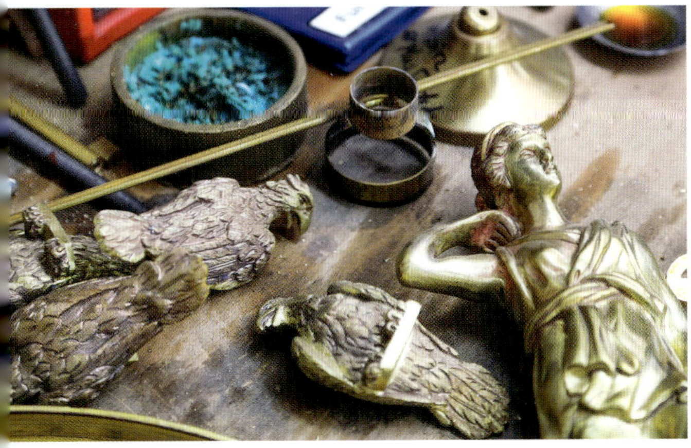

3

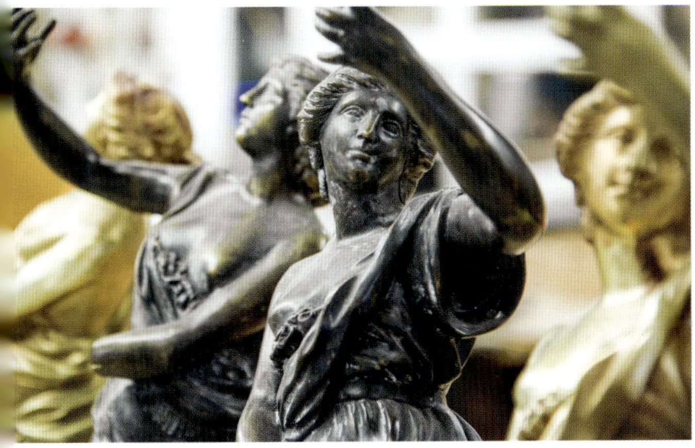

4

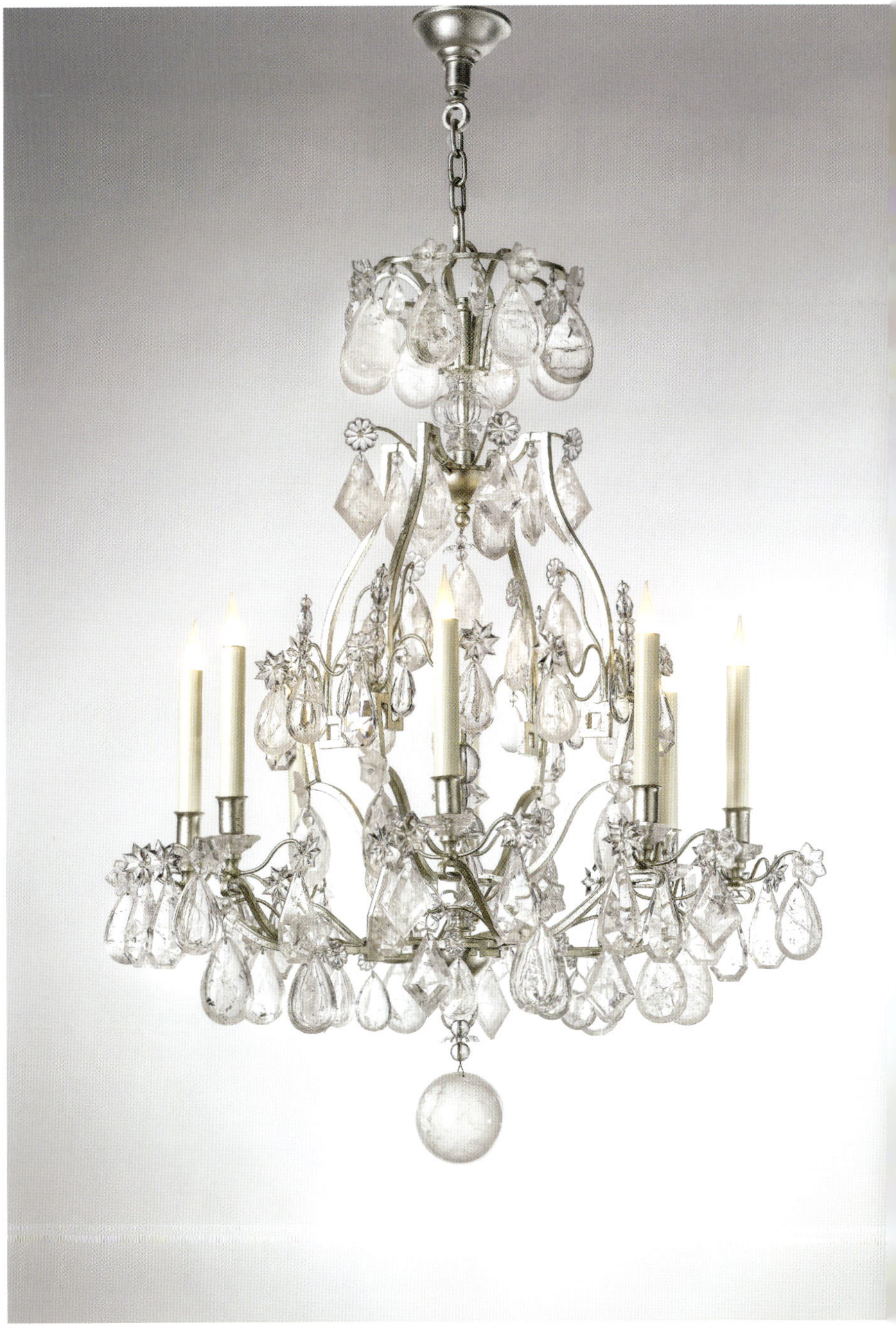

5

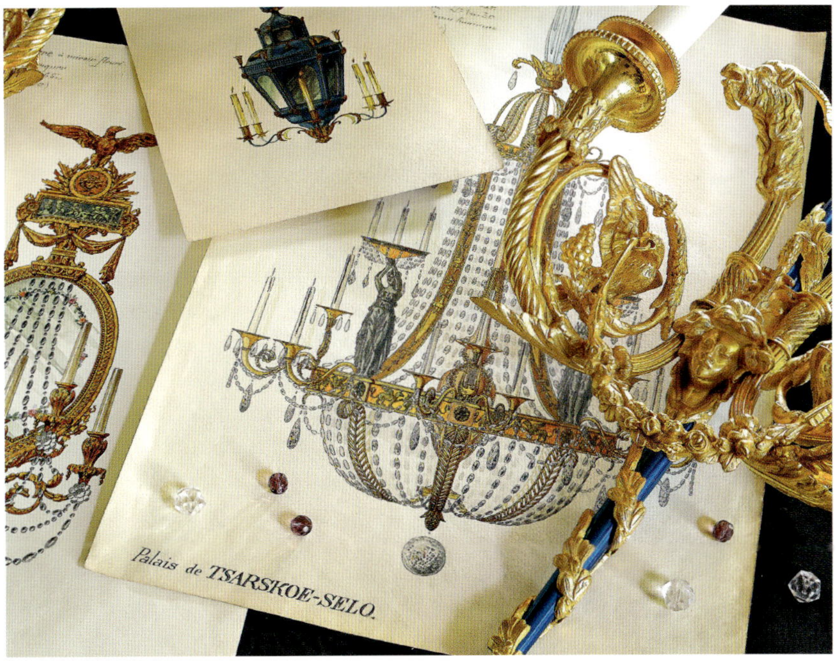

6

DEUX-PONTS MANUFACTURE D'HISTOIRES

IMPRIMEUR

Imprimerie, fabrication de livres, catalogues, brochures

Plier une page blanche à l'impossible

❖ QUATRE GÉNÉRATIONS D'IMPRIMEURS

En 1935, André Caillat fonde à Grenoble une imprimerie située entre le pont du Drac et celui du Vercors, d'où le nom originel de la manufacture, Imprimerie des Deux-Ponts (qui déménagera par la suite). Alors que son fils Michel le rejoint en 1954 comme apprenti typographe, ses deux petits-fils intègrent l'entreprise : Renaud en 1982, comme maquettiste, et Laurent en 1983. Ce dernier commence un apprentissage de conducteur offset avant de travailler dans tous les services de la maison. En 1987, les deux frères achètent à leur père l'imprimerie dont il a hérité. Ils relancent son dynamisme : débute alors une ère de développement rapide et intensif qui portera l'affaire familiale au premier rang des imprimeries de luxe en France. Elle compte aujourd'hui 170 salariés et l'ensemble de sa production est exclusivement *made in France*.

❖ DU GESTE MANUEL À LA HAUTE TECHNOLOGIE

À partir de 1989 – tout en privilégiant le geste manuel et la compétence de ses artisans –, la manufacture ne cesse d'investir dans l'achat de matériel de haute technologie et l'embauche de nouveaux collaborateurs. Elle est la seule aujourd'hui à regrouper, dans un même lieu de 13 000 m^2, les 34 métiers de la chaîne graphique, ce qui permet de proposer aux clients une offre globale haut de gamme personnalisée sur tous les supports. De la conception au routage, toutes les techniques de pointe et traditionnelles sont mises en œuvre pour obtenir un produit d'excellence, quel que soit le procédé choisi.

❖ DES CRÉATIONS SUR MESURE

Deux-Ponts est une « Manufacture d'Histoires », celles que l'imprimeur multiplie sur le papier. Mais elle est aussi le fruit d'une histoire familiale attachée à une parfaite maîtrise d'un savoir-faire conjuguant l'expérience du passé et les moyens actuels, la condition essentielle de l'excellence. Grâce à ses performances industrielles et à sa maîtrise unique des techniques d'ennoblissement, elle met à la disposition des clients l'imprimerie de demain, innovante, créative, soucieuse du détail qui valorisera une marque ou permettra d'identifier un produit avec ses valeurs et sa charge d'émotions. Cette clientèle, à la recherche de l'introuvable, s'étend sur les secteurs les plus divers, de l'hôtellerie à la presse, de la joaillerie au luxe, pour lesquels elle a développé une palette d'effets pouvant répondre à toutes les attentes. Il n'est pas de demande qui ne trouve satisfaction grâce au conseil et à l'inventivité de l'imprimeur. Avec le lancement, en 2015, de la marque Mypaperbook, ligne de carnets destinés à être personnalisés par le client, la manufacture met en évidence une nouvelle expression de ses compétences. Depuis 1999, elle multiplie les récompenses pour l'excellence de son travail et les certifications dans le domaine environnemental. Elle reçoit plusieurs médailles, dont le Cadrat d'or en 2016. **E. M.**

LES 5 DATES CLÉS

1935
André Caillat fonde l'Imprimerie des Deux-Ponts à Grenoble

2001
L'imprimerie, qui a reçu la médaille d'or du meilleur imprimeur européen SAPPI, est élue meilleur imprimeur européen dans la catégorie magazine

2004
Obtention de la certification environnementale ISO 14001

2012
L'entreprise reçoit le label EPV

2016
La Manufacture reçoit le Cadrat d'or pour l'excellence de son travail et sa maîtrise des techniques d'impression et de façonnage

1. Les ateliers. **2.** Ordonnancement manuel d'une forme pour la découpe et le rainage d'un imprimé par le conducteur typographe. Le rainage consiste à réaliser une empreinte qui permettra de plier le support en évitant tout risque de cassure. **3.** Ennoblissement d'un bel ouvrage : bloc intérieur, page de garde et couverture rembordée marquée or, tranchefile et signet. La tranchefile est un petit bourrelet tissé garnissant les deux extrémités du dos d'un livre relié afin de maintenir les cahiers assemblés. **4.** Florilège de carnets personnalisables Mypaperbook marqués sur tranche. **5.** Ajustement manuel et millimétré d'un fer sur machine avant le marquage à chaud d'un logo sur la couverture. Le relief de la plaque (fer) permet le marquage d'un motif apposé sur un document. **6.** Agencement sur mesure d'une couverture et d'un bloc intérieur issus du laboratoire de recherches de la Manufacture.

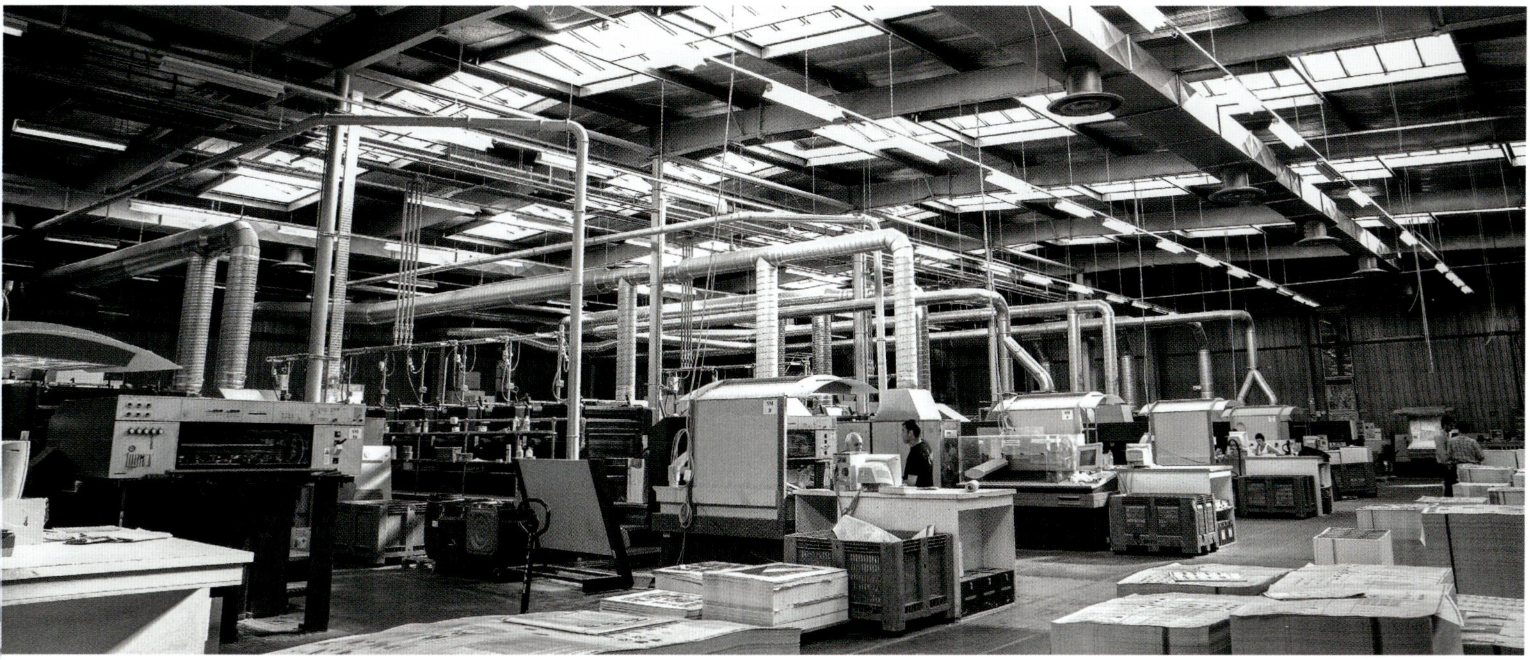

1

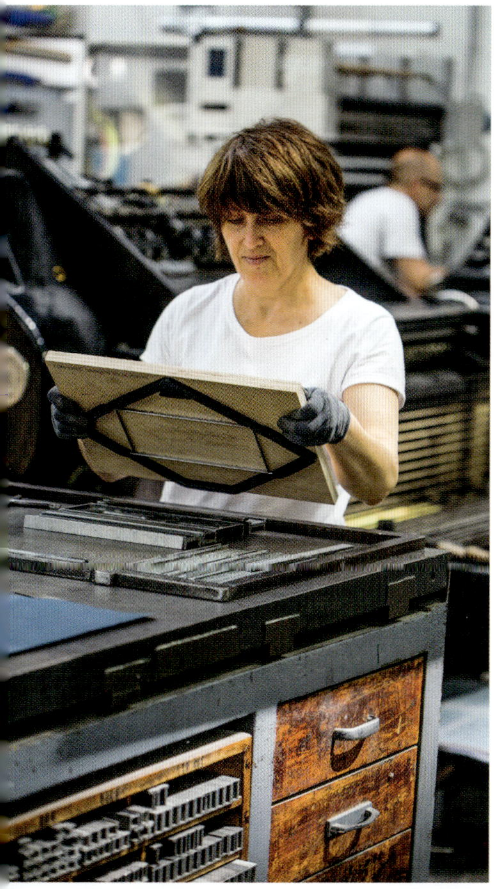

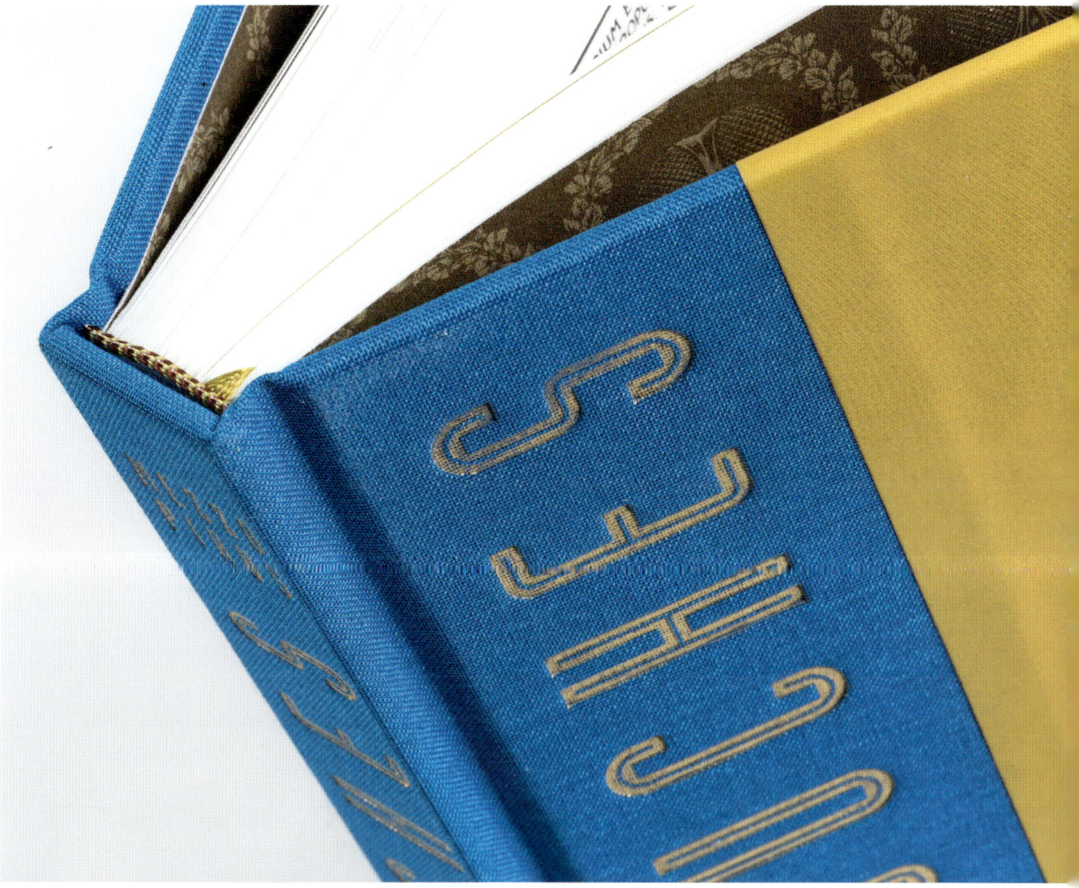

3

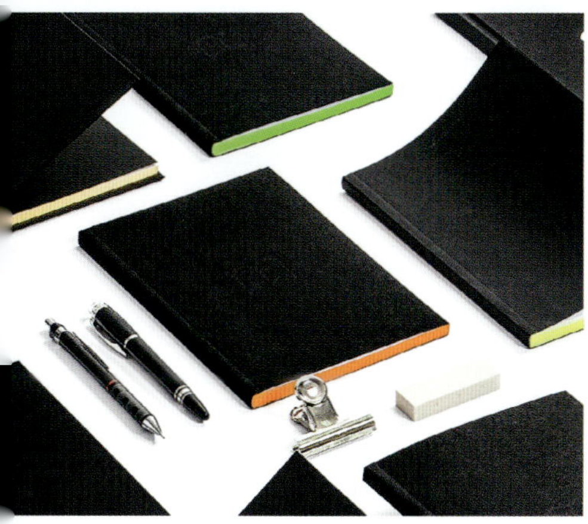

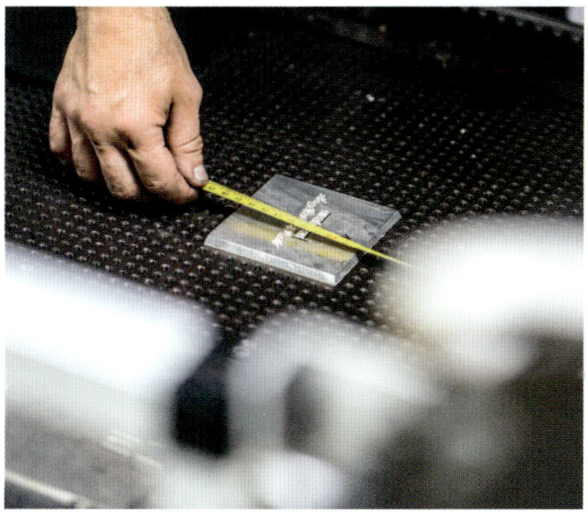

5

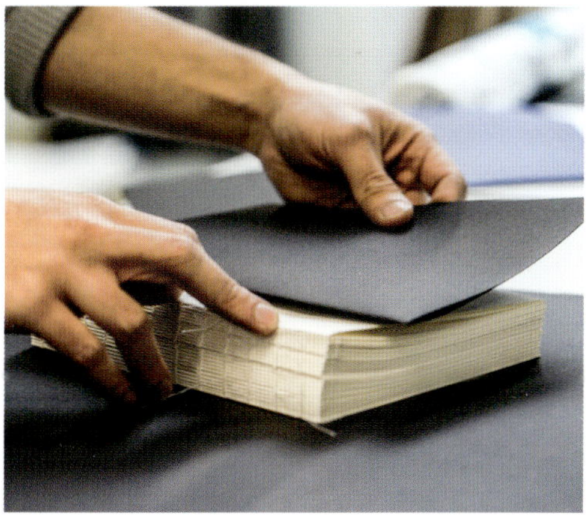

6

CLAUDE DOZORME

COUTELIER

Fabrication d'articles de coutellerie

Plus que le tranchant d'une lame d'acier

❖ L'AMBITION EN HÉRITAGE

Depuis quatre générations chez les Dozorme, la coutellerie est avant tout affaire de passion. Fondé en 1902 par Blaise Dozorme à La Monnerie-le-Montel – près de Thiers –, le petit atelier attenant à la maison d'habitation a pris son essor dans les années 1970-1980 avec Claude Dozorme, en produisant des couteaux sous sa propre marque (maître artisan coutelier, il sera le premier à lancer un Laguiole non fermant de table) et en modernisant ses ateliers, notamment avec l'achat d'un centre d'émoulure en 1967. En 1991, l'actuelle dirigeante, Claudine Dozorme, revient dans l'entreprise familiale : elle y épaule alors son père et développe la branche marketing. Une nouvelle usine est construite en 1993, dans un concept associant tradition et modernité.

❖ ALLIER LES NOUVELLES TECHNOLOGIES ET LA DEXTÉRITÉ DE L'HOMME

Au fil des années, le métier s'est enrichi de nouvelles techniques. Ainsi, le couteau est maintenant dessiné par ordinateur avant d'être fabriqué, et la découpe laser permet de produire une lame avec une précision de l'ordre du dixième de millimètre. Sur les 45 étapes nécessaires à la fabrication d'un couteau, 70 % restent inchangés. « Le savoir-faire artisanal et la dextérité de l'homme seront toujours primordiaux dans la réalisation d'un couteau », estime Claudine Dozorme. Et d'insister sur le fait que l'entreprise a intégré toutes les étapes de la réalisation : l'acier y est véritablement transformé, il n'est pas question ici de se contenter de faire de l'assemblage ou de la finition.

❖ 800 COUTEAUX PAR JOUR

La coutellerie Claude Dozorme, qui réalise un chiffre d'affaires de 2,6 millions d'euros, emploie 18 salariés et produit 800 couteaux par jour. Elle a beaucoup diversifié sa gamme, avec plus de 2 000 références, qui vont du couteau de poche à 50 euros à des couteaux beaucoup plus sophistiqués comme celui comportant un manche en molaire de mammouth à plus de 1500 euros. Tout comme la lame du couteau, qui se doit d'être parfaite, le manche est une pièce à part entière. Habillés de matières naturelles, de cuir ou d'incrustations (cristaux Swarowski, plumes véritables…), les manches confèrent une noblesse et une plus-value à l'objet.

L'entreprise fait appel à des designers comme Thomas Bastide et Régis Dho pour adapter ses couteaux au style de vie actuel. Très simples, avec des lignes épurées ou avec des mécanismes sophistiqués, ces créations parfois anticonformistes sont présentes sur les grandes tables, de l'Auvergne à New York en passant par Paris – notamment au Café français de Thierry Costes –, ainsi que dans les grands magasins ou chez Gérard Depardieu… La griffe Dozorme est désormais internationale, avec un pourcentage à l'exportation qui atteint les 40 %. **D. L.**

LES 5 DATES CLÉS

1902
Fondation de l'atelier par Blaise Dozorme

1993
Construction de la nouvelle usine

1998
Développement de l'export

2009
L'entreprise reçoit le label EPV

2014
Ouverture d'une boutique à Paris, après celles de Clermont-Ferrand et de Cannes

1. Un couteau fermant, appelé le « Thiers RLT », avec son manche en corne de bélier. **2.** Une technique de décoration : le guillochage manuel du ressort à la lime. **3.** Le dos du couteau, une fois le guillochage terminé. **4.** La lame et la mitre (partie carrée du couteau) en acier Damas, issues de la superposition de couches d'acier de différentes natures. **5.** Avant la Première Guerre mondiale, Blaise Dozorme (le premier à gauche sur la photo), le fondateur de l'entreprise, avec tous ses collaborateurs, dont son fils, Valentin, qui reprendra plus tard l'activité. **6.** Coffret de couteaux Laguiole de table avec manche en palissandre.

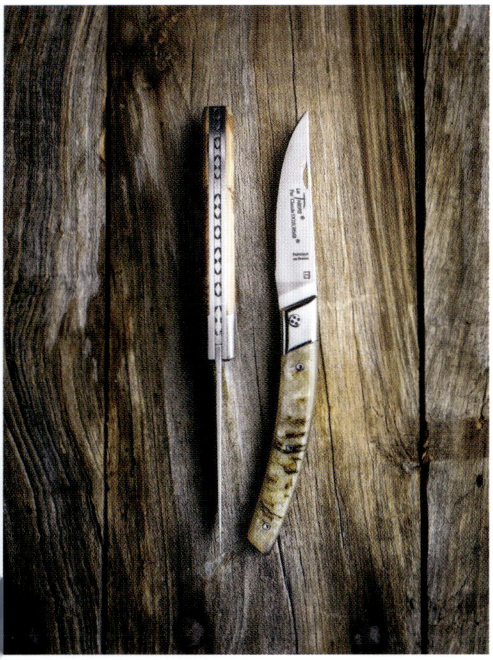

1

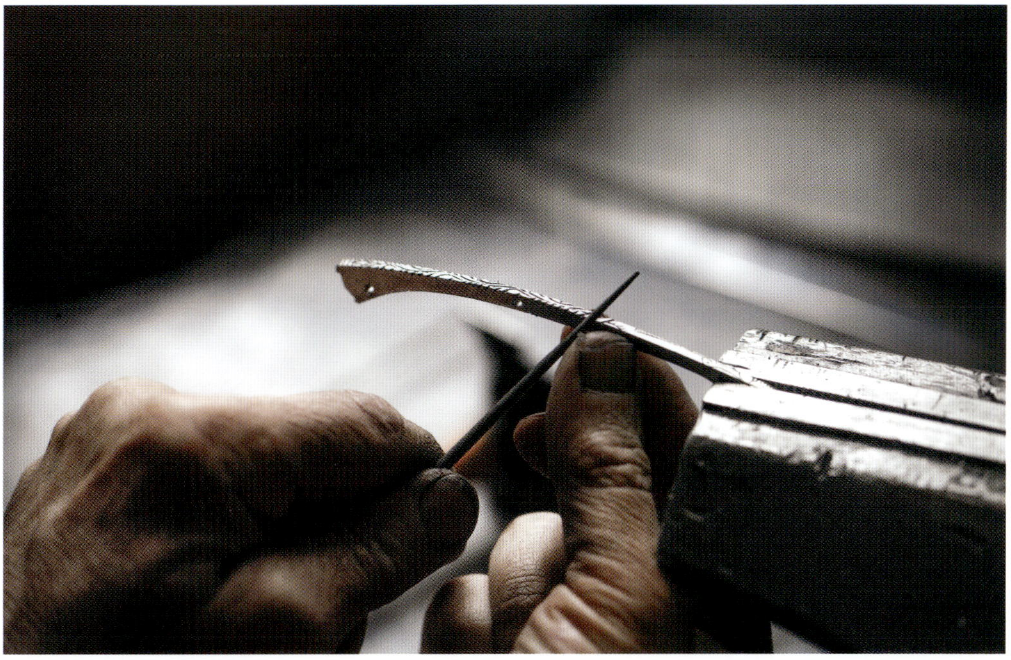

2

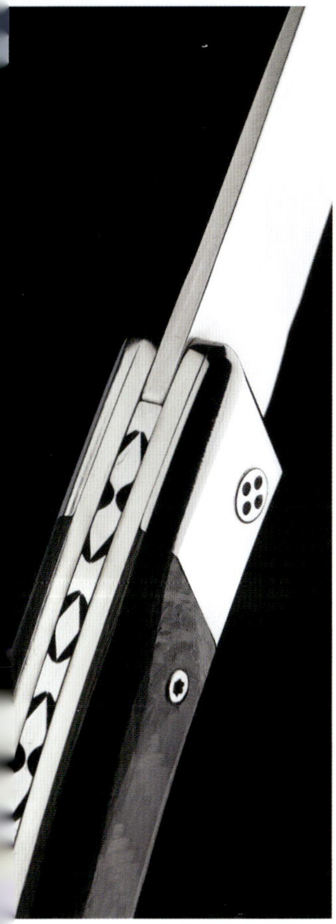

3

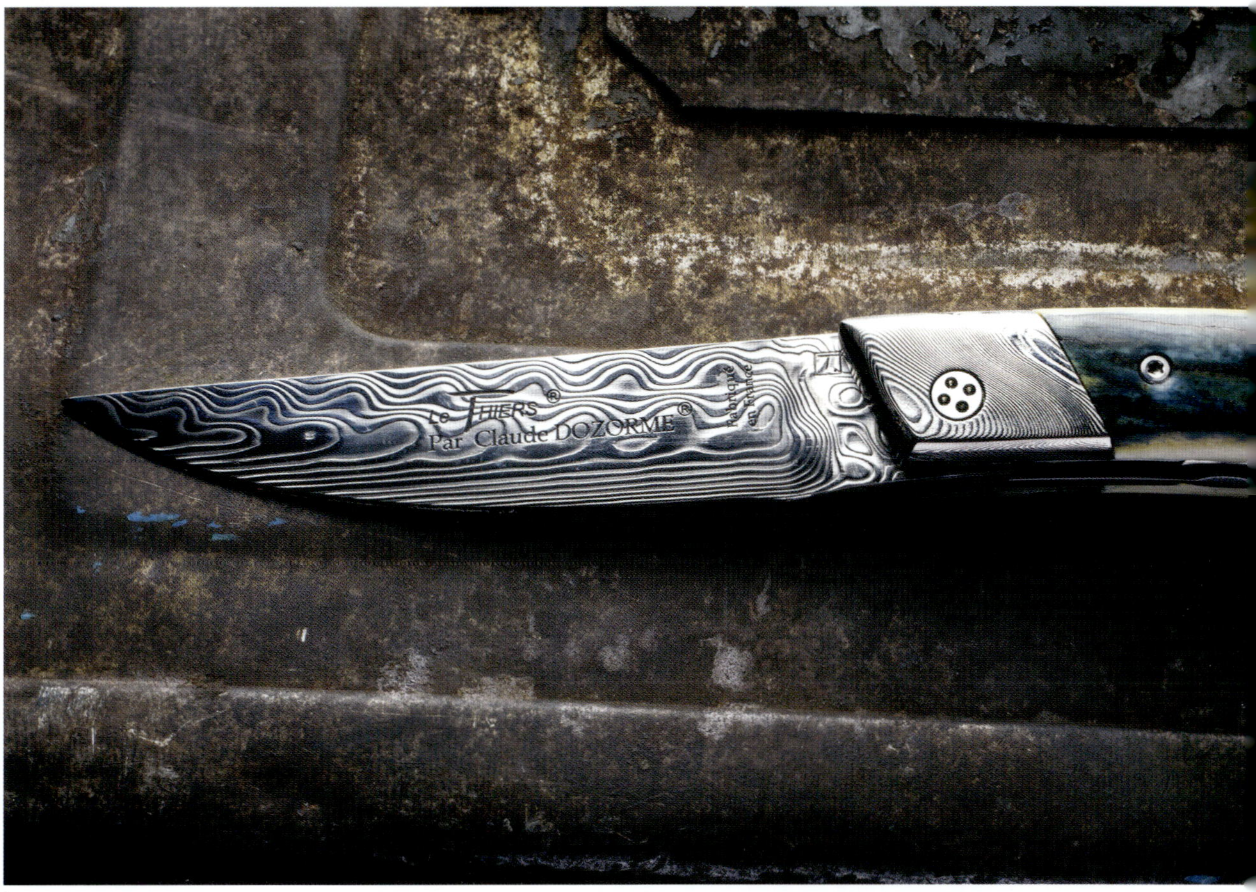
Le Thiers®
Par Claude DOZORME®

4

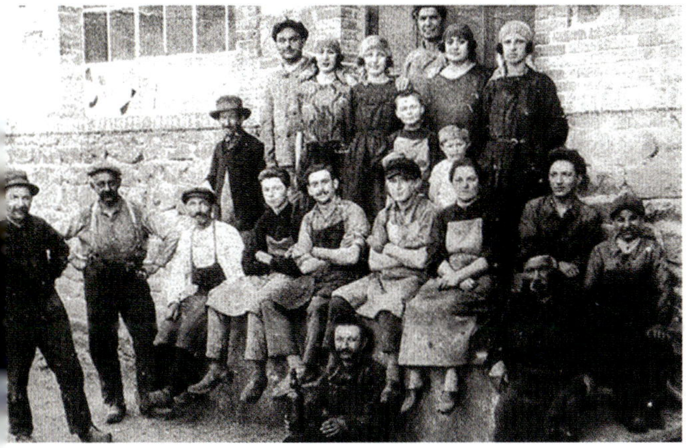

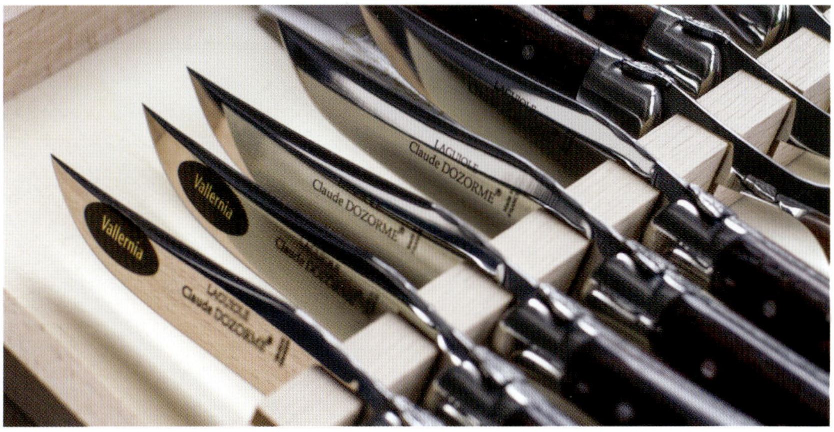
Vallernia
Vallernia
Claude DOZORME®

6

ESCHLIMANN
ATELIER DE CONSERVATION-RESTAURATION

RESTAURATEUR

Conservation-restauration de décors peints, peintures murales, dorures et sculptures

Rendre vie au patrimoine protégé

❖ **DE PÈRE EN FILS, DEPUIS 1870**

C'est une longue histoire que celle de l'atelier Eschlimann. Installé depuis 1870 à Erstein – près de Strasbourg –, il œuvre encore aujourd'hui à la conservation, à la restauration et à la décoration du patrimoine. De génération en génération, de père en fils, la maîtrise des savoir-faire et des techniques anciennes a pu être transmise, tout en s'enrichissant de l'expérience et des innovations des différentes époques.

❖ **25 SALARIÉS DE HAUTE COMPÉTENCE PROFESSIONNELLE**

De la création de décors aux travaux de dorure à la feuille, du badigeon à la chaux à la restauration des gypseries, de l'intervention sur la peinture à l'huile ancienne au nettoyage des bronzes, l'atelier Eschlimann travaille essentiellement pour les monuments historiques et collabore avec leurs laboratoires de recherche. Parmi ses références, citons les interventions sur les sites suivants: l'église Notre-Dame-de-Bonsecours à Nancy, la cathédrale de Beauvais, le château de Fontainebleau, le musée du Louvre, la place Stanislas de Nancy ou le château des Ducs de Savoie à Chambéry. L'atelier, qui emploie 25 salariés (des restaurateurs diplômés, des décorateurs, des doreurs, des peintres en décor du patrimoine et des ingénieurs, tous d'un niveau élevé de formation et de compétence), maîtrise les techniques de nettoyage, de fixation, de retouche des zones d'usure des peintures murales. Il intervient sur des supports aussi différents que le bois, le plâtre, le tissu, le marbre, le plomb, le bronze ou le cuivre.

❖ **UN CODE D'ÉTHIQUE**

L'atelier applique le code éthique de la Conférence des organisations de conservation-restauration. «Les méthodes de travail de notre entreprise sont organisées selon un protocole d'intervention établi et défini en amont par le maître d'ouvrage et le maître d'œuvre. Ce cadre prédéfini oriente l'action des collaborateurs de l'entreprise, du dirigeant aux restaurateurs, en passant par l'encadrement, en impliquant l'expérience et le savoir-faire des équipes», explique Christophe Eschlimann. Le patron de l'entreprise s'est également beaucoup investi dans la profession, comme président du Groupement français des entreprises de restauration de monuments historiques et de métiers du patrimoine de 2004 à 2014, et, depuis 2015, en tant que vice-président de l'Association européenne des entreprises de restauration du patrimoine architectural (AEERPA) – président à partir de novembre 2016. Une implication fondamentale lorsqu'on travaille avec un patrimoine protégé. ⁒ D. L.

LES 5 DATES CLÉS

1870
Première trace écrite de l'existence de la société Eschlimann

1905
Une photo montre Victor Eschlimann, arrière-grand-père de l'actuel dirigeant, à Constantinople en tant que spécialiste du faux marbre

1997
Reprise de l'entreprise par Christophe Eschlimann

2006
L'entreprise reçoit le label EPV

2008
Ouverture de l'agence à Paris

1. Assemblée nationale à Paris: restauration des stucs marbre, des décors peints faux marbre et des cabochons de bronze des garde-corps, ainsi que pose de revêtement mural acoustique. **2.** Place Stanislas et place de la Carrière à Nancy: restauration des dorures et des peintures des grilles. **3.** Grande Chancellerie de la Légion d'honneur à Paris: réalisation d'un décor de faux bois et d'un décor au pochoir sur élévations et corniches, et restauration des marbres. **4.** Théâtre impérial du château de Fontainebleau: dépose, repose et restauration de la toile peinte du plafond, et restauration des décors peints et des dorures.

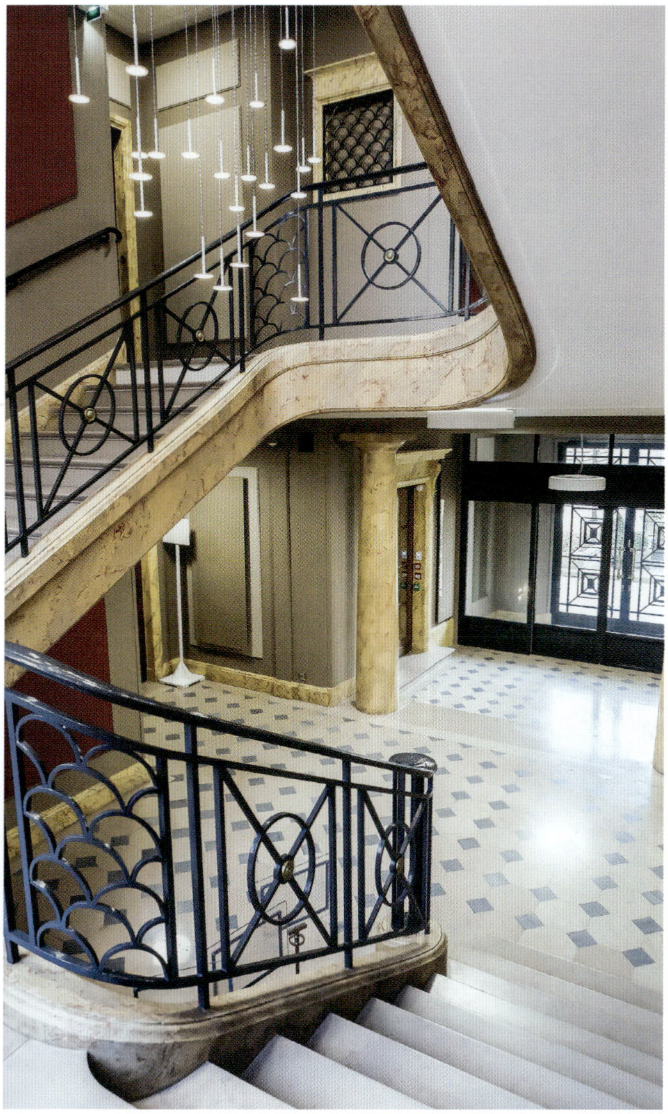
1

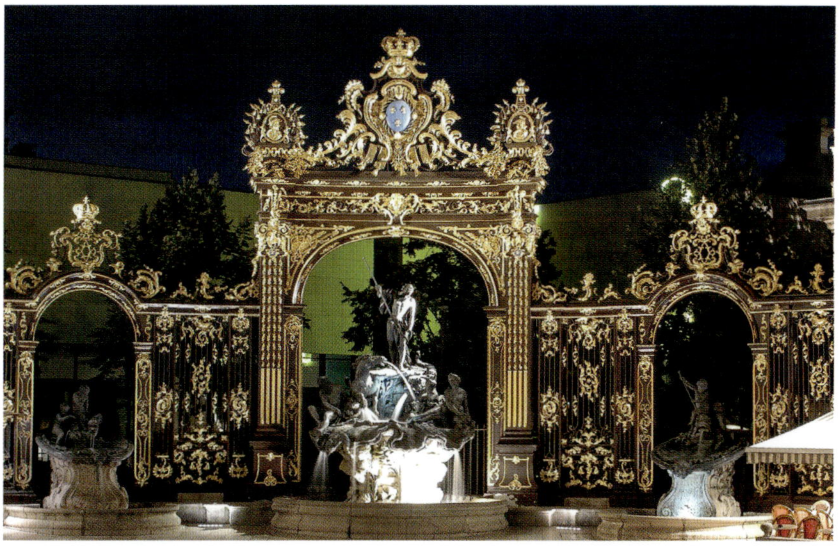
2

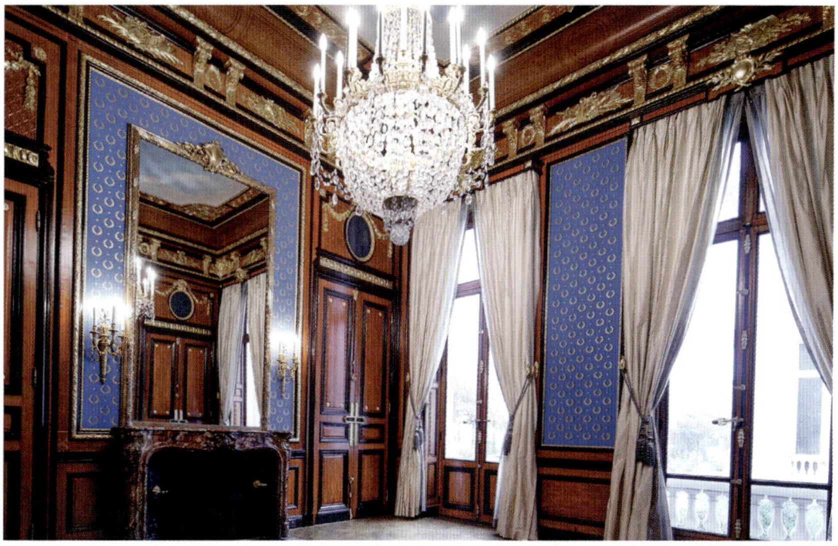
3

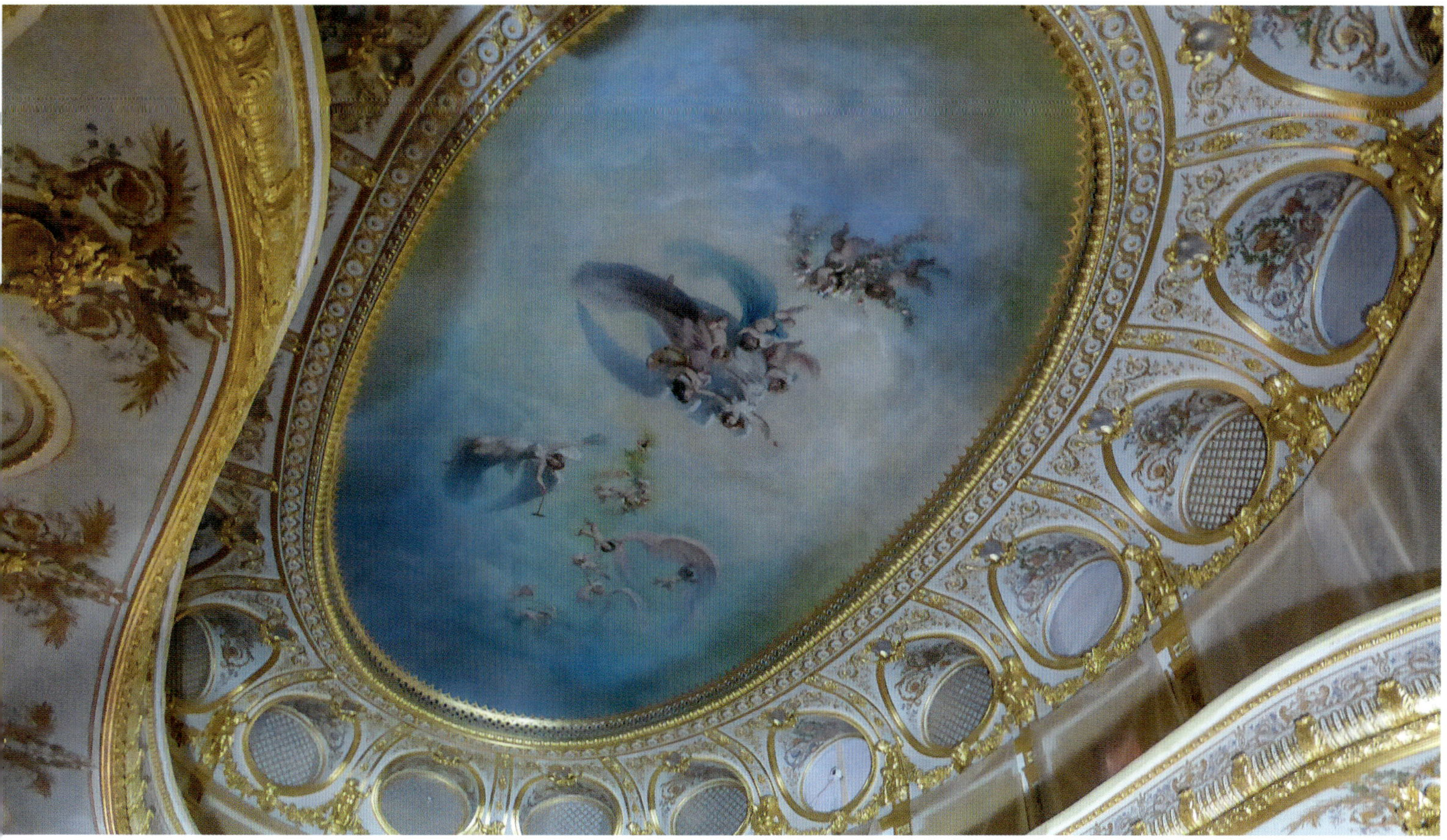

EPHTÉE

MALLETIER

Fabrication de malles de luxe, à complications et sur mesure

Des écrins d'exception faits main

◆ DEPUIS 1998, EPHTEE FAIT DES MALLES ET LES FAIT BIEN !

Outre la passion pour son métier, Franck Tressens cultive un véritable emballement pour les souliers et leurs écrins. L'idée de mettre en scène leur rangement l'obsède, et c'est presque naturellement qu'en 1998 il crée la société Ephtée (transcription phonétique des initiales de Franck Tressens), spécialisée dans les coffrets à chaussures et accessoires à cirage.

Puis, répondant aux souhaits et aux besoins de sa clientèle, en fonction de leur budget, il élargit la gamme de ses produits aux malles de toutes tailles: du coffret à bijoux à la malle bureau, en passant par la mallette de dégustation utilisée par Niels Arestrup dans le film de Gilles Legrand *Tu seras mon fils*, la malle Pique-nique-chic pour la maison Rolls Royce, une malle dressing pour ranger les souliers d'un Russe (propriétaire d'un club de foot anglais…) et des réalisations plus modestes (en taille) pour ranger les montres, par exemple. La malle est un merveilleux contenant et l'équipe d'Ephtée peut tout y ranger.

◆ LEUR CREDO : LA MALLE À COMPLICATIONS

Si l'extérieur ressemble à une malle du début du XXe siècle, l'intérieur conjugue l'art complexe du Tetris et celui du puzzle. Chaque espace est calculé pour occuper le volume le plus réduit tout en limitant le poids. Ainsi, les malles livrées à Paris Aéroport renferment chacune une véritable boutique pour tout homme élégant, soucieux de ses souliers. Pour une maison horlogère de Genève, la malle, qui porte l'image de la manufacture, sert de bureau d'accueil, de vitrine, de réserve et accompagne l'entreprise à chaque événement.

Aujourd'hui, la barre est haute pour cette équipe de trois personnes. Dans leur atelier de Cenon près de Bordeaux, elle démarre la construction de leur «chef-d'œuvre», qui illustrera le savoir-faire de bientôt vingt années d'existence: la Malle-Appartement ! Dans cet espace contenu, on trouve une chambre pour deux personnes, un coin dressing, un espace bureau et aussi table, sièges, rangements pour que la vie soit harmonieuse pendant ses voyages… Du jamais vu !

◆ LE RAFFINEMENT DES FINITIONS

En 2013, le label EPV a félicité cette créativité tous azimuts. Du petit pompon porte-clés en cuir à la grande malle à complications, chaque pièce est une œuvre. L'équipe y apporte un plus dans l'astuce et le style, et préserve la qualité optimale lors de la réalisation.

Détenteurs d'un savoir-faire envié, les collaborateurs d'Ephtée sont parfois malicieux: lors de la livraison de sa malle bureau, le client (avocat) a eu la surprise de découvrir un double fond pour y ranger «ses dossiers sensibles»… De même que celle d'un prince consort du nord de l'Europe a été munie d'un deuxième endroit secret… à son insu !

La malle est un merveilleux contenant, vous disais-je… **D. L.**

LES 5 DATES CLÉS

1998
Création de la société Ephtée

2008
Première embauche : Volcie

2011
Création de la malle Pique-nique-chic pour Rolls Royce

2013
L'entreprise reçoit le label EPV. Franck est maître artisan en métier d'art

2016
Naissance de la Malle-Appartement

1. Le rangement des montres devient ludique : une montre mystère chaque jour. **2.** Volcie, Vincent et Franck réunis pour le meilleur et dans la bonne humeur. **3.** La malle de voyage qui se transforme en table de travail. **4.** La malle Tour du monde, outre qu'elle l'a vraiment fait, sert aussi de penderie et de petit secrétaire. **5.** Un véritable bureau d'ébéniste se plie dans le couvercle de la malle. Tiroirs, fond secret, siège pliant pour travailler partout. **6.** Détail d'un coin en laiton doré avec cuir sur toile noire et fin cloutage doré.

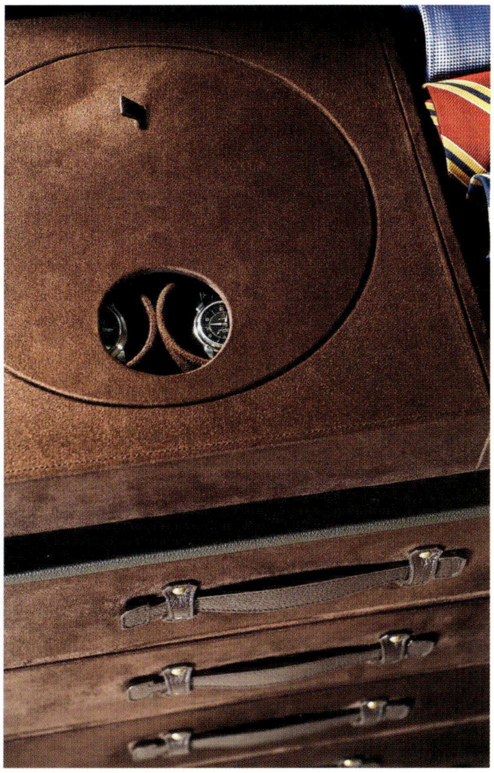
1

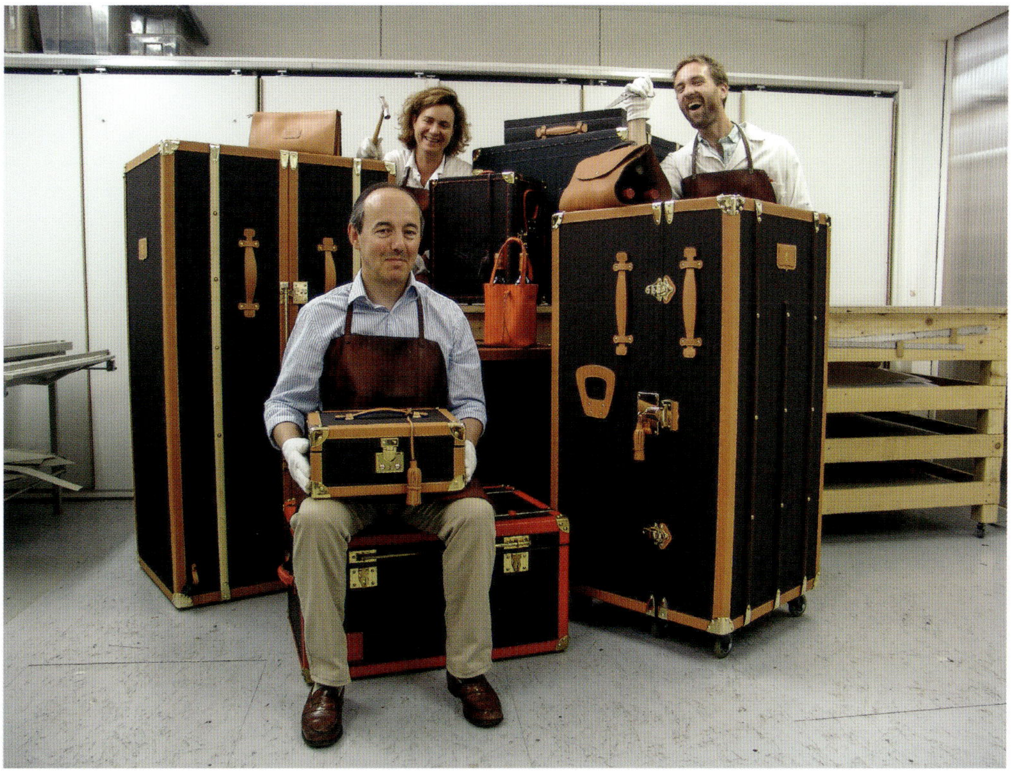
2

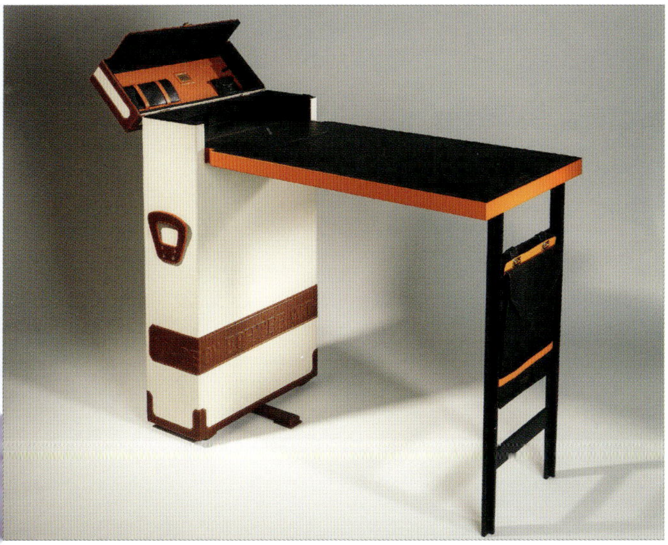
3

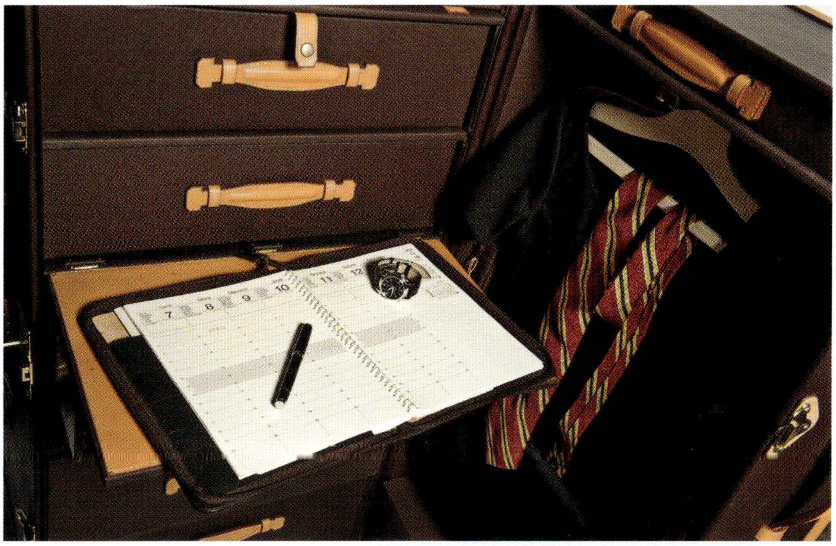
4

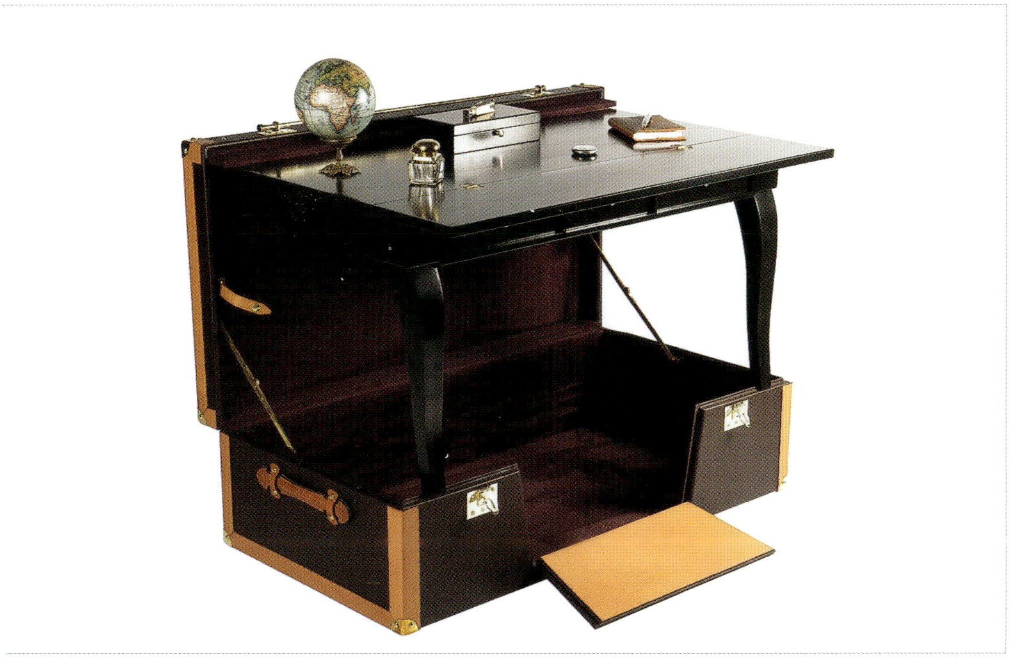

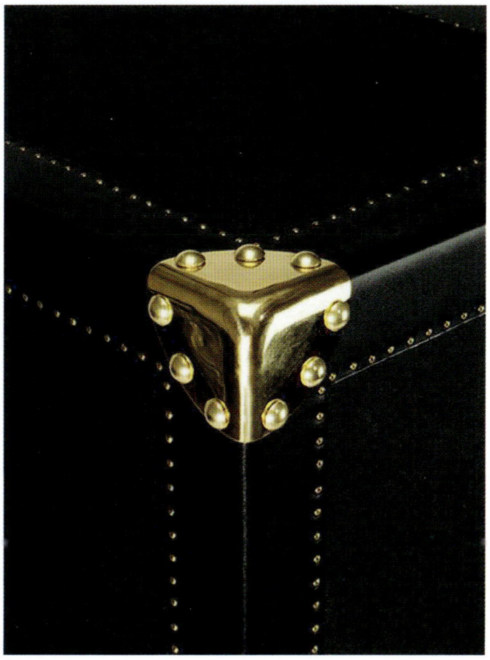
6

GAINERIE 91

GAINERIE

Fabrication d'écrins et de présentoirs en cuir pour l'horlogerie-joaillerie

Les grandes marques de luxe l'ont adoptée

LEADER DANS LA FABRICATION D'ÉCRINS ET DE PRODUITS LAQUÉS

Gainerie 91 a vu le jour en 1967 à Mongeron, dans l'Essonne. L'entreprise est alors spécialisée dans la maroquinerie et le gainage, pour les intérieurs des avions ou le mobilier de bureau utilisant uniquement le cuir, ainsi que dans la dorure et la couture. En 2001, Arnaud Haefelin reprend la société et développe l'activité à l'international avec, outre l'atelier de Mongeron – qui produit les pièces spéciales – et l'usine de Poligny, une implantation à l'étranger avec Covertech à l'île Maurice – spécialisée dans le gainage du cuir pour les petites et moyennes séries – et Easybox en Chine, pour les produits en grande quantité et multimatériaux. Chaque site de production possède une menuiserie intégrée. Ce développement a permis à la société de s'implanter dans de nouveaux secteurs comme la parfumerie, les cosmétiques et les vins et spiritueux. Gainerie 91 est aujourd'hui leader dans la fabrication d'écrins, PLV, coffrets laqués pour la haute joaillerie, l'horlogerie, les vins et spiritueux et la parfumerie.

LA FIDÉLITÉ DES PLUS GRANDES MARQUES DE LUXE

Dans son atelier de Mongeron, Gainerie 91 réalise des prototypes, met en corrélation tout cahier des charges avec les solutions techniques appropriées à n'importe quel développement spécifique, effectue les mises au point pour les produits de petite série (entre 1 et 100 unités) et fabrique des produits sur mesure. Depuis 1972, les plus grandes marques de luxe, de Chaumet à Van Cleef & Arpels, en passant par Boucheron, Chanel, Cartier... lui sont restées fidèles. Les 35 salariés du site travaillent sur tous les types de matières: tissus, papiers, mais aussi les cuirs les plus nobles, dont ceux d'agneau, de daim, de chèvre, de veau, d'autruche, de crocodile..., ainsi que l'alcantara, le satin, le galuchat et le suède. Depuis trois ans, Gainerie 91 organise un concours de design qui s'adresse à de jeunes créateurs, avec l'idée de leur servir de tremplin et de produire la pièce du lauréat. Un thème est retenu pour chaque édition: un buste pour recevoir des colliers en 2014, un coffret pour vins et spiritueux en 2015 et un coffret haut de gamme pour l'horlogerie en 2016.

UNE DIZAINE DE SALONS DE PAR LE MONDE

Gainerie 91 réalise 75 % de son chiffre d'affaires à l'export. Elle fait travailler environ 500 collaborateurs à l'étranger et une cinquantaine en France, dont 15 commerciaux à travers le monde. Enfin, elle participe chaque année à une dizaine de salons de par le monde. **D. L.**

LES 5 DATES CLÉS

1967
Création de l'entreprise familiale

2001
Rachat de la société par Arnaud Haefelin et ouverture à l'international

2012
Production LEAN, nouvelle stratégie d'intégration verticale de la production leur permettant de maîtriser les délais de livraison, ainsi que la traçabilité et la qualité de toutes leurs réalisations

2014
L'entreprise reçoit le label EPV

Lancement de la première édition du concours de design « Le Groupe Gainerie 91 »

2016
Création d'un pôle innovation et design indépendant

1. Dernier contrôle avant l'envoi du produit. **2 et 4.** Atelier dédié à la réalisation et à la mise au point de prototypes pour des fabrications en petites séries destinées à une clientèle haut de gamme, *made in France*. **3 et 5.** Artisans en pleine action: couture et gainage d'un écrin, savoir-faire principaux de la maison. **6.** La conception et la réalisation de prototypes: une étape primordiale qui permet aux clients de visualiser et de tester le produit avant sa production.

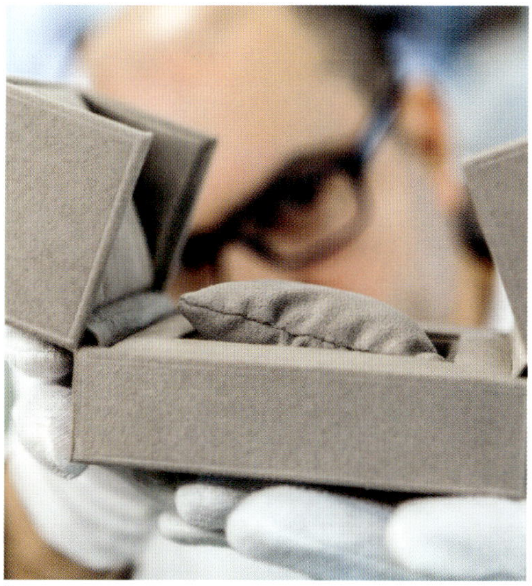

1

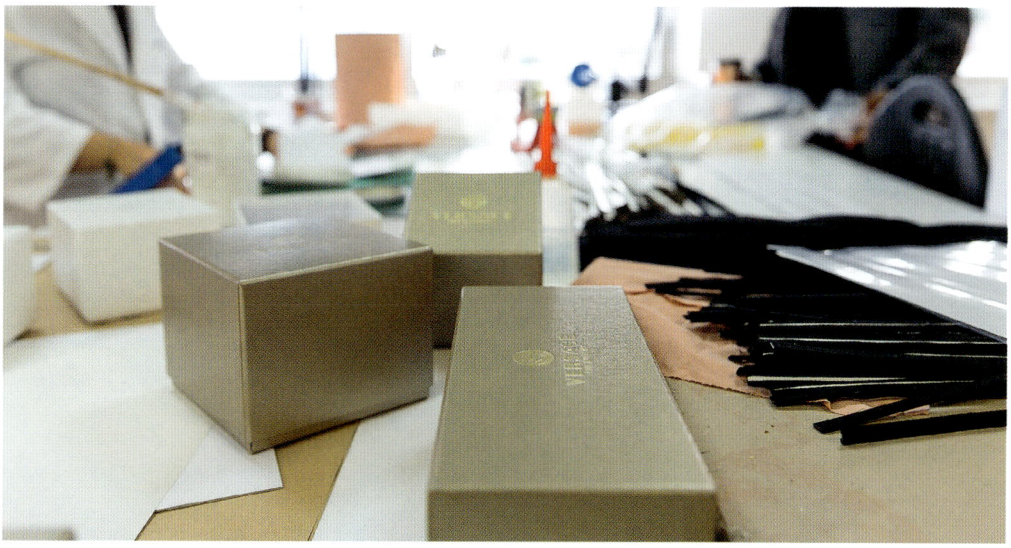

2

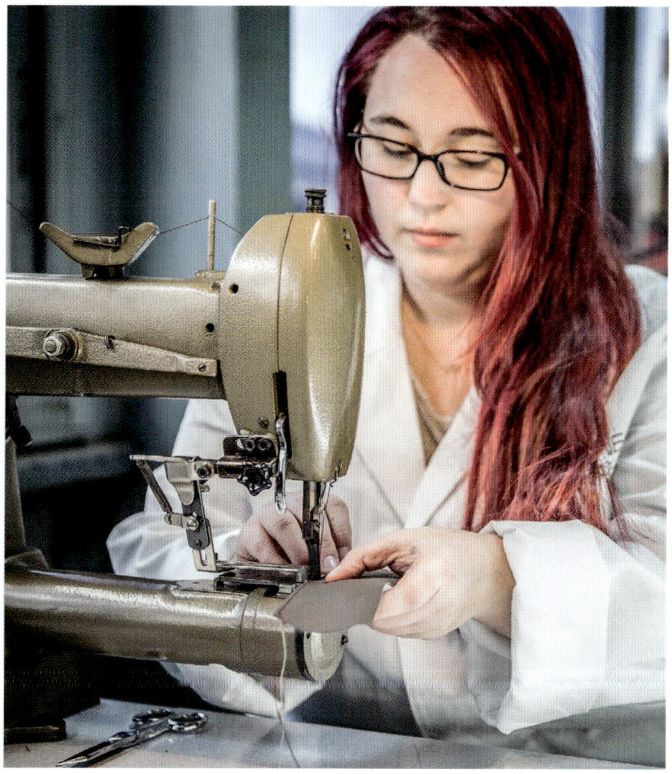

3

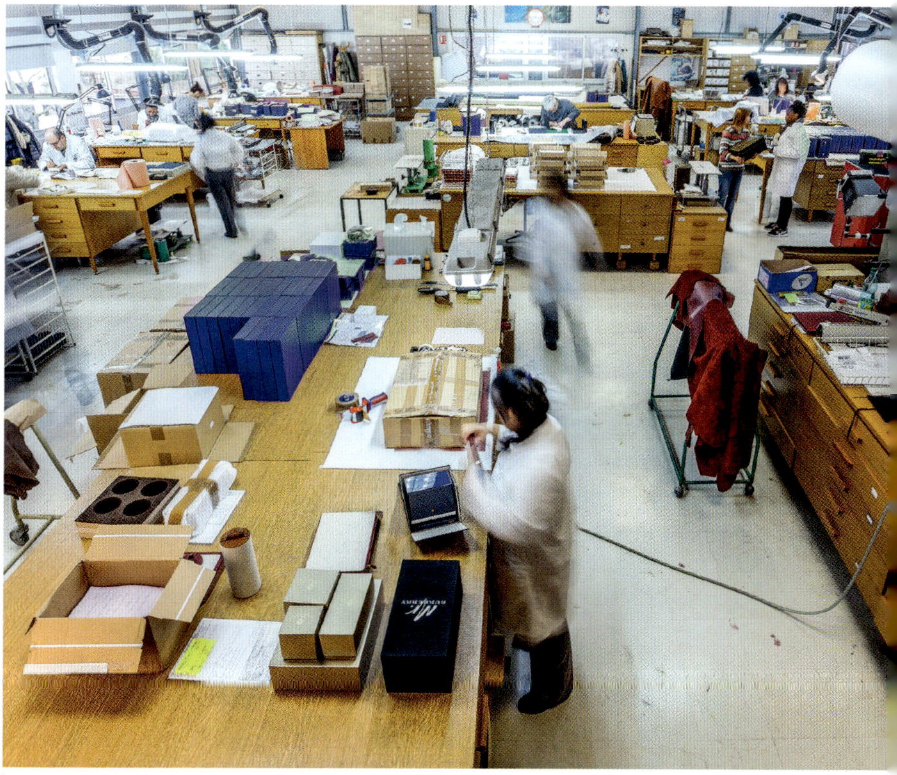

4

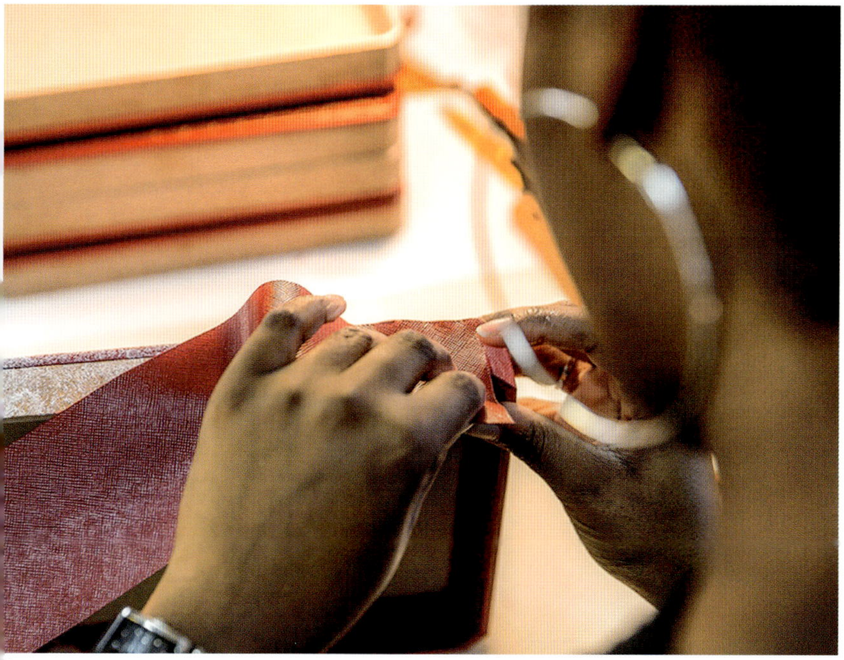

5

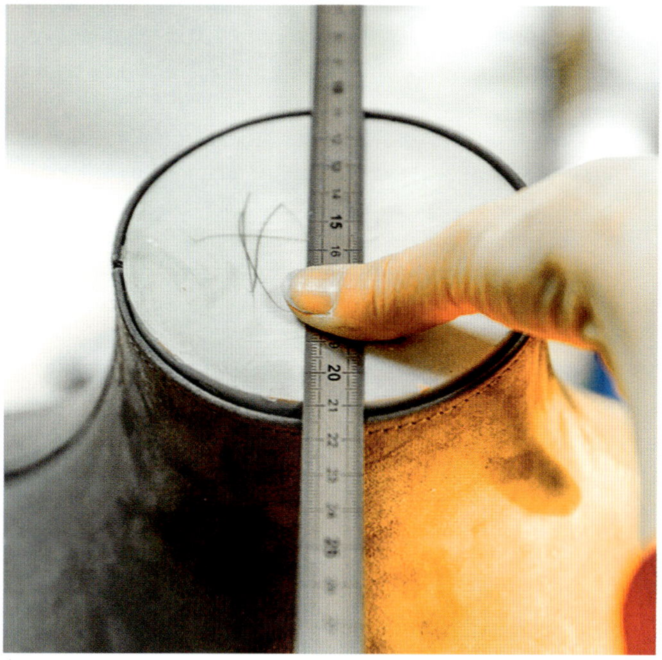

6

RÉMY GARNIER

SERRURIER ET FERRONNIER D'ART

Fabrication de serrures et ferrures décoratives

Une référence pour les arts décoratifs

❖ L'ÂGE D'OR DES CRÉMONES ET DE LA SERRURERIE EN BRONZE

L'époque haussmannienne correspond à une période florissante pour l'entreprise fondée par Rémy Garnier en 1832, comme l'attestent les archives: le compte rendu d'un conseil d'administration notifie une production de 500 000 crémones par an à la fin du XIXe siècle. On comprend pourquoi on en retrouve encore aujourd'hui dans de nombreux immeubles parisiens des beaux quartiers, tout comme dans les lieux de prestige (l'Élysée, Matignon, les grands palaces parisiens...), que l'entreprise restaure aujourd'hui (15 % de l'activité). Même si le fils de Rémy Garnier cède la main en 1874, la Maison rayonne jusqu'aux années 1930 dans la création et le développement de la quincaillerie et de la serrurerie en bronze. Lorsque Francis Vernhol devient le nouveau propriétaire, en 1988, il la repositionne sur l'exploitation de son catalogue de pièces rares et axe la production sur le savoir-faire haut de gamme. En 2001, Christian Chassagnon adopte et renforce cette stratégie vers les chantiers de luxe, lui qui définit la vocation de la société comme suit: «continuer à fabriquer des produits selon les procédés artisanaux hérités du XIXe siècle et faire en sorte qu'ils soient adaptés aux normes de construction et à la vie du XXIe siècle».

❖ LA VALEUR INESTIMABLE DU CATALOGUE HISTORIQUE

Les architectes et décorateurs d'intérieur s'adressent à la Maison Rémy Garnier parce qu'elle détient un patrimoine unique de dessins depuis le XIXe siècle, mais aussi parce que toutes les étapes de ces œuvres emblématiques des arts décoratifs français sont toujours réalisées à la main: ciselure, montage, polissage, finition. En tout, dix métiers sont réunis dans l'atelier et certains sont devenus rares, dont celui de serrurier. Pour transmettre ce savoir-faire, l'entreprise se tourne vers des compagnons monteurs ou armuriers, qu'elle forme. Ce savoir-faire concerne également l'adaptation des modèles fournis par les décorateurs – le bureau d'études ajuste les projets fournis sur dessins aux contraintes techniques –, mais aussi en fonction des modes: alors que les poignées mesuraient 10 à 10 centimètres il y a un siècle, les demandes actuelles passent à 13 à 15 centimètres. Il faut alors les recréer.

La moitié de l'activité de la société se développe en France, autour de projets institutionnels (comme le château de Chantilly), dans les palaces parisiens ou des demeures de prestige. Pour l'hôtel Napoléon à Paris, par exemple, elle a réalisé tout le décor de la façade, un travail en laiton qui est le prolongement naturel de son savoir-faire. Il y a dix ans, un bureau de représentation a été ouvert à Moscou, une étape stratégique et importante dans le développement de l'activité à l'étranger. L'art de vivre à la française reste une valeur très recherchée. **S. P.**

LES 5 DATES CLÉS

1832
Création de l'entreprise par Rémy Garnier

2001
Rachat des ateliers par Christian Chassagnon

2004
Création d'un bureau de représentation à Moscou

2006
L'entreprise reçoit le label EPV, renouvelé en 2011

2013
Reprise des actifs de la société M. E. Dupont, spécialisée dans les luminaires et les meubles de bronze très haut de gamme

1, 2 et 3. La ciselure ou l'art de donner de la vie et du relief à une pièce qui en a peu en sortant de la fonderie. Les compagnons utilisent pour cette opération des ciselets qu'ils façonnent eux-mêmes en fonction des pièces et des situations. **4.** La transmission du savoir: un compagnon, MOF, surveille l'apprentissage du geste d'un apprenti sur un tour. **5.** Une serrure en applique tout en bronze refaite à partir d'un modèle de la collection, y compris le mécanisme intérieur. **6.** Le polissage d'une pièce ou l'art de préparer la surface de celle-ci avant son traitement décoratif par électrolyse. **7.** Un montage pour une opération de tournure. **8.** Après le traitement électrolytique d'une pièce, la patine manuelle permet d'ajouter des nuances supplémentaires et d'adoucir le côté brillant et trop neuf. **9.** Le traitement électrolytique: les pièces sont mises sur des râteliers avant d'être plongées dans le bain correspondant au métal (or, chrome, nickel, argent...) et donc à la couleur choisie.

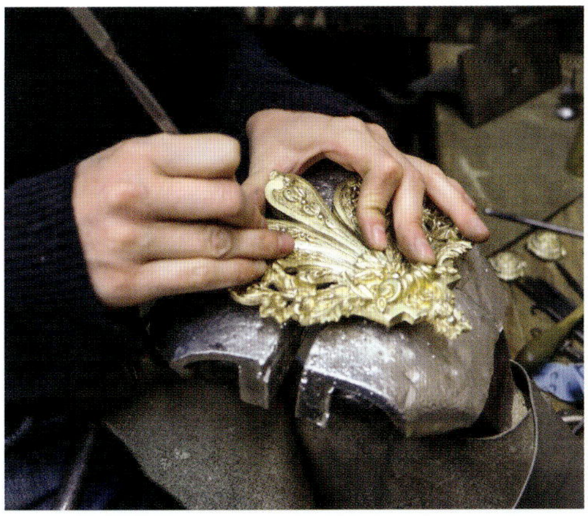
1
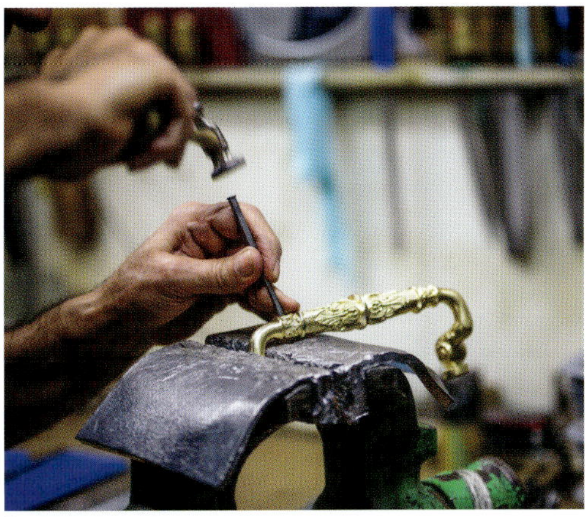
2
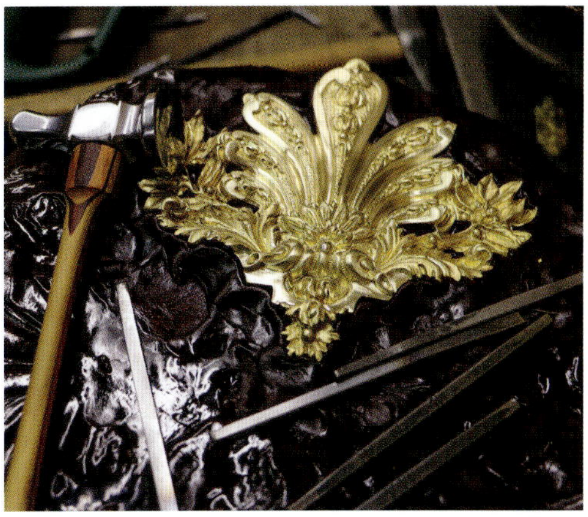
3
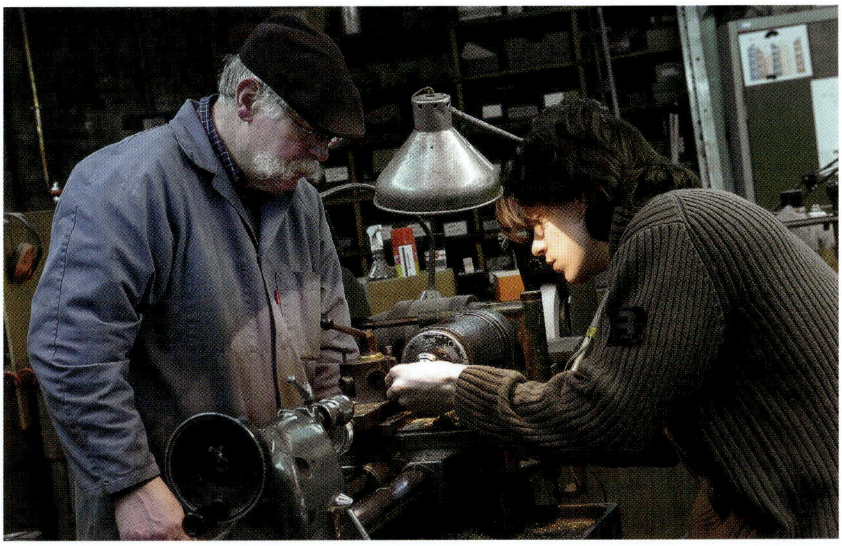
4
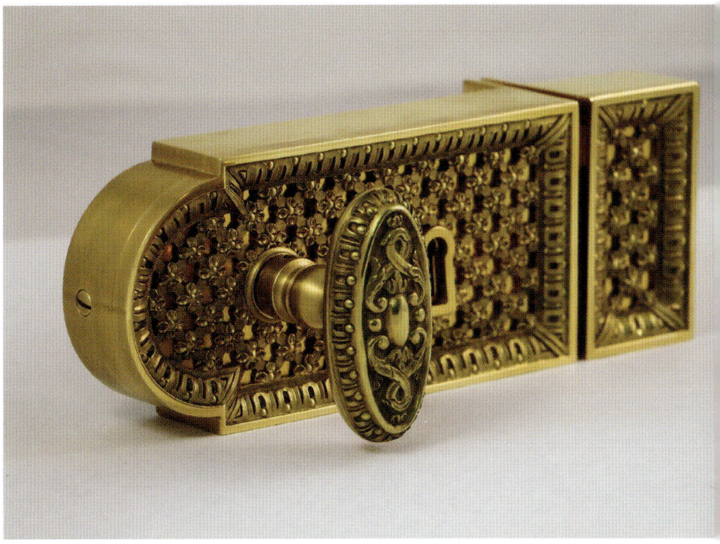
5
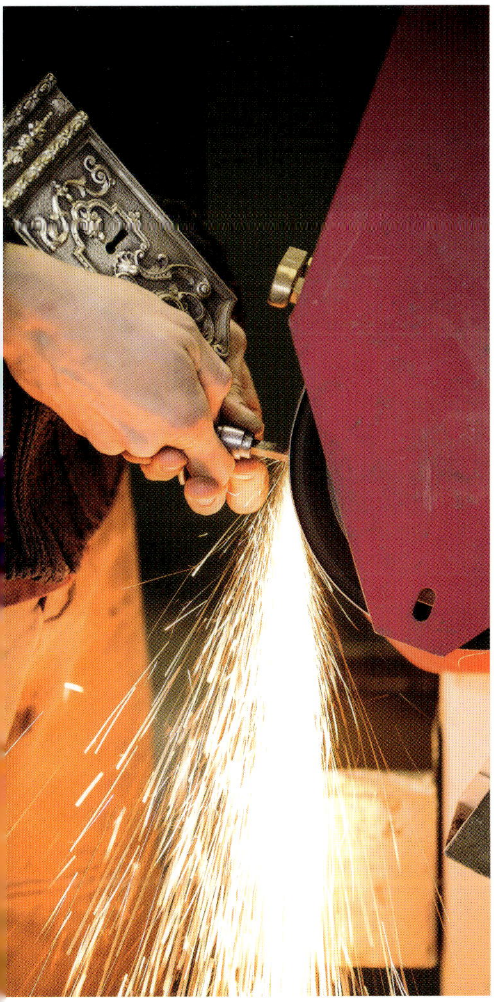
6
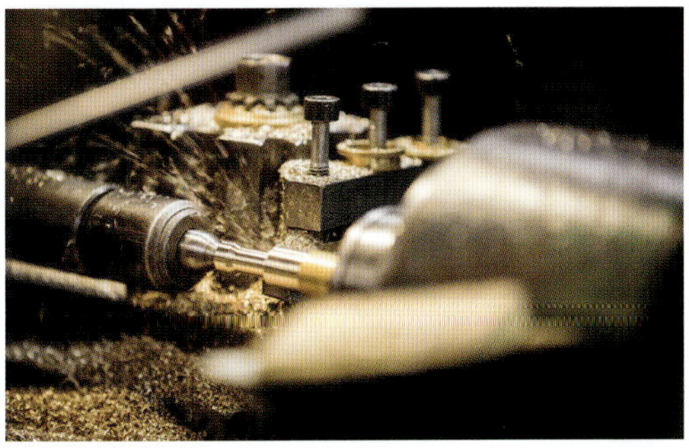
7
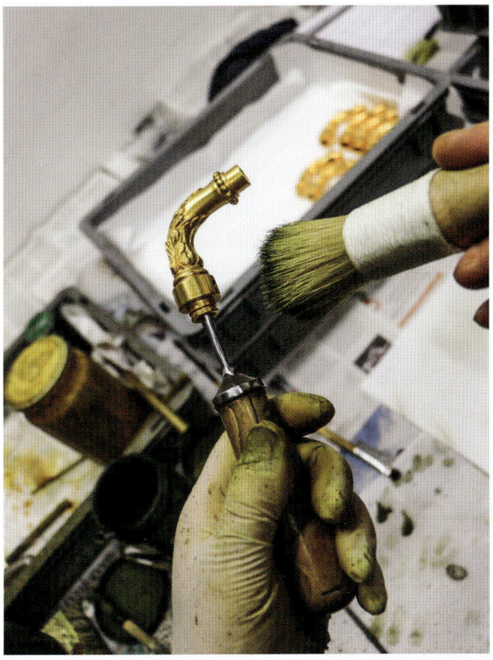
8
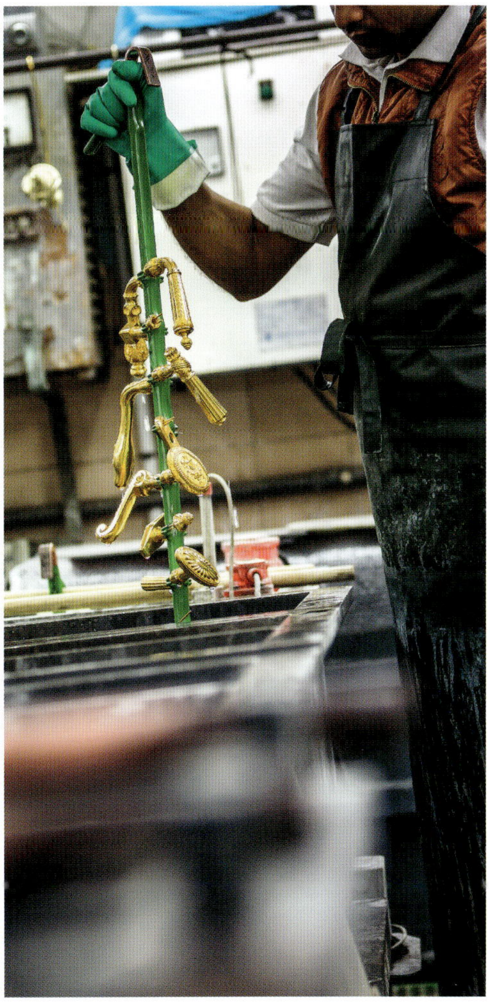
9

HERZO

JOAILLIER

Haute joaillerie

Habiller les femmes de mille éclats

◆ AU NOM DU PÈRE

Après avoir exercé son art dans plusieurs grandes maisons de joaillerie, Éric Herzo lance en l'an 2000 sa propre griffe, qu'il appelle Herzo, en hommage à son père, et ouvre un premier magasin en 2006 à Lyon. Rapidement, il rencontre le succès et la reconnaissance de ses pairs, imposant un style alliant pureté et simplicité des formes, avec une ligne de bijoux jeune, moderne et adaptée au monde qui l'entoure. Aujourd'hui, Éric Herzo, qui entend «habiller les femmes de mille éclats et faire ressortir leur beauté comme on fait ressortir le sublime d'une pierre précieuse», figure parmi les plus prestigieuses marques de la haute joaillerie française.

◆ ENTRE TECHNIQUE ET ÉTHIQUE

De la réalisation du dessin au contrôle qualité en passant par toutes les phases de réalisation, la fabrication est 100 % française, et notamment les techniques les plus complexes comme le coulage de l'or, l'épure, l'émaillage, le sertissage… La maison Herzo fabrique ses moules à froid, technique très difficile et rare, et réalise des bijoux de structure complexe, notamment des bagues et des parures. C'est pourquoi Éric Herzo s'est entouré d'une équipe d'artisans et d'experts hautement qualifiés. Perfectionniste, amoureux des pierres précieuses, il accorde un soin particulier à la sélection des pierres précieuses afin de garantir des créations d'une qualité exceptionnelle. Tous les diamants répondent aux critères de rareté des 4 C (carat, couleur, *cut* et clarté) et la Maison respecte le processus de Kimberley: ce régime international de certification des diamants bruts réunit gouvernements et industriels du diamant, dans l'objectif d'éviter de négocier, sur le marché mondial, l'achat des diamants présentés par des mouvements rebelles pour financer leurs activités militaires.

◆ DE LYON À SHANGHAI

Après l'ouverture de son magasin de Lyon, Éric Herzo a ouvert un magasin à Paris en 2009, dans le prestigieux cercle des joailliers du quartier Vendôme. Il est aménagé sur le même concept que la boutique de Lyon, où s'exprime la pureté des créations. Une autre boutique s'est ouverte dans le vieux quartier de Lille, avant de nouvelles implantations dans d'autres villes françaises. Éric Herzo entend aussi miser sur l'international, notamment l'Asie, avec l'ouverture d'un point de vente au Kazakhstan, et surtout la Chine: «3 % de nos clients en France sont chinois.» Il vient d'ouvrir une boutique à Macao et un showroom à Shanghai. Une dynamique qui n'est pas près de s'arrêter! **D.L.**

LES 5 DATES CLÉS

2000
Romain Herzo lance sa propre griffe

2006
Ouverture d'une première boutique à Lyon

2009
Ouverture d'une boutique à Paris

2013
L'entreprise reçoit le label EPV

2016
Ouverture d'une boutique dans le Vieux-Lille

1. L'équipe de création Herzo. **2.** Sertissage d'une pièce de haute qualité. **3.** Polissage et finition. **4.** Première étape de création. **5.** Naissance d'une création Herzo.

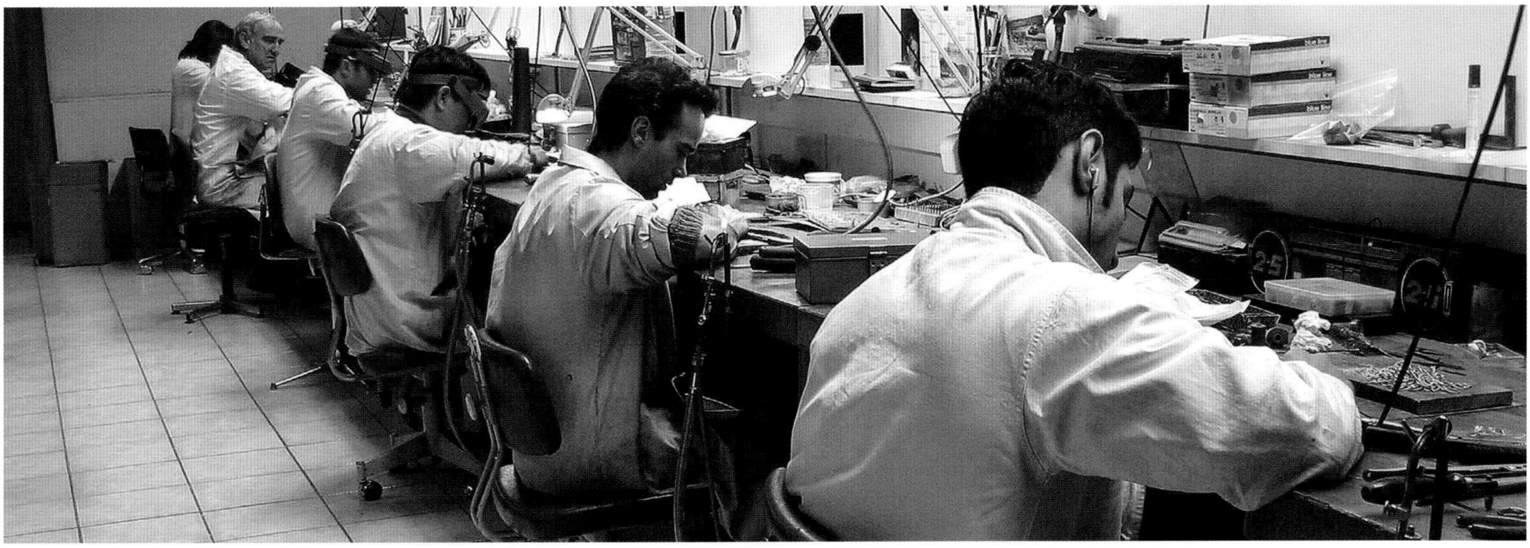

1

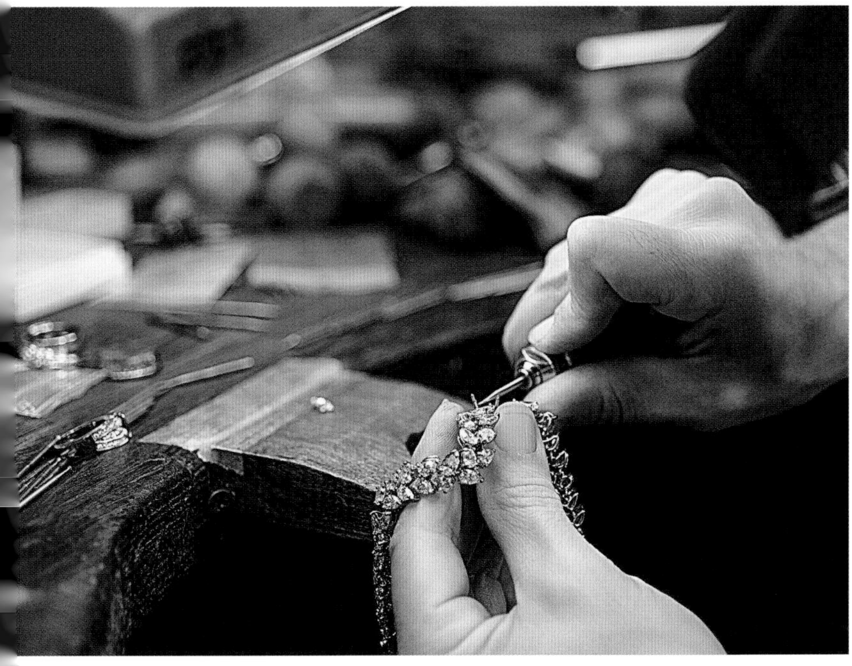

2

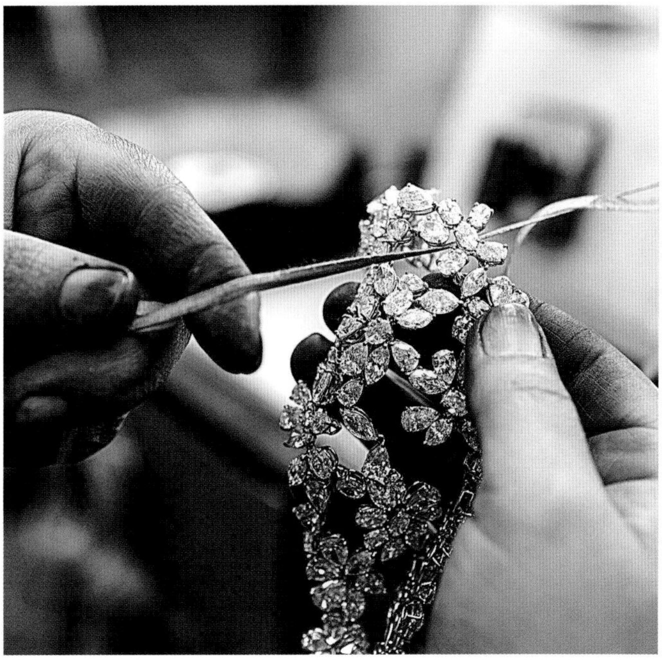

3

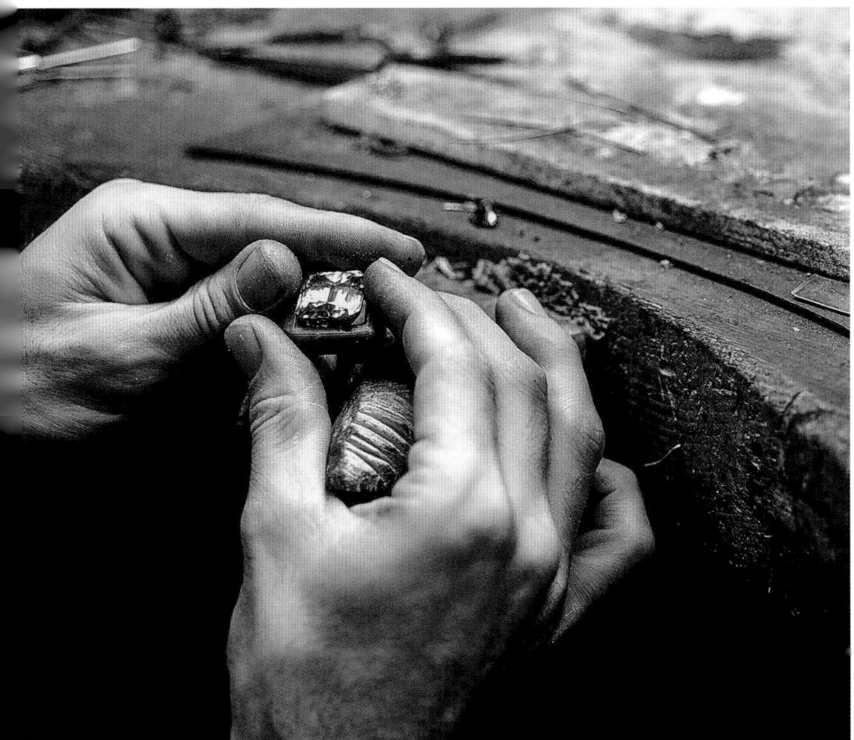

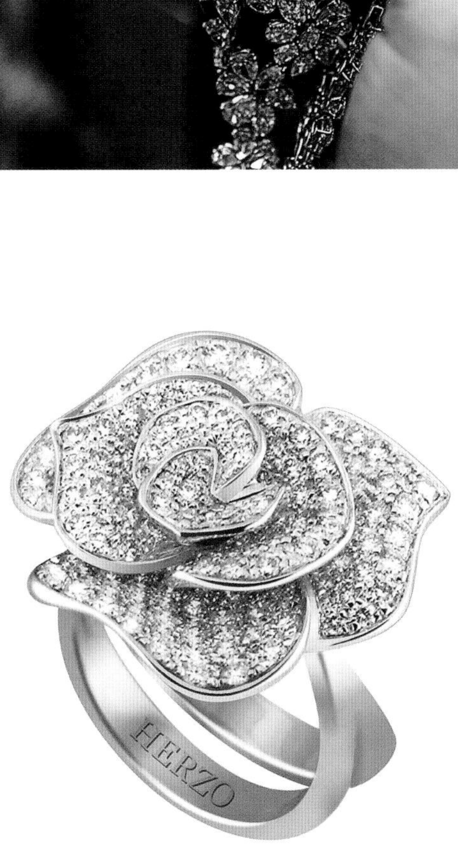

5

LEBLON DELIENNE

SCULPTEUR

Fabrication de figurines, statues et objets d'art d'exception

Donner vie aux héros de BD

❖ **RENOUER AVEC NOS RÊVES D'ENFANT**

Créée en 1983, la maison Leblon Delienne nous fait revivre les moments magiques de notre enfance en donnant vie nos héros préférés de la BD. Les personnages de la bande dessinée franco-belge – Astérix et Schtroumpfs en tête – sortent des pages des albums pour prendre corps dans ces statuettes en résine.

Une tradition qui perdure après le rachat de l'entreprise en 2007 par Laurent Buob, passionné de BD et d'art contemporain. Il va élargir considérablement la gamme des statuettes car, comme il le souligne: «Je crois beaucoup à l'émergence d'un art ludique, global et transversal. La BD, le manga, le jeu vidéo et les arts numériques participent aujourd'hui d'un même élan et nos sculptures en sont le prolongement naturel.» C'est ainsi que Batman et Superman rejoignent Clochette ou Bambi.

Au-delà des statuettes, Laurent Buob a également insufflé à Leblon Delienne un repositionnement *pop culture* en proposant une gamme de mobilier et d'accessoires de décoration intérieure inspirée de ces mondes imaginaires.

❖ **DE MICKEY À LA *BALLOON VENUS*…**

Depuis la reprise, l'entreprise n'a cessé de monter en gamme. Toutes les figurines sont créées à la main dans l'atelier de Neufchâtel-en-Bray (en Seine-Maritime), qui emploie une dizaine de salariés. Chaque pièce est conçue comme une œuvre d'art et éditée en série limitée: des statuettes vendues dès 50 € à des produits d'exception comme ce Mickey, grandeur nature (1,45 mètre) en métal polychrome, vendu 15 000 €. Présent dans l'art contemporain, Leblon Delienne se positionne également en tant que prestataire de services. Il a ainsi édité, pour la sortie du millésime vintage 2003 rosé de la maison de champagne Dom Pérignon, une sculpture en résine finition métallisée, *Balloon Venus*, créée par le célèbre artiste américain Jeff Koons. Réinterprétation de la «Vénus de Willendorf» – célèbre figure du paléolithique datant de 23 000 ans avant notre ère –, cette sculpture aux allures de déesse moderne de l'amour devient un écrin et un coffret design pour accueillir une bouteille de champagne. Produite en 650 exemplaires, elle était vendue 20 000 €.

❖ **… EN PASSANT PAR LES ARTS DE LA TABLE**

Le rachat en 2015 de l'entreprise par la holding Héritage Collection – qui possède également la manufacture de porcelaine J.-L. Coquet – a permis de développer des synergies au sein du groupe. Leblon Delienne produit aujourd'hui une collection «arts de la table» en porcelaine autour de l'univers d'*Alice au pays des merveilles*. Le rêve continue… **D. L. et S. P.**

LES 5 DATES CLÉS

1983
Création de la maison Leblon Delienne

2000
Premières pièces de mobilier issues du monde de la BD

2007
Rachat de la société par Laurent Buob, l'actuel président-directeur général

2010
L'entreprise reçoit le label EPV

2015
Rachat par le groupe Héritage Collection

1. Sculpteur travaillant la plastiline pour interpréter un dessin d'Uderzo. **2.** Travail de finition, peinture au pinceau. **3.** Création de mobilier, finition laquée. **4.** Mickey de 1,45 mètre, taille réelle. Série limitée à 250 exemplaires. Métallisation argentique.

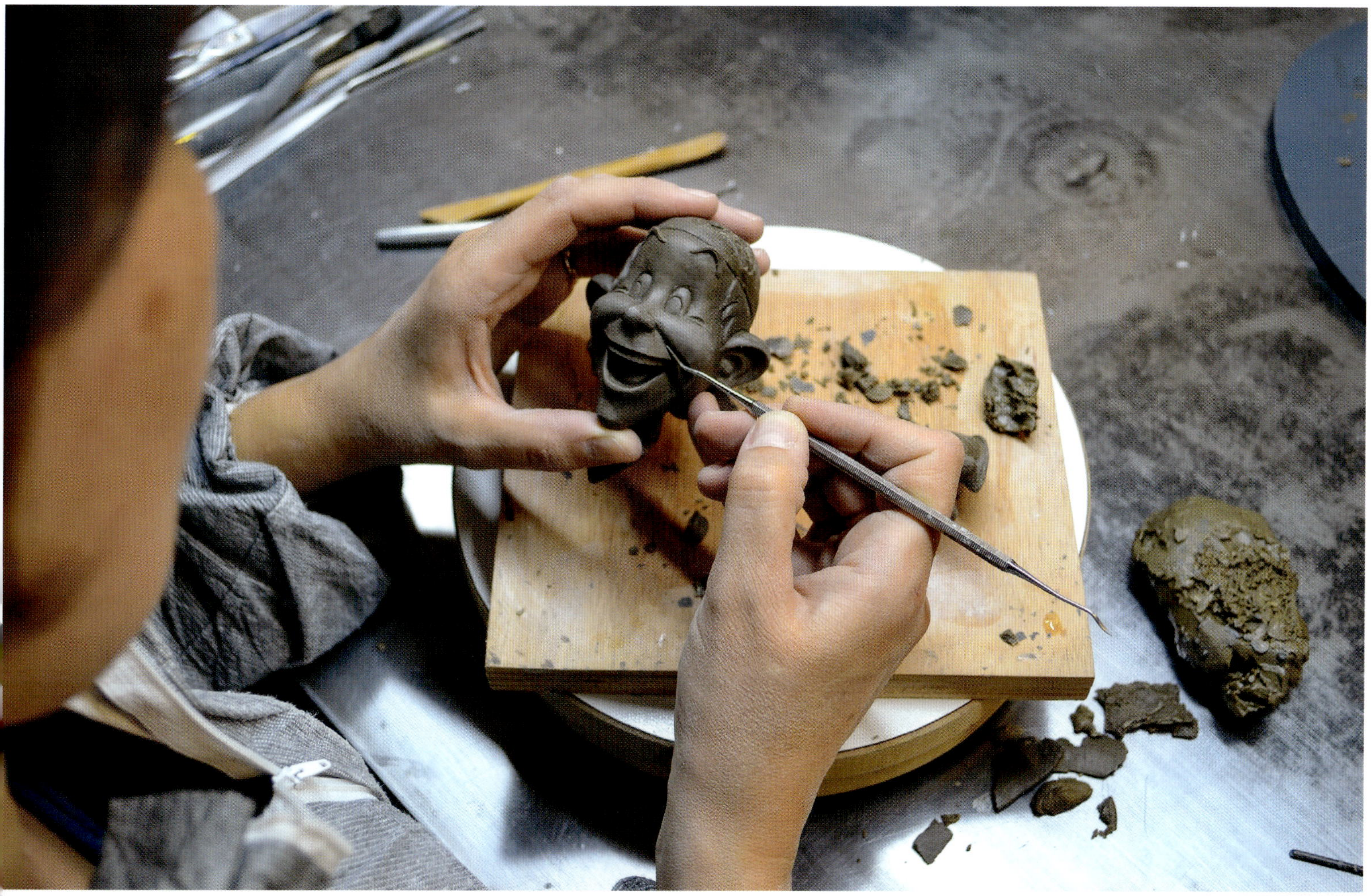

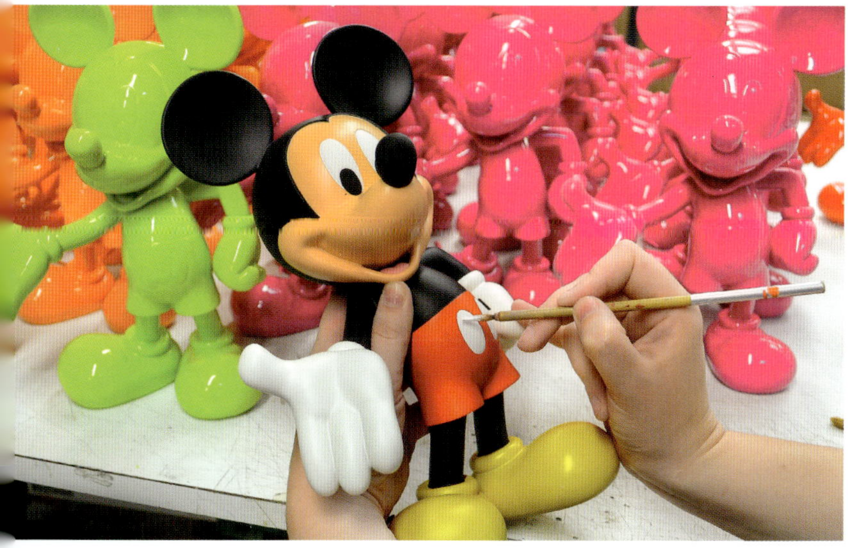

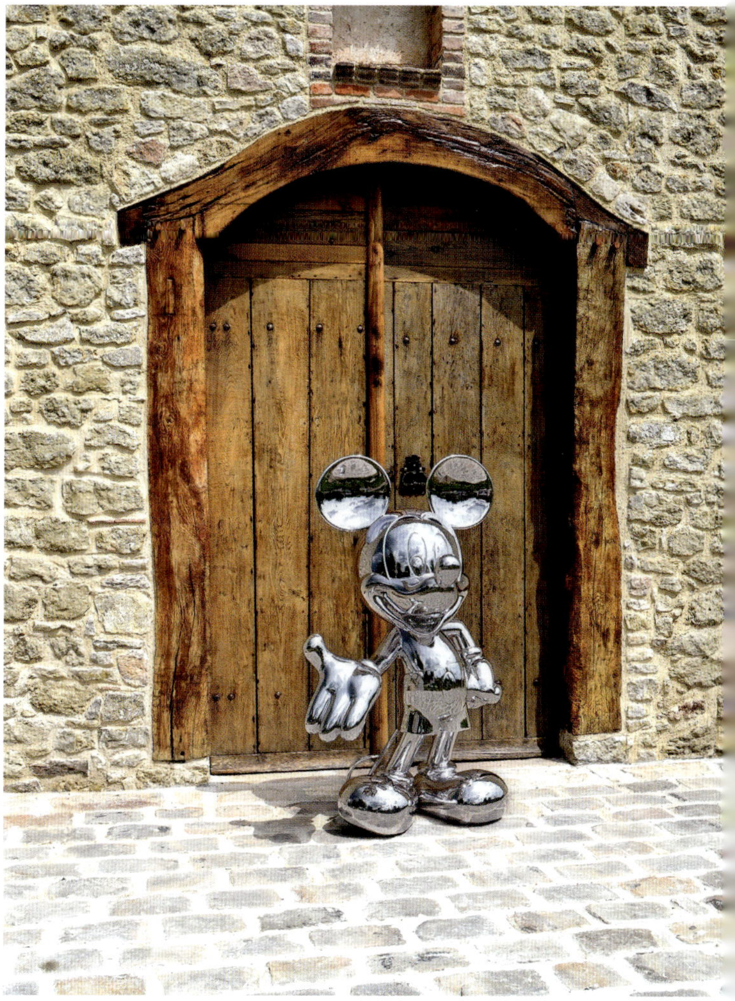

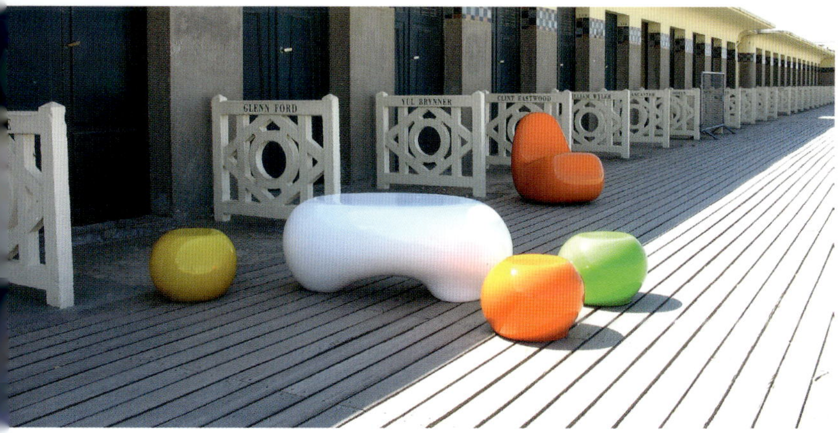
GLENN FORD
YUL BRYNNER
CLINT EASTWOOD

LINGE AU CŒUR

BRODEUR

Broderie main et mécanique

Broder depuis plus de 110 ans

✧ LE POINT DE BEAUVAIS, TECHNIQUE FÉTICHE DE LA MAISON

En 1903, Jules Zéau crée l'atelier de lingerie et de broderie à l'aiguille, près des Tuileries. Il y perpétue le savoir-faire d'une tradition millénaire, avec ses nombreux types de broderies (à l'aiguille, Cornely, blanche, à points comptés, de bourdon...), et en particulier le « point de Beauvais » – appelé aussi « point Pompadour » –, qui sera la technique fétiche de la maison et fera sa renommée internationale. Il s'agit d'un point de chaînette construit à l'aide d'un crochet aussi fin qu'une aiguille, sur un tambour ou un métier, typique des styles du XVIIIe siècle et qui requiert un long apprentissage et une rare habileté. Une tradition maintenue par Pascale Duchénoy – arrière-petite-fille du fondateur, qui dirige depuis 1986 l'entreprise –, auteur du livre *Le Point de Beauvais* et qui conserve dans les archives de la maison plus d'un millier de dessins sur cette technique.

✧ UN NOUVEAU NOM ET LA FORCE D'UN HÉRITAGE

En un peu plus d'un siècle, si l'Atelier Jules Zéau – qui prend le nom de « Linge au cœur » en 1995 – a gardé ses techniques anciennes et conservé plus de 10 000 modèles, 15 000 dessins et des milliers d'échantillons, il a aussi su évoluer et mettre en place de nouveaux procédés de broderie, lui permettant aujourd'hui de maîtriser une large palette technique : de la broderie blanche brodée main à la broderie entièrement automatisée. Pour maintenir certaines de ses activités – dont la technique de la broderie à la main –, Pascale Duchénoy a créé en 1995, à Madagascar, un atelier de broderie qui emploie aujourd'hui une cinquantaine de salariés. L'entreprise réalise du sur-mesure, produit des pièces uniques comme de gros volumes.

✧ UNE BOUTIQUE EN LIGNE AVEC DES COLLECTIONS EXCLUSIVES

En 2001, Linge au Cœur fait l'acquisition d'un atelier de broderie spécialisé dans la décoration intérieure et crée, douze ans plus tard, les collections « Entrelacs by Linge au Cœur » destinées aux décorateurs et architectes d'intérieur. Entre-temps a été ouvert, en 2006, au 2, rue de Valois à Paris, tout près du Palais-Royal, la boutique qui se veut un lieu de rencontre entre la passion d'un art de vivre raffiné et chaleureux et le savoir-faire exceptionnel de quatre générations de brodeurs. Et dernièrement, Linge au Cœur a lancé une boutique en ligne avec des collections exclusives et une sélection de ses produits phares à destination de la clientèle internationale. « Ainsi, nous adoptons une nouvelle culture de la consommation pour ravir le quotidien et embellir les intérieurs », précise Pascale Duchénoy. **D. L.**

LES 5 DATES CLÉS

1903
Création de l'atelier de broderie par Jules Zéau

1956
Développement du point de Beauvais

1995
La maison Jules Zéau devient Linge au Cœur

2006
Ouverture d'une boutique à Paris

2009
L'entreprise reçoit le label EPV

1. Tête de lit brodée, assortie aux tissus de la chambre, avec parure de lit en jours, le tout brodé main. **2.** Parure de lit « Chrysanthèmes » sur percale de coton, bordée de jours Venise, le tout brodé main. **3.** Broderie « Barcelone » pour rideaux, broderie machine. **4.** Nappe « Herbes folles » sur lin brodé main. **5.** Notre travail de conseil et de conception pour tous les types de projets.

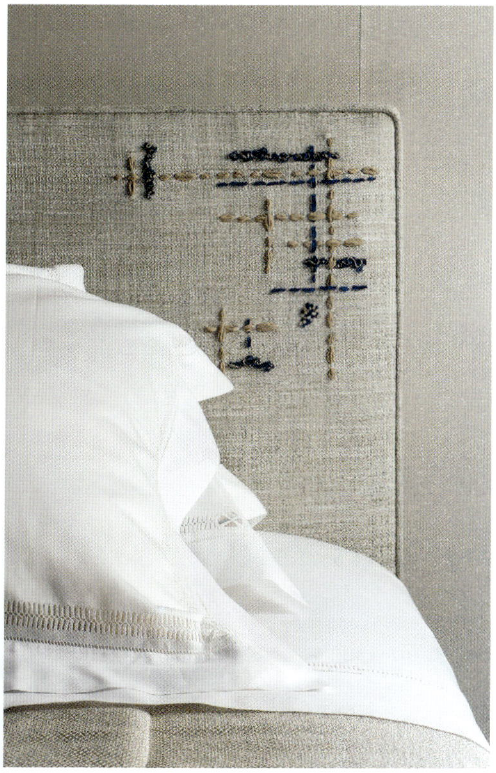

1

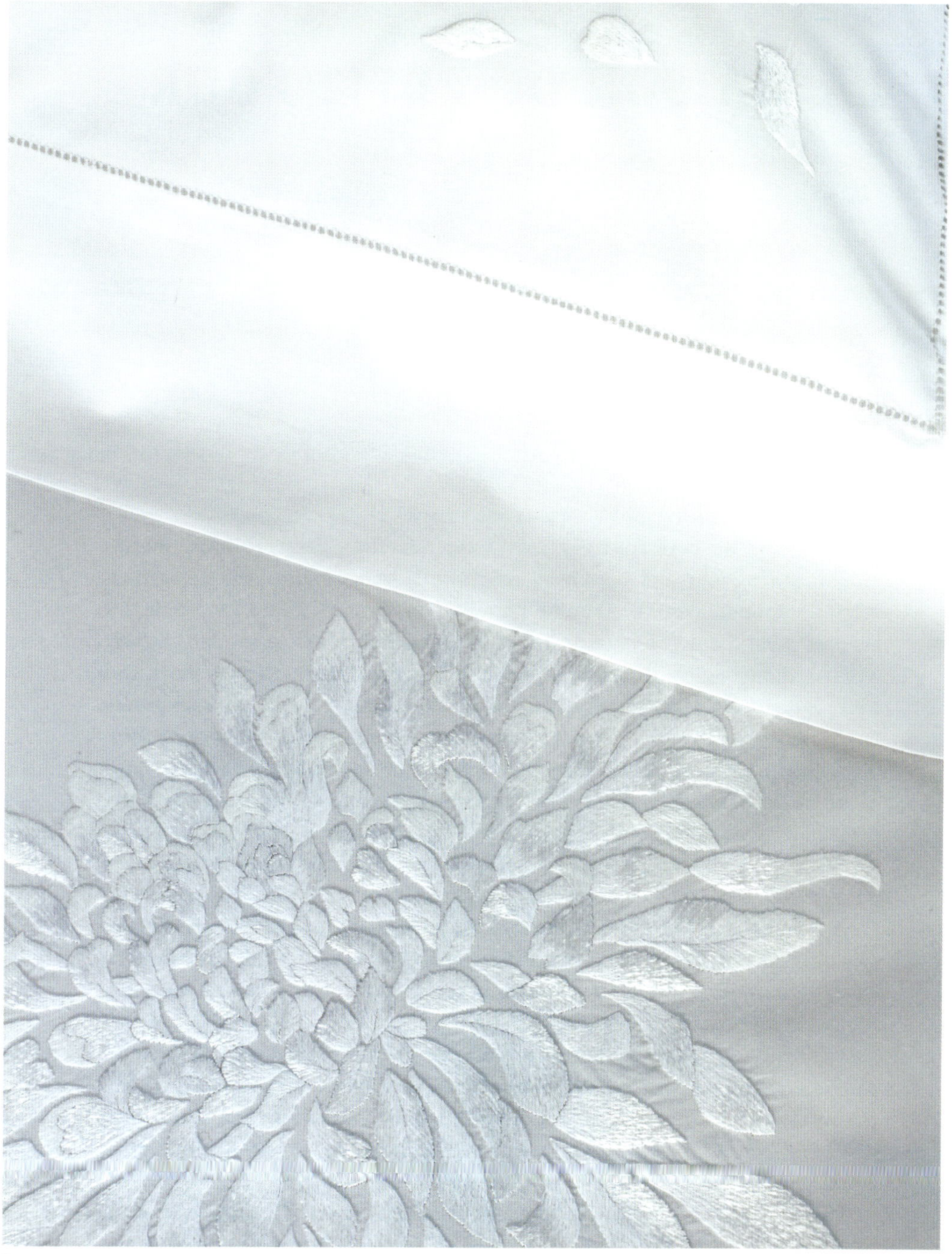

2

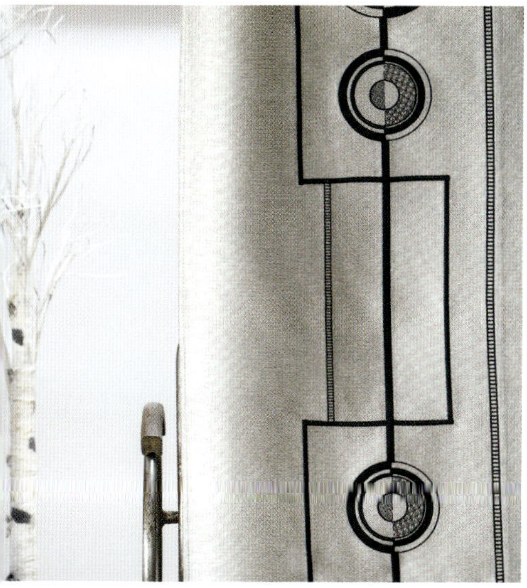

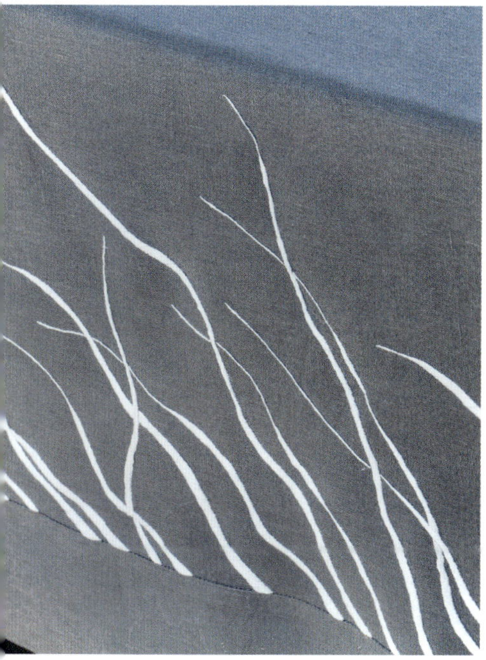

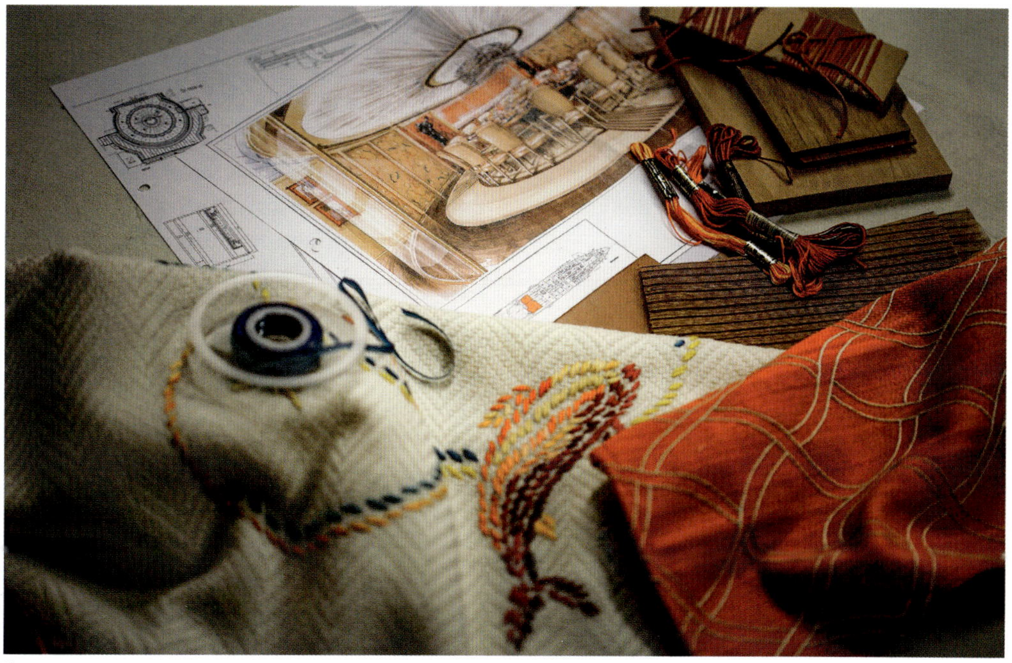

5

LA MAISON DU PETIT-FOUR

PÂTISSIER-TRAITEUR

Petits-fours sucrés et salés

Un héritage parisien

❖ DANS LE SILLON D'ANTONIN CARÊME

La Maison du Petit-Four s'évertue à pérenniser un extraordinaire métier en constante évolution. Depuis les médiévaux eschaudeurs, gasteliers, fouaciers et oublieurs, l'eau de la Seine a coulé sous les ponts... Au XVIIe siècle, les maîtres queux, cuisiniers et porte-chappes avaient pour métier de préparer noces, banquets et festins, aussi bien en leur maison qu'en d'autres lieux. Les livres de recettes se multiplient : en 1655, François Pierre de La Varenne publie *Le Cuisinier françois*, premier ouvrage mettant en pratique les inventions françaises, parmi lesquelles le casse-museau, le craquelin, les beignets, les tourtes et tartes... Vers 1674, *L'Art de bien traiter* énumère, quant à lui, les principes d'une prestation réussie.

Et à l'âge d'or de la gastronomie, Bonaparte, qui détestait les longs rituels des dîners à table, met à l'honneur les buffets qui vont connaître un vif succès. C'est alors que les prouesses d'Antonin Carême (1784-1833) – cet immense pâtissier puis cuisinier – viennent magnifier cette pâtisserie de petits-fours qui se cuit à four doux, permettant l'exportation du goût français à travers les cours royales et impériales en Europe.

Des souvenirs des brillantes salonnières (Germaine de Staël, Juliette Récamier, Virginie Ancelot, Madeleine Lemaire...) jusqu'à nos modernes symposiums, des soirées de discussions érudites et intimistes aux réceptions plus officielles, les petits-fours participent à ces moments de convivialité que nous revisitons ensemble.

Faisant le lien entre tradition et modernité, Frédéric Bastien se veut en phase avec son époque. L'état d'esprit de la Maison se résume ainsi : « Le futur n'est-il pas plus beau lorsqu'il a un passé ? »

❖ UNE ENTREPRISE DE PROXIMITÉ

Des pâtisseries miniatures, aussi bien sucrées que salées. Frédéric Bastien développe ce concept depuis vingt-trois ans dans son laboratoire gourmand rue Louise-Weiss, au cœur du nouveau 13e arrondissement. Pas de boutique avec pignon sur rue, mais un atelier plateau de 300 m² au sein d'un hôtel industriel. Respectueux de l'environnement, M. Bastien s'efforce d'utiliser des produits de région et de saison pour des fabrications raisonnées, adaptées aux différentes situations : une démarche « locavore » en phase avec l'évolution des nouvelles modes de consommation. La Maison du Petit-Four est attachée à ce format de petites portions pour des raisons diététiques, mais aussi pour que ces mignardises soient à la portée du choix et du goût des enfants.

Des créations aux innovations culinaires, Frédéric Bastien s'efforce de répondre à une demande exigeante et fidèle : élaboration de petits-fours abordant toutes les facettes du métier de pâtissier, mais aussi pain, viennoiseries. La frontière entre sucré et salé s'estompe, de nouvelles techniques permettent une créativité sans limites, redonnant vie à des manières oubliées. **D. L.**

LES 5 DATES CLÉS

1981
Meilleur Apprenti de France

De 1983 à 1990
Voyages en France et en Europe comme compagnon pâtissier du Devoir

1990-1993
Technicien en recherche et développement pour la Biscuiterie LU

1994
Ouverture de La Maison du Petit-Four

2007
Obtention du label EPV

1. Coffret de canapés et tapas du moment. **2.** Détaillage des tartelettes. **3.** Macarons framboise. **4.** Dressage des petits-fours. **5.** Ananas déguisé. **6.** Crevette à la menthe. **7.** Tartelettes framboise. **8.** Plateau à main personnalisé.

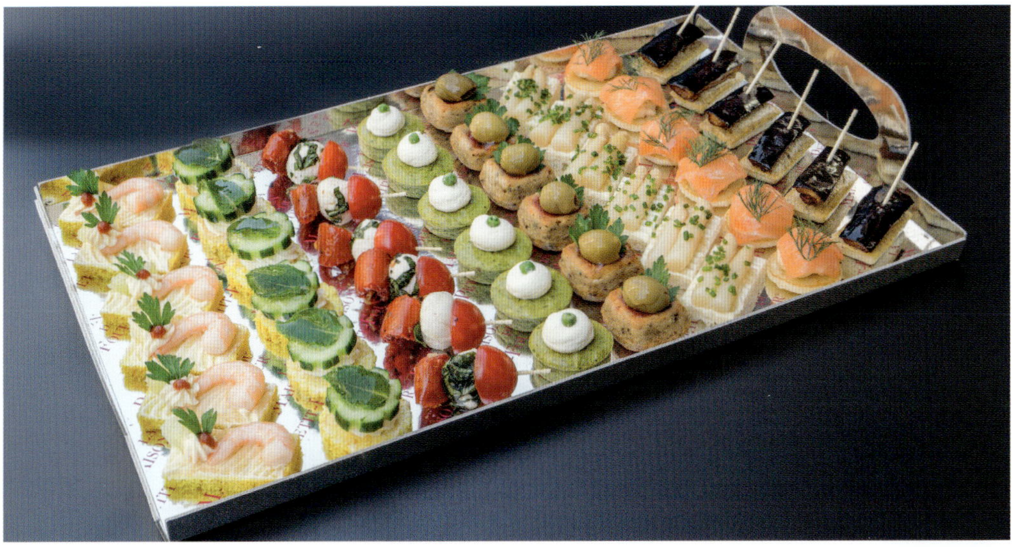

1

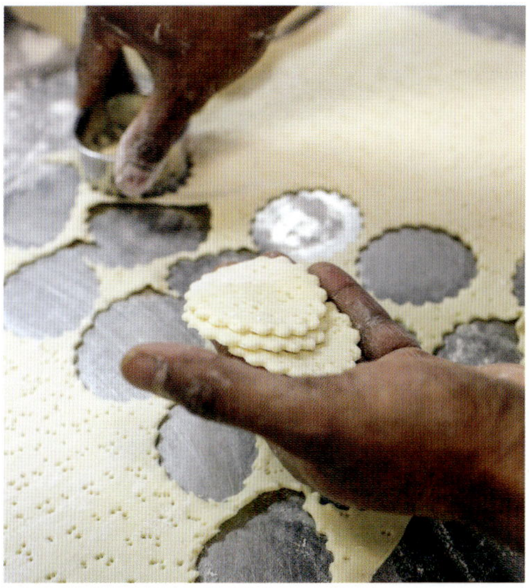

2

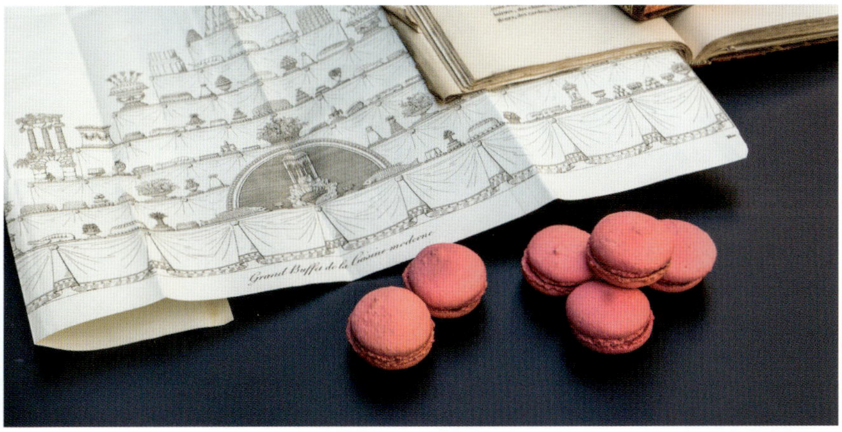

3

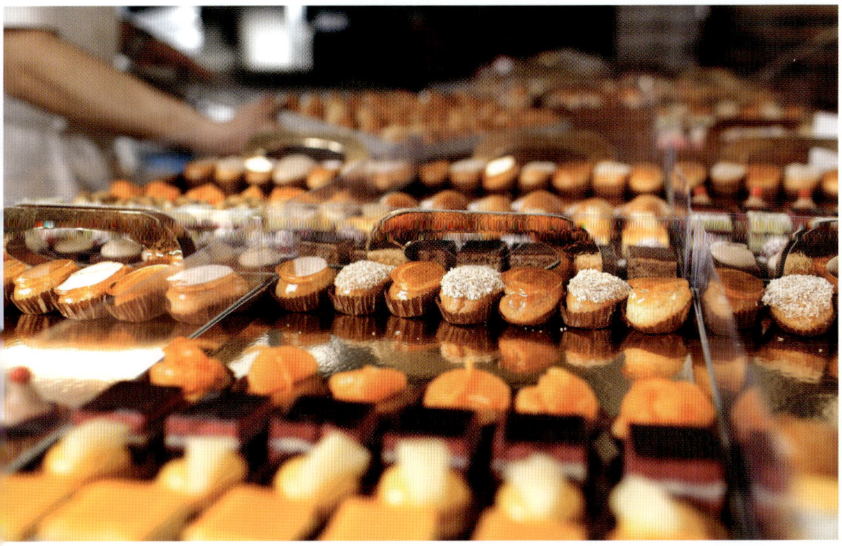

4

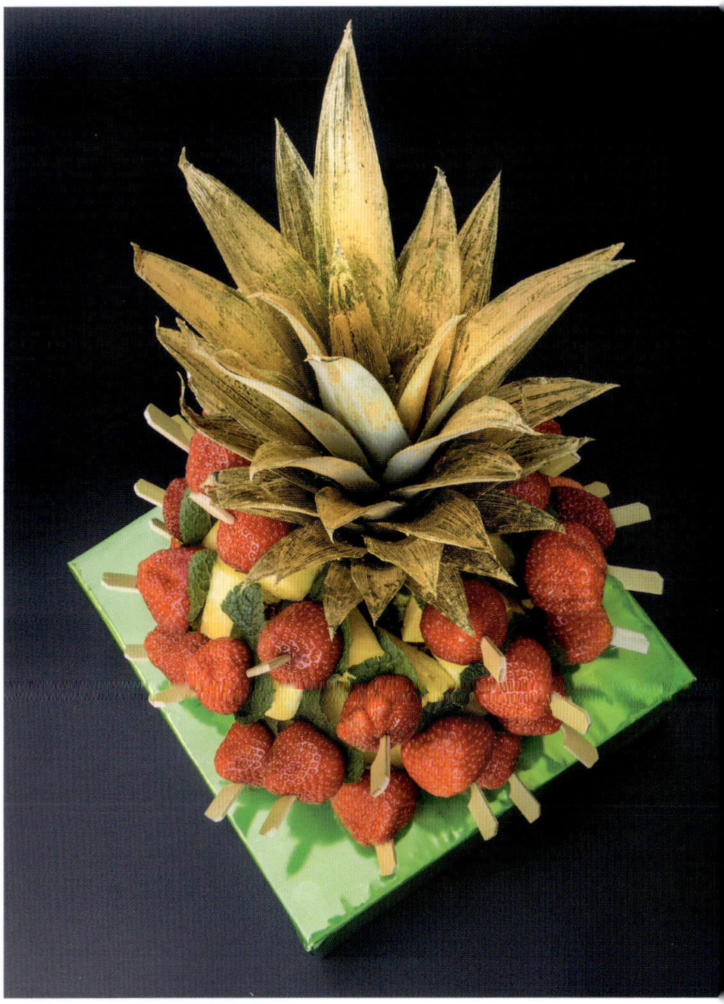

5

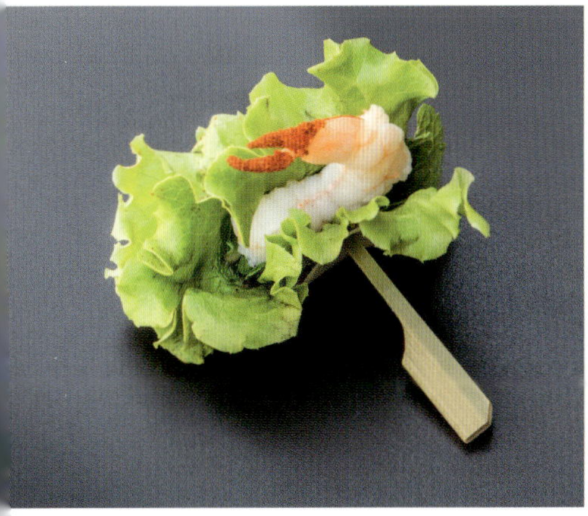

6

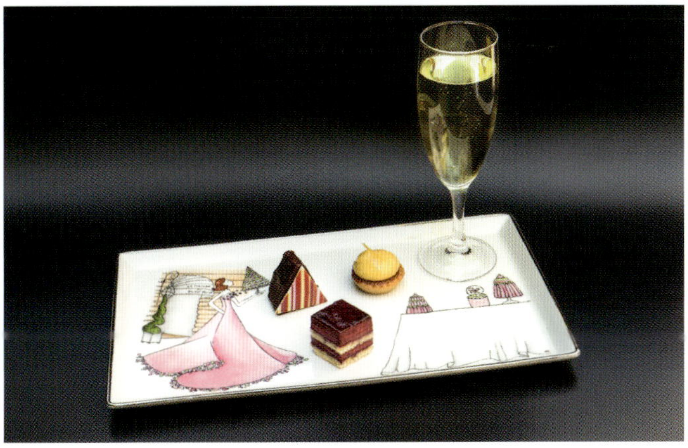

7

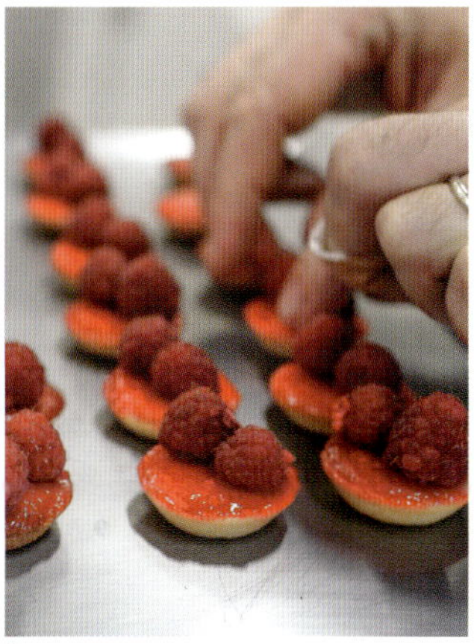

8

LA MAISON DU VITRAIL

MAÎTRE VERRIER

Création et restauration de vitraux

Un atelier de renommée internationale

✧ UN FONDS PATRIMONIAL ESSENTIEL

À leur sortie de l'École nationale supérieure des arts appliqués et métiers d'art, en 1972, Christiane et Philippe Andrieux, tous deux artistes peintres, partagent la passion de la transparence et de la lumière. Parce que l'art du vitrail est le plus à même de répondre à leur vocation, dès 1973, ils créent La Maison du Vitrail. Très vite, ils commencent à travailler pour les artistes les plus célèbres : Salvador Dalí leur confie sa dernière série de vitraux, ils réalisent *l'Arlésienne* pour Yves Brayer et restaurent le vitrail de Georges Rouault *Sainte Véronique*... De 1975 à 1990, ils intègrent les ateliers Mazard, Bateau, Jacques Grüber et Brière, enrichissant leur fonds d'une collection de cartons et de quelque 12 000 m² de verres anciens, ce qui leur permet d'effectuer les restaurations les plus fidèles. En 2000, leur fille, Emmanuelle Andrieux-Lefèvre, rejoint l'atelier et leur succède à la tête de La Maison du Vitrail à partir de 2016.

✧ UN ART COMPLET

« C'est un art complet qui nous mène et nous fait basculer très vite de la création vers la restauration et vice versa. » Philippe Andrieux résume en ces termes l'art du verrier, qui impose une parfaite maîtrise des techniques – le travail demande une précision de dessin et d'exécution au dixième de millimètre près – et un talent de créativité exceptionnel. Riche de 5 500 tons différents, l'atelier de renommée internationale parvient à répondre aux commandes les plus diverses et les plus exigeantes : édifices monumentaux publics et privés, religieux ou profanes, artistes, couturiers, réalisateurs, décoration d'intérieur... Avec quinze compagnons formés sur place, La Maison du Vitrail exécute la totalité de la chaîne de fabrication, depuis le premier dessin – sur un simple papier blanc à l'échelle 1/10 – jusqu'au montage.

✧ LE VITRAIL DU IIIᵉ MILLÉNAIRE

La France détient 60 % du patrimoine mondial des vitraux depuis le Moyen Âge, ce qui nécessite un entretien permanent. Les compétences de La Maison du Vitrail dans toutes les techniques et tous les styles lui permettent, outre les restaurations, d'étendre ses interventions à des domaines plus insolites tels que la marbrerie, l'illustration, la bande dessinée, et de créer des œuvres contemporaines originales. L'évolution actuelle des procédés va modifier les savoir-faire et développer un nouvel art de la décoration verrière, pour lequel elle dispose des meilleurs atouts en matière de création. Elle s'autorise toutes les audaces, et ouvre ses portes aux particuliers pour la décoration de l'habitat, aux designers et aux artistes internationaux. ⁒ E. M.

LES 5 DATES CLÉS

1973
Création de La Maison du Vitrail

1980
Réalisation des vitraux du palais de la princesse Al-Thani au Qatar

1982
Création des vitraux de la cathédrale Saint-Jean et de l'église Saint-Ephrem à Beyrouth

1993-1994
Christiane Andrieux réalise les vitraux pour Notre-Dame-du-Liban à Paris, la plus grande création de vitraux depuis la Seconde Guerre mondiale

2009
Obtention du label EPV, renouvelé en 2014

1. Soudage après sertissage. L'adjonction de soudure à l'étain à chaque intersection permet d'unir les plombs les uns aux autres. **2.** Atelier de sertissage, où le travail s'effectue dans le respect des techniques traditionnelles avec des plombs de première fusion. **3.** Verrière nº 5 de Notre-Dame-du-Liban, à Paris, œuvre de Christiane Andrieux. C'est le plus important chantier de création de vitraux depuis trente ans [5]. **4.** Vitraux du chœur de l'église de Gometz-le-Châtel (XIXᵉ siècle) par Christiane Andrieux. De facture proche de l'abstraction près du tympan, les verrières glissent progressivement vers la figuration. **6.** Sertissage d'une vitrerie de réseau cistercien. **7.** L'artiste Philippe Andrieux réalisant *in situ* la peinture d'une partie des vitraux de l'église de Rouville, d'inspiration figurative, sur le thème des quatre éléments : eau, air, terre et feu.

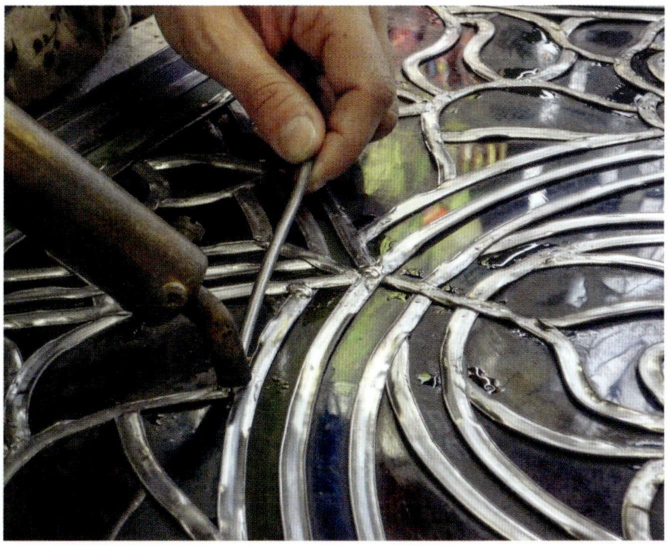
1

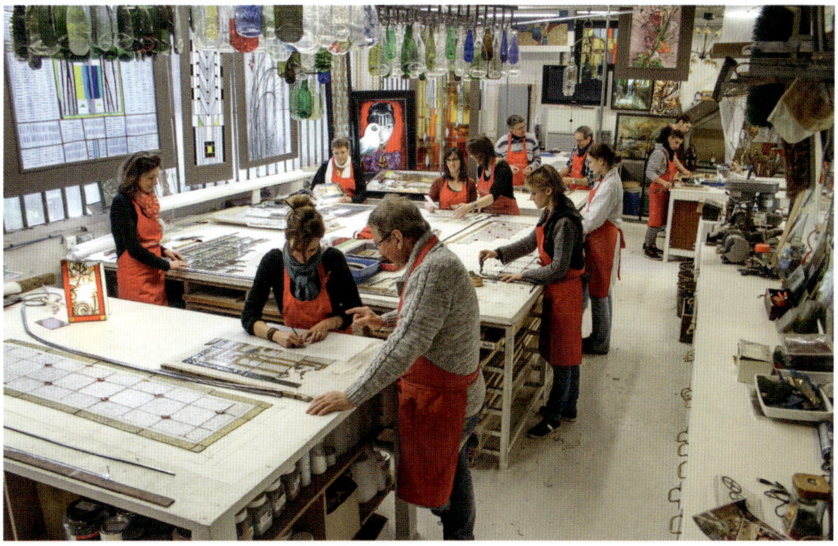
2

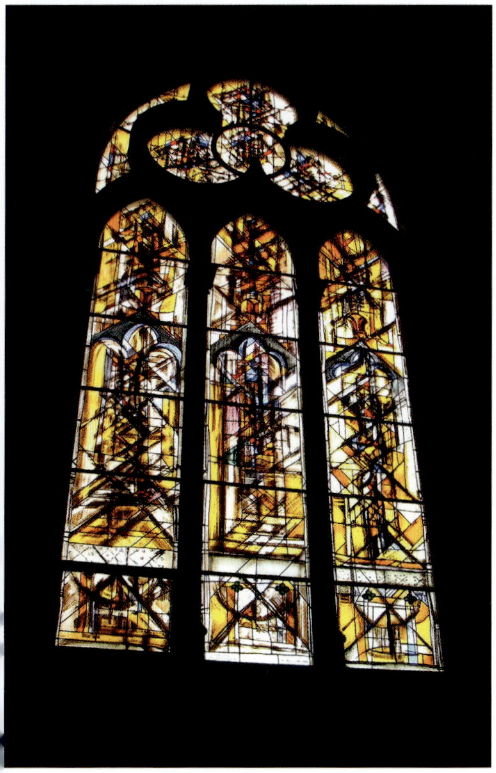
3

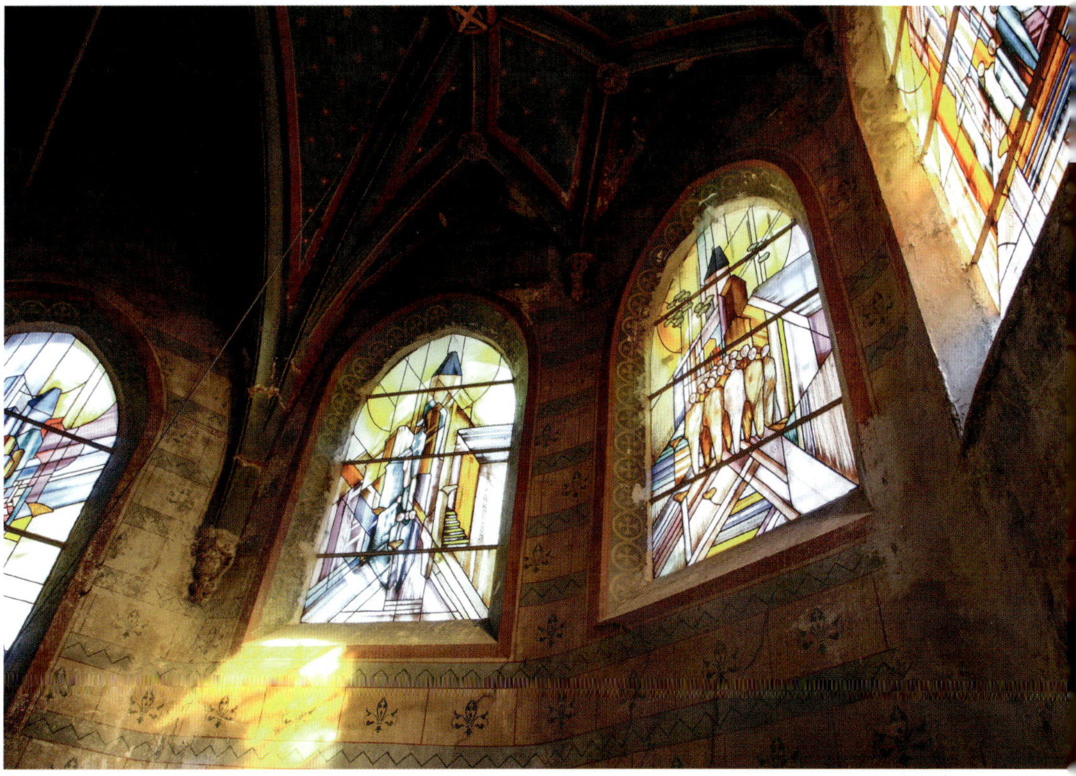
4

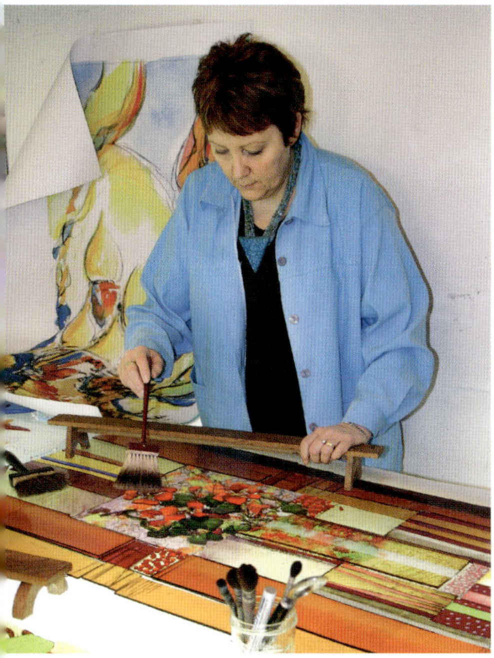
5

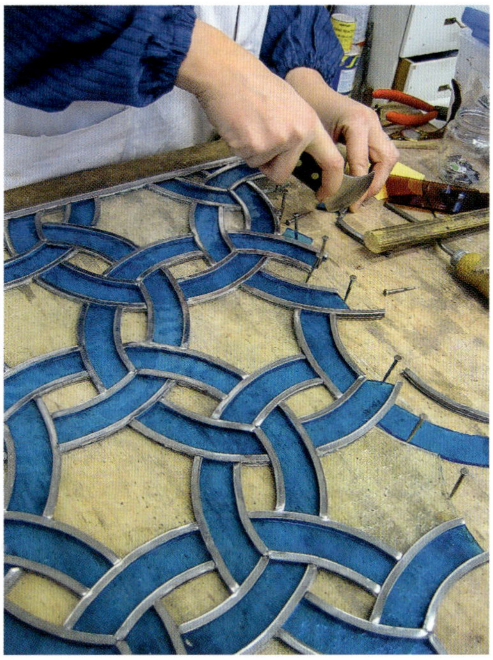
6

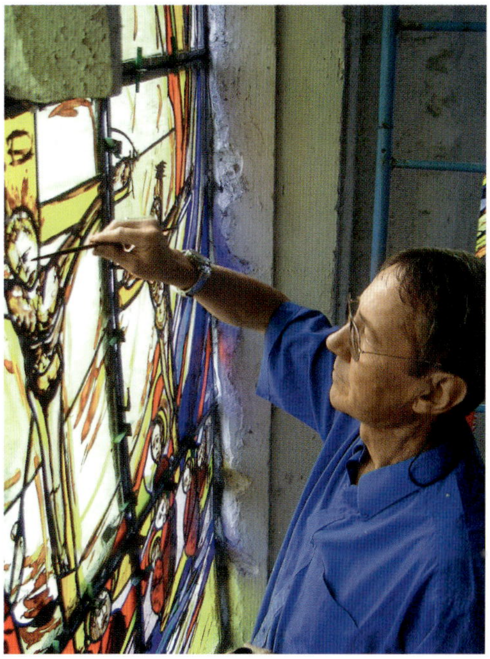
7

LES MÉTALLIERS CHAMPENOIS

FERRONNIER D'ART

Ferronnerie d'art, métallerie décorative et bronze d'architecture

Des chantiers de référence à travers le monde

❖ UNE PREMIÈRE CARTE DE VISITE : LA RÉNOVATION DE LA PLACE STANISLAS À NANCY

En 1978, Jean Bourly – alors responsable d'une maison de compagnons du Devoir – fonde avec deux compagnons Les Métalliers Champenois à Rosnay: une société spécialisée dans la ferronnerie d'art et la métallerie décorative. Dès l'année suivante, la jeune entreprise décroche un premier chantier de prestige: la rénovation de la place Stanislas à Nancy (projet qui mobilisera entre dix et quinze compagnons pendant six ans). Cette référence décisive leur ouvrira les portes de nombreux cabinets de décorateurs et d'architectes et les amènera à travailler sur de nombreux projets en France et à l'étranger.

❖ L'AVENTURE AMÉRICAINE

Coup de culot et de génie, Jean Bourly propose en 1984 ses services aux autorités américaines pour la restauration de la statue de la Liberté. Après avoir visité l'atelier et rencontré les équipes, la délégation américaine lui confie ce projet majeur, qui durera deux années et qui marque le début de l'aventure américaine: la filiale LMC Corp. est créée en 1986 à Paterson (New Jersey). Cédée en 2007 aux associés locaux, elle sera finalement rachetée – après avoir fait faillite en 2015 – par Jérôme Bourly, qui a pris la direction de l'entreprise à la suite de son père en 2011. LMC-HB Corp. voit ainsi le jour début 2016 et regroupe aujourd'hui Les Métalliers Champenois USA – pour les travaux de métallerie décorative et la ferronnerie d'art – et Horus Bronze, qui reste chargé des projets de menuiseries en bronze d'architecture. À quelques encablures de Manhattan, l'entreprise peut désormais satisfaire une clientèle américaine en quête d'excellence. L'aventure continue...

❖ L'ENJEU DE LA RECHERCHE ET DU DÉVELOPPEMENT

L'entreprise s'appuie sur la recherche et le développement depuis de nombreuses années afin d'élaborer de nouveaux produits et procédés et se positionner comme une force de propositions techniques ou esthétiques auprès des clients. «L'innovation est un des piliers de l'entreprise: grâce à des outils informatiques et des machines de dernière génération, nos équipes conçoivent depuis plus de quinze ans des lignes de profilés spécifiques pour nos menuiseries en bronze architectural. Nous avons ainsi déposé plusieurs brevets internationaux pour protéger ces innovations», explique Jérôme Bourly.

Par tradition de transmission du savoir, l'entreprise accueille tous les ans entre quatre et huit jeunes avec les Compagnons du Devoir. Ils sont intégrés aux équipes de professionnels expérimentés avec la volonté de confirmer des vocations. Grâce à ces collaborateurs et ces valeurs, Les Métalliers Champenois restaurent ou créent des ouvrages classiques ou contemporains à travers le monde, avec toujours la même passion et la quête d'excellence depuis près de quarante ans... **≈ D. L. et S. P.**

LES 5 DATES CLÉS

1978
Création des Métalliers Champenois

1979
Rénovation de la place Stanislas à Nancy

1984
Rénovation de la statue de la Liberté

2006
L'entreprise est labellisée EPV

2011
Jérôme Bourly prend la présidence de l'entreprise

1. Résidence privée à New York: menuiserie en bronze architectural. **2.** Grille en bronze dans l'esprit de Gilbert Poillerat – Ateliers LMC France. **3.** Résidence privée à New York: escalier contemporain en acier texturé et patiné. **4.** Cartier, rue de la Paix à Paris: escalier monumental et garde-corps décoratifs. **5.** Résidence privée à Londres: porte décorative en acier patiné et feuillages repoussés dorés à la feuille. **6.** Forge d'un noyau – Ateliers LMC France. **7.** Détail de la grille décorative [5].

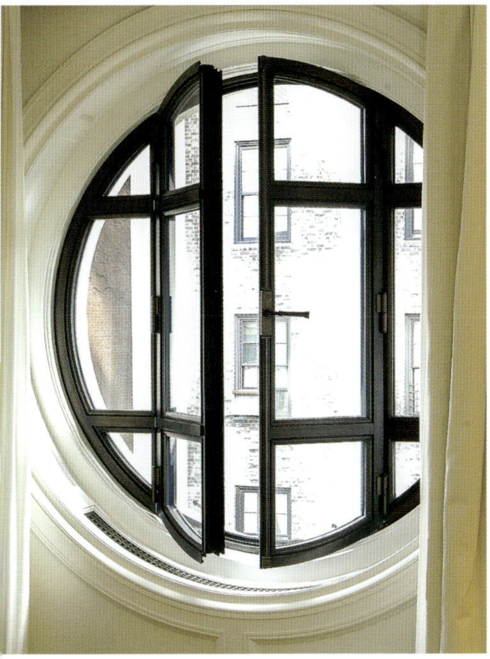

1

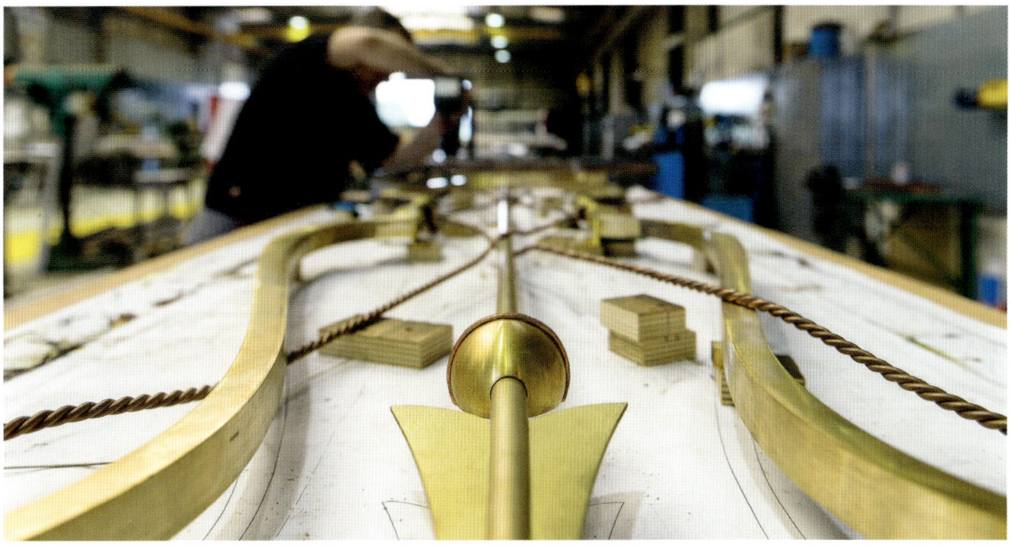

2

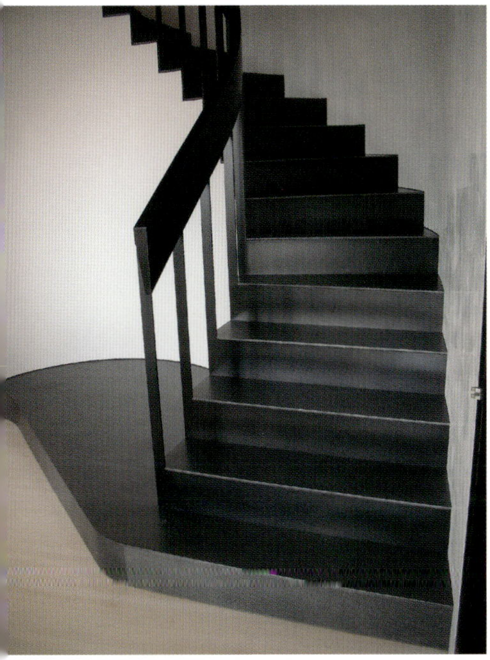

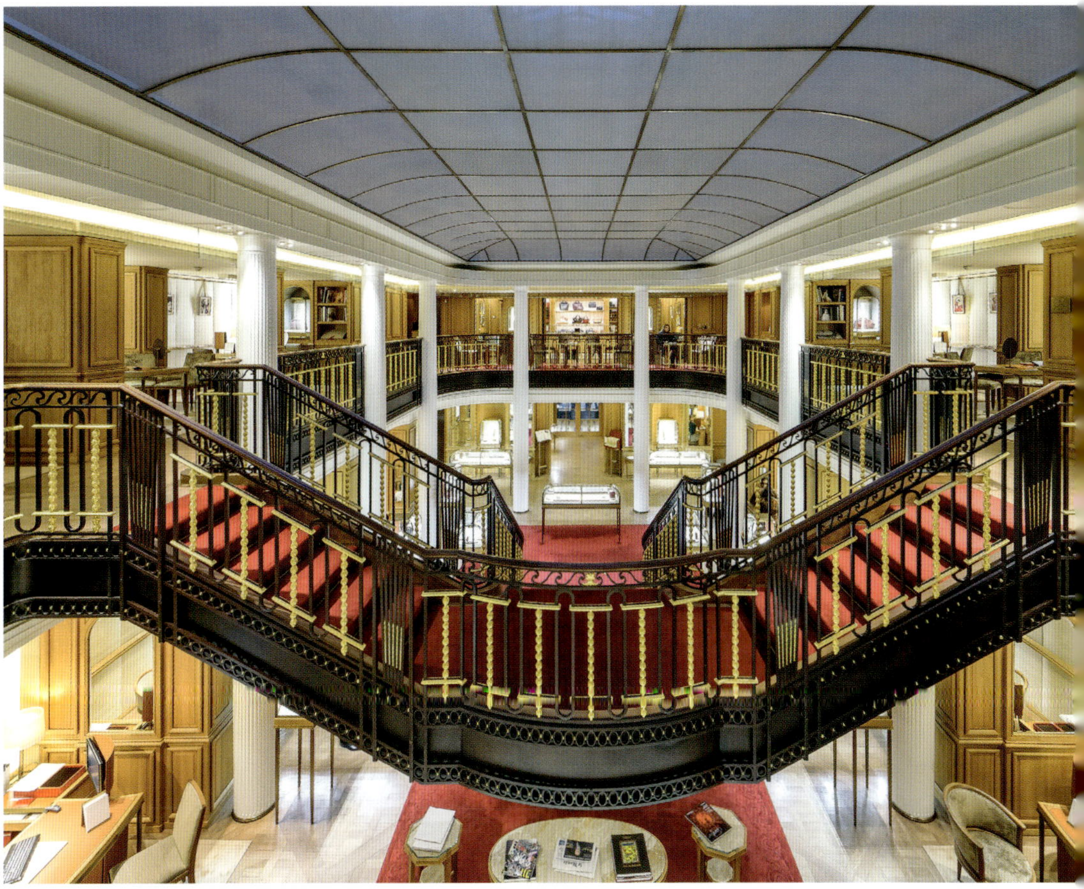

4

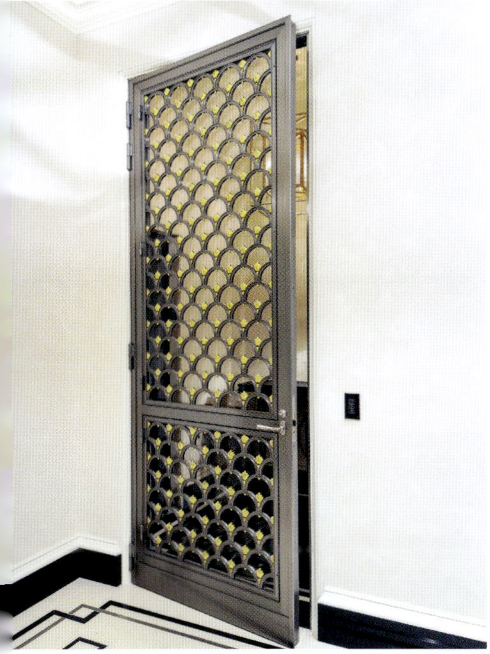

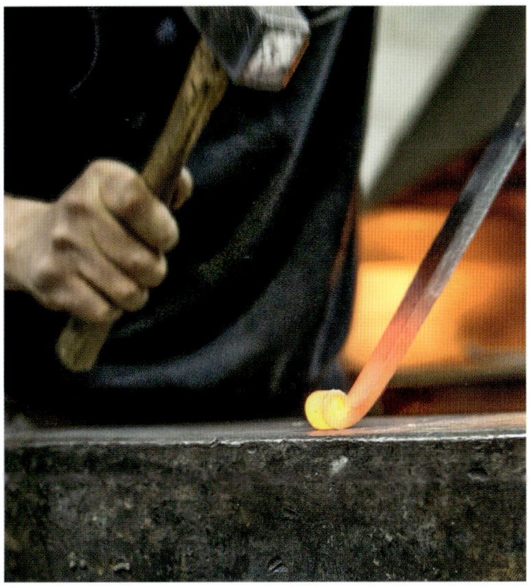

6

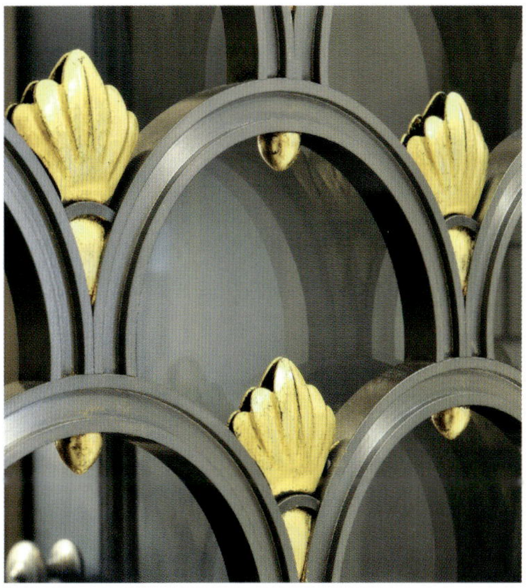

7

MULTIPLAST

PROTOTYPISTE POLYVALENT

Bateaux de compétition et matériaux composites

La révolution des matériaux composites

❖ DES BATEAUX DE COMPÉTITION…

Six records de l'Atlantique, la Route du Rhum, le trophée Jules-Verne… autant de victoires remportées par les bateaux construits par Multiplast, le leader mondial de la construction de bateaux de compétition. Un succès assez rapide pour cette entreprise créée en 1981 par Gilles Ollier, un architecte aux idées novatrices. Il est convaincu que les matériaux composites – jusqu'alors confinés dans des applications stratégiques et militaires – vont révolutionner d'autres secteurs comme le sport de façon générale et le nautisme de compétition en particulier. Cela paraît osé à l'époque, mais les sponsors de *Jet Service* – le premier bateau du chantier – lui font confiance. L'aventure peut commencer. D'abord à Carquefou, près de Nantes, puis à Vannes, Gilles Ollier dessine lui-même les monocoques et les multicoques avant de s'ouvrir à d'autres architectes navals. Il construit de nombreux bateaux de compétition qui sillonnent les mers du monde, dont *Orange*, le bateau de Bruno Peyron, qui battra, en 2005, le record de la traversée du monde en équipage.

❖ … AUX CINQ DÔMES D'OR DE L'ÉGLISE ORTHODOXE

Au début des années 2000, la guerre du Golfe et de nouvelles réglementations dans le sponsoring amènent la société à diversifier ses activités tout en poursuivant la construction de bateaux – qui représente aujourd'hui encore près de 60 % du chiffre d'affaires. Multiplast obtient alors un premier contrat avec Thales, de fabrication de simulateurs de vol pour l'hélicoptère Tigre. Dominique Dubois – ingénieur des travaux publics, qui rachète la société en 2009 après le départ à la retraite de Gilles Ollier – renforce cette stratégie de diversification, notamment dans le secteur de l'aéronautique, en fabriquant des pièces pour Airbus et Zodiac Aerospace, ou dans le luxe, en développant pour la société Baccarat des lustres en fibre de carbone. Récemment, Multiplast a mis en œuvre les cinq dômes de la cathédrale orthodoxe russe de Paris, avec, cette fois, de la fibre de verre associée à de la résine d'époxy.

❖ DE FUSION EN ACQUISITION

Depuis, l'entreprise Multiplast grandit et augmente son champ de compétence : elle s'est mariée en 2013 avec son concurrent suisse Décision pour créer le groupe Carboman S.A., s'est diversifiée dans l'entretien et la réparation de pales éoliennes, avec l'acquisition de Plastinov en 2015. Multiplast emploie 115 salariés à Vannes et espère passer le cap des 180 salariés avant 2020. D'ici là, elle compte sur Jean-Pierre Dick et son monocoque *Saint-Michel-Virbac* pour remporter le prochain Vendée Globe, qui manque encore à son palmarès. **D. L.**

LES 5 DATES CLÉS

1981
Création de l'entreprise par Gilles Ollier

2000
Diversification dans d'autres secteurs, comme l'aéronautique

2009
Rachat de Multiplast par Dominique Dubois

2011
L'entreprise reçoit le label EPV

2013
Mariage de Multiplast avec son concurrent suisse Décision pour former le groupe Carboman S.A.

1. Finition d'un lustre Baccarat. **2.** Trimaran *Sodebo Ultim'*. **3.** Construction des dômes de la cathédrale orthodoxe russe de Paris. **4.** Lustres Baccarat. **5.** Grand dôme de la cathédrale orthodoxe russe de Paris. **6.** Construction de *Sodebo Ultim'*.

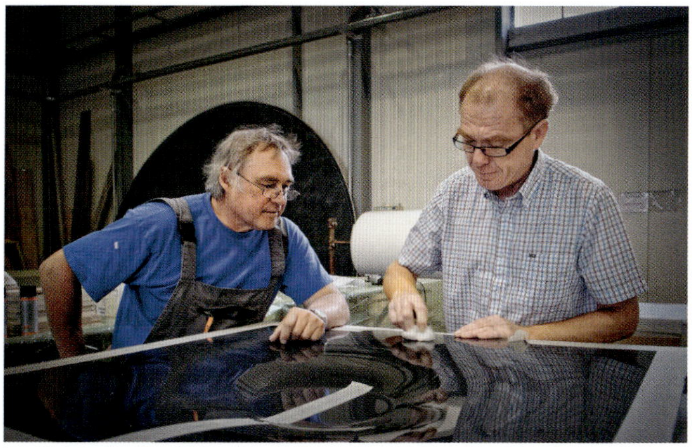

1

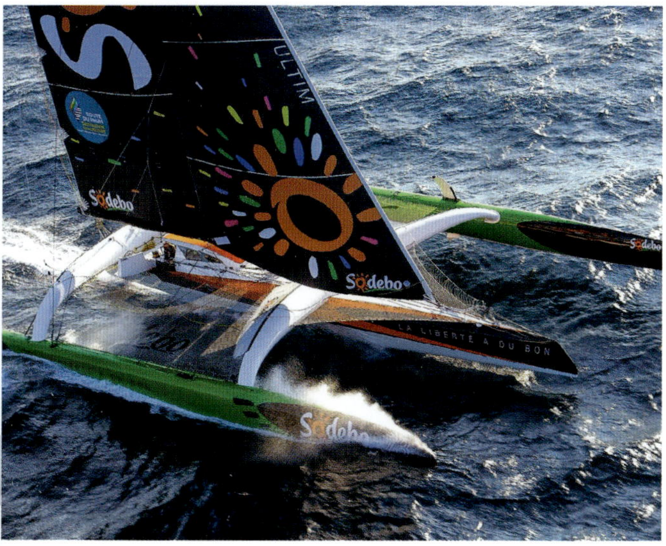

2

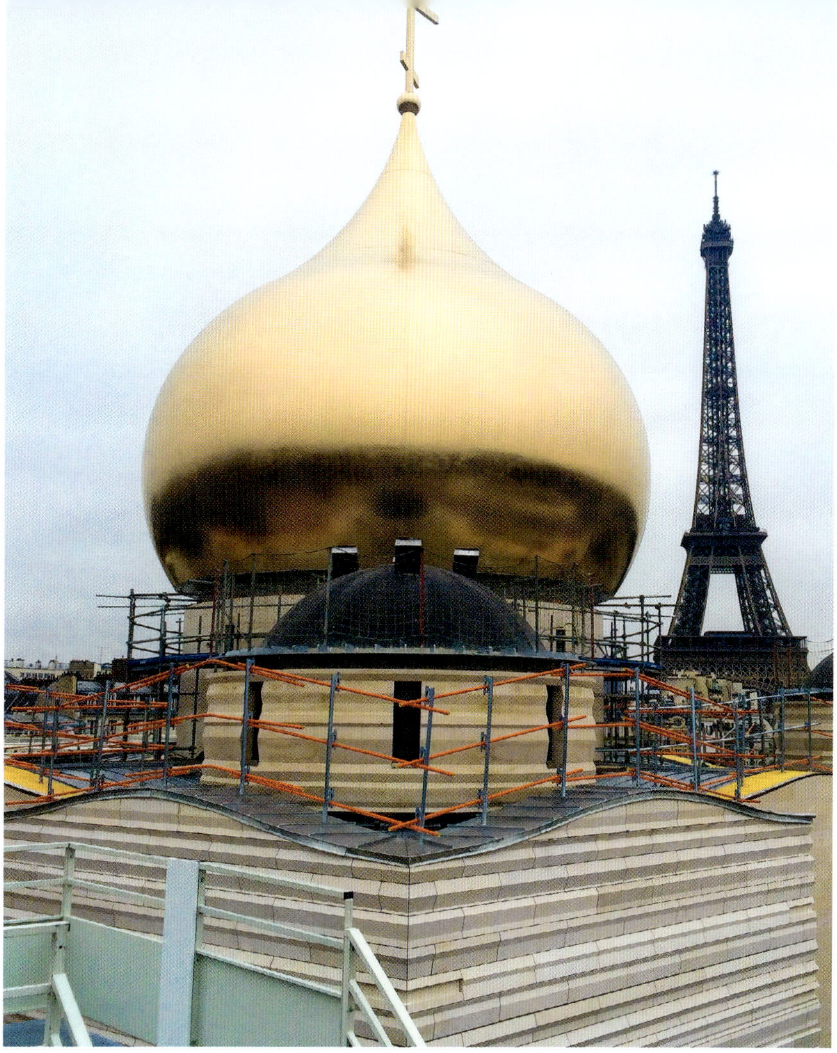

5

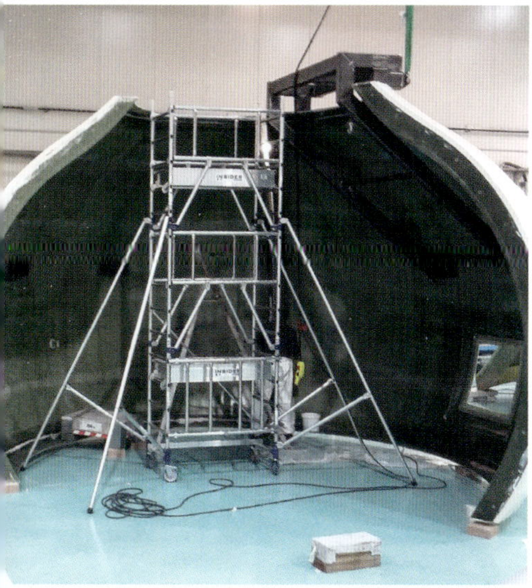

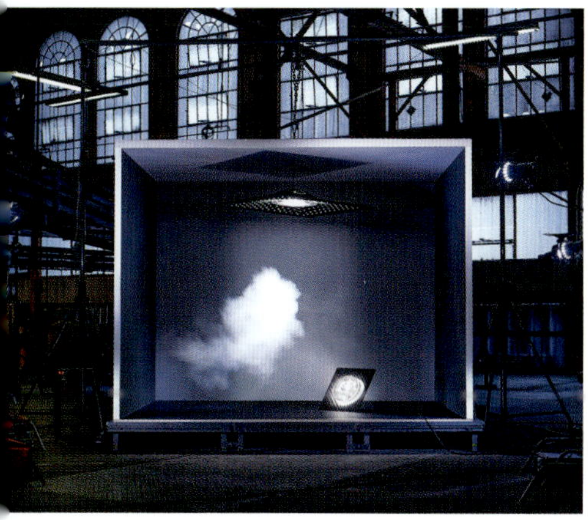

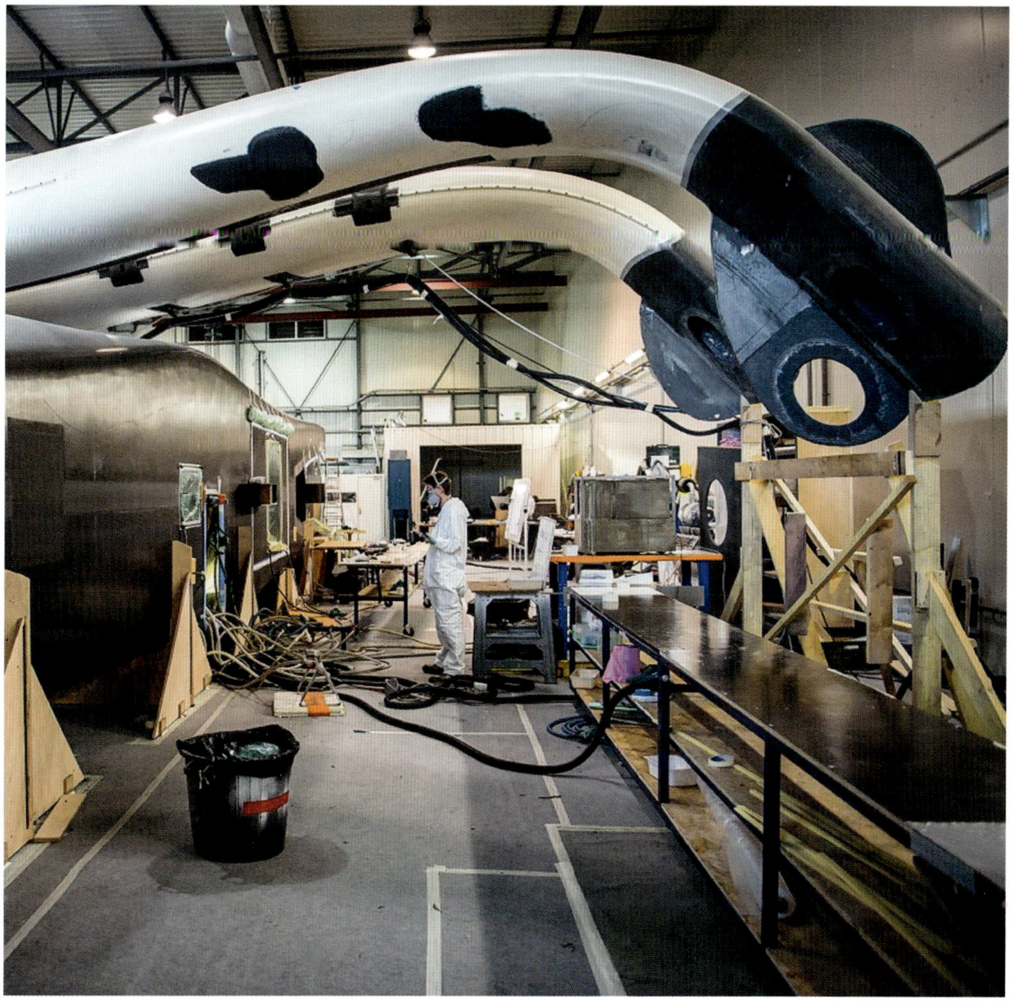

6

MUZÉO

DÉCORATEUR

Concepteur et fabricant de décoration murale artistique sur mesure

Accrocher *La Joconde* dans son salon

UN PATRIMOINE ARTISTIQUE À LA PORTÉE DE CHACUN

«Rendre l'art accessible à tous», c'est la démarche d'Éric Angiboust, président de cette jeune entreprise parisienne créée en 2004. L'idée, aussi originale qu'innovante, permet de créer chez soi un décor entièrement personnalisé à partir d'œuvres réservées aux musées ou aux collectionneurs. Muzéo opère la transmutation d'une toile de maître, d'une gravure, d'un dessin ou d'une photographie d'art en un objet de mobilier tel qu'un abat-jour, un coussin, des stores imprimés ou du papier peint. C'est la première agence de reproduction d'œuvres d'art *made in France* destinées à «faire vivre les lieux avec les images». D'abord sollicitée internationalement par des établissements de prestige – principalement des hôtels de luxe –, l'entreprise se tourne depuis 2013 vers les particuliers par l'intermédiaire de sa plateforme Internet.

« L'ART COMME CONTENU ÉMOTIONNEL »

Grâce à sa collaboration avec un vaste panel d'institutions culturelles internationales – qui lui ouvre l'accès à des millions d'images –, le «Studio images» de Muzéo en sélectionne quelque 200 000 qu'il met à la disposition de ses clients, prenant en charge toute la chaîne d'intervention jusqu'à la gestion des droits. Chacune d'elles sera alors scénarisée à partir de l'émotion qu'elle porte, selon le choix du client, avec le conseil de décorateurs spécialistes de l'image. Une histoire est construite en étroite collaboration pour imaginer un décor et une atmosphère qui seront toujours uniques, ajustés avec précision, et à la demande. Les prouesses du numérique ont permis la concrétisation de ce concept inédit et de créer à l'infini des ambiances sur mesure. Le développement rapide de l'entreprise a nécessité l'intégration de divers métiers dans l'équipe constituée d'une quarantaine de collaborateurs spécialisés, souvent formés à l'école Boulle. L'atelier d'imprimerie réalise l'impression sur tous les supports – toile, papier *fine arts*, aluminium, verre, faïence, Plexiglas... – toujours dans le respect de l'homothétie de l'image et grâce à un savoir-faire d'excellence.

L'INVENTION D'UN NOUVEAU MÉTIER

La volonté de Muzéo est de devancer l'air du temps par des productions avant-gardistes inspirées d'œuvres emblématiques tout en conservant leur valeur patrimoniale, et par des créations originales qui donneront un second souffle à un lieu désuet. L'exigence qualitative de la conception jusqu'à l'exécution à la main par des artisans diplômés, l'impression sur tous les formats fondée sur une parfaite connaissance des matériaux permettent d'obtenir des produits haut de gamme, numérotés et délivrés avec le certificat «fait main». L'entreprise offre une prestation complète jusqu'à l'encadrement, la finition en objet de décoration et la pose personnalisée, inventant un nouveau métier dont elle est pionnière. **E. M.**

LES 5 DATES CLÉS

2004
Création de Muzéo

2008
Création d'une filiale au Maroc

2014
Création de la filiale anglaise à Londres

2015
Création de la filiale suisse

2016
Obtention du label EPV

1. Application à la main de la cire or utilisée pour la finition des encadrements selon un procédé artisanal. **2.** Marquage à la main pour le placement de petits clous appelés «semences» sur les toiles montées sur châssis. Ces semences servent traditionnellement à fixer la toile sur la tranche du châssis. Ce procédé est utilisé pour toutes les reproductions de peintures sur toile. **3.** Échantillons d'encadrements proposés par les ateliers parisiens Muzéo. **4.** Showroom Muzéo : le papier peint, les coussins et les abat-jours sont fabriqués sur mesure. **5.** Collection Underland. **6.** Impression intérieure d'une œuvre d'art sur abat-jour conique réalisé à la main.

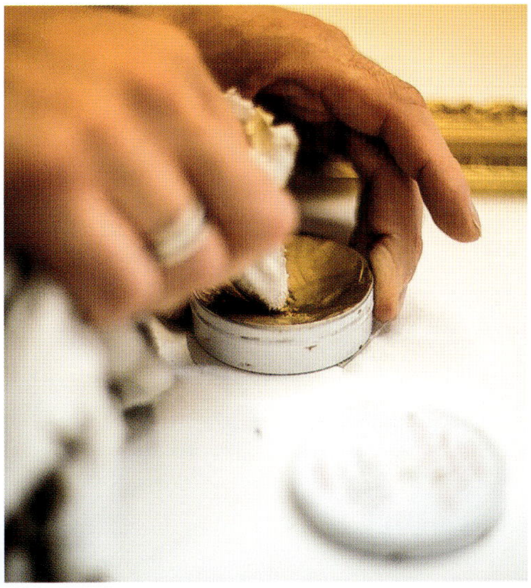
1

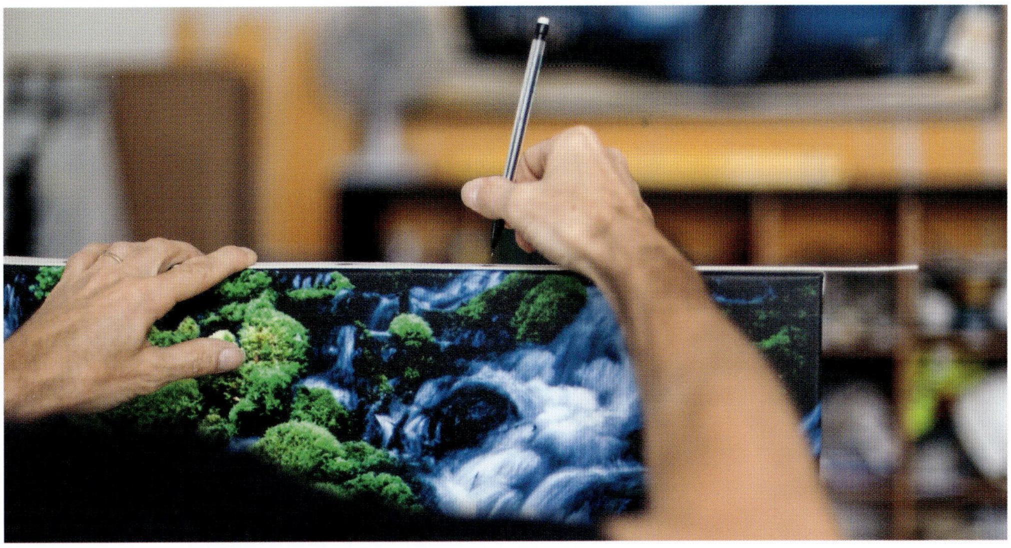
2

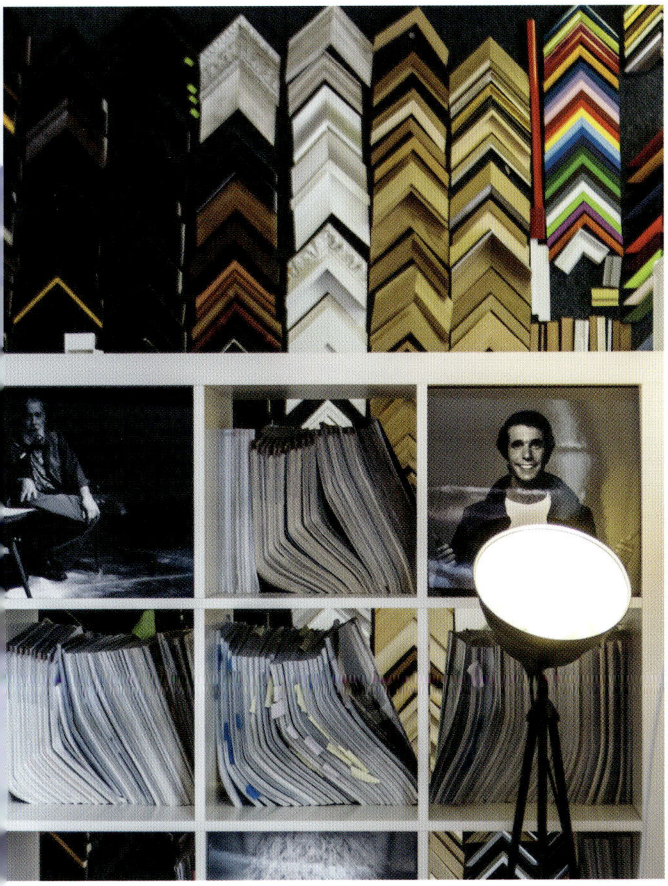
3

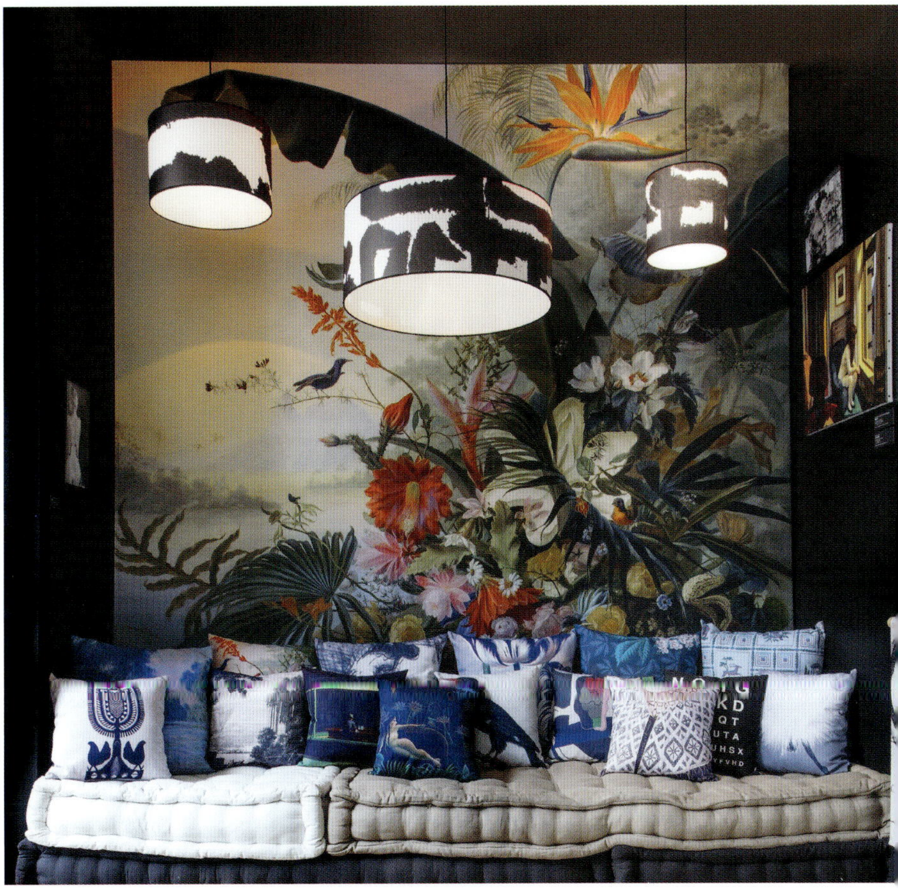
4

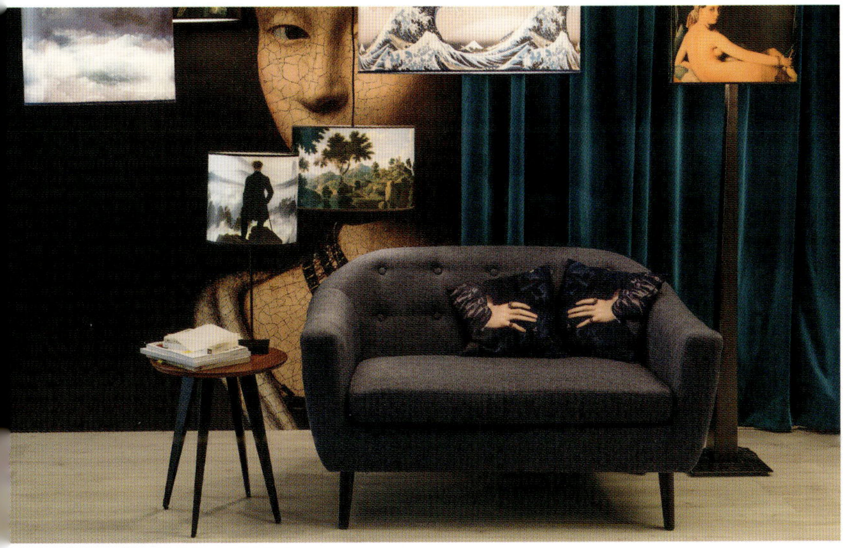
5

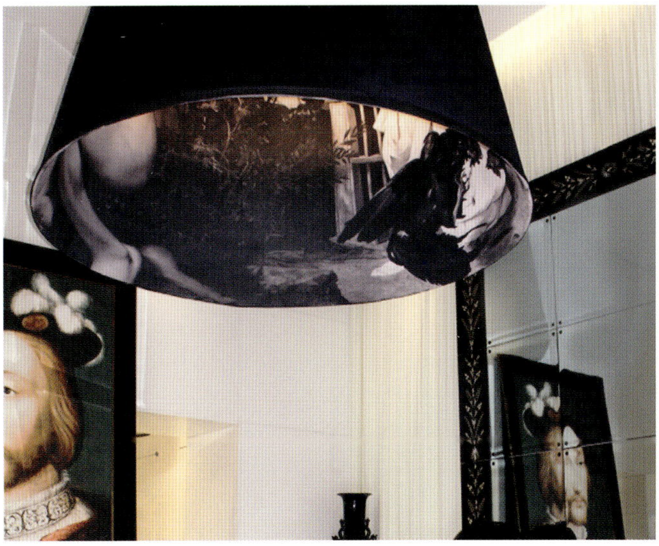
6

LE NEGRESCO

HÔTELIER

Hôtellerie-restauration

Le dernier palace indépendant français

◆ UN PALACE MYTHIQUE

L'histoire de ce palace mythique de la Côte d'Azur commence en 1913, lorsque Henri Negrescu – maître d'hôtel et homme d'affaires – inaugure son propre établissement, dont il a confié la construction à Édouard-Jean Niermans, architecte renommé de la Belle Époque. Sa façade typique du style Beaux-Arts mêlant le néoclassicisme et l'éclectisme, ses couleurs rose, blanc et turquoise deviendront emblématiques de Nice et de la célèbre promenade des Anglais. Avec la verrière, elle est classée monument historique depuis 2003. En 1920, Joseph Aletti, grande figure de l'hôtellerie de luxe, l'adapte à l'ère du tourisme moderne et poursuit son développement durant une quinzaine d'années. À la Libération, Le Negresco est réquisitionné pour le repos des troupes américaines jusqu'en 1947. Après la reprise de son activité hôtelière, il est acheté en 1957 par le père de Mme Augier. Son nouveau destin commence sous l'impulsion de Jeanne Augier, qui lui donne l'identité qu'elle ne cessera de faire croître jusqu'à nos jours. C'est le dernier palace indépendant français.

◆ LE ROYAUME DE L'ART

Jeanne Augier aménage Le Negresco à l'image d'un palais, où elle reçoit ses hôtes dans un décor qui les transporte au cœur de l'histoire de l'art, de Louis XIII à nos jours. Grâce à sa connaissance approfondie de ce patrimoine, les acquisitions les plus précieuses jalonnent les décennies, enrichissant le mobilier de pièces rares. Quatre-vingt-dix-neuf chambres et vingt-cinq suites juxtaposent les styles classique et contemporain. Des parcours thématiques se succèdent au fil des étages, d'un salon à l'autre. Les XVIIe et XVIIIe siècles se parent des portraits royaux peints par les grands maîtres, et des très raffinés restaurant Le Chantecler, salon Versailles et salon Régence. Le parcours XIXe siècle remet à l'honneur un authentique carrousel de chevaux de bois dans le restaurant La Rotonde, et la Belle Époque resplendit sous la célèbre verrière éclairée par un lustre en cristal de Baccarat créé pour le tsar Nicolas II. L'éclectisme caractéristique du Negresco trouve son achèvement avec les œuvres contemporaines qui parsèment cette traversée des siècles, faisant du palace, issu de la grande tradition, le fleuron de l'hôtellerie de luxe moderne.

◆ LES CIMAISES DE L'EXCELLENCE

Seuls des talents d'excellence peuvent assurer la permanence de cette éblouissante entreprise où dix métiers se partagent les ateliers cachés derrière les décors. Deux ébénistes diplômés de l'école Boulle entretiennent l'impressionnante collection, auxquels s'ajoute une équipe de tapissiers compagnons du Devoir pour les rideaux, tentures de soie, fauteuils confectionnés et restaurés selon des méthodes traditionnelles. Une gouvernante générale veille sur l'hôtellerie et un chef étoilé propose au Chantecler une carte novatrice inspirée des produits et des traditions de la Provence. Tous deux sont distingués Meilleur Ouvrier de France. Internationalement réputé, Le Negresco demeure le symbole de l'art de vivre à la française porté vers ses sommets. **E. M.**

LES 5 DATES CLÉS

1913
Inauguration du Negresco, en présence de sept souverains, au mois de janvier

1920
Germaine Negresco cède ses parts à Joseph Aletti, qui adapte le palace au tourisme du XXe siècle

1957
La famille Mesnage acquiert l'établissement et Mme Augier crée le concept du Negresco

2011
Arrivée (le 1er mars) de M. Pierre Bord, directeur général

2015
L'entreprise reçoit le label EPV

1. Table d'exception des Entreprises du patrimoine vivant : en 2016, à l'occasion du 10e anniversaire du label, associé à la Fête de la gastronomie, 14 entreprises labellisées et Le Negresco se sont réunis pour célébrer la gastronomie.
2. Façade du Negresco, classée à l'inventaire des monuments historiques, avec son dôme surplombant la baie des Anges.
3. Chambre de luxe avec vue sur mer, dont le mobilier Louis XIII a été intégralement rénové en avril 2016 par les ateliers d'ébénisterie et de tapisserie de l'établissement.
4. Grégory Mollin, chef ébéniste, identifie les différentes essences de plaquage en vue de la restauration de la marqueterie ornant le tiroir d'un secrétaire d'époque XVIIIe. **5.** Chambre exclusive Street Art, entièrement rénovée en avril 2016 par les ateliers d'ébénisterie et de tapisserie du Negresco. Le lit d'inspiration Louis XVIII reflète la continuité du concept de Mme Augier : l'harmonie entre les styles classique et moderne.

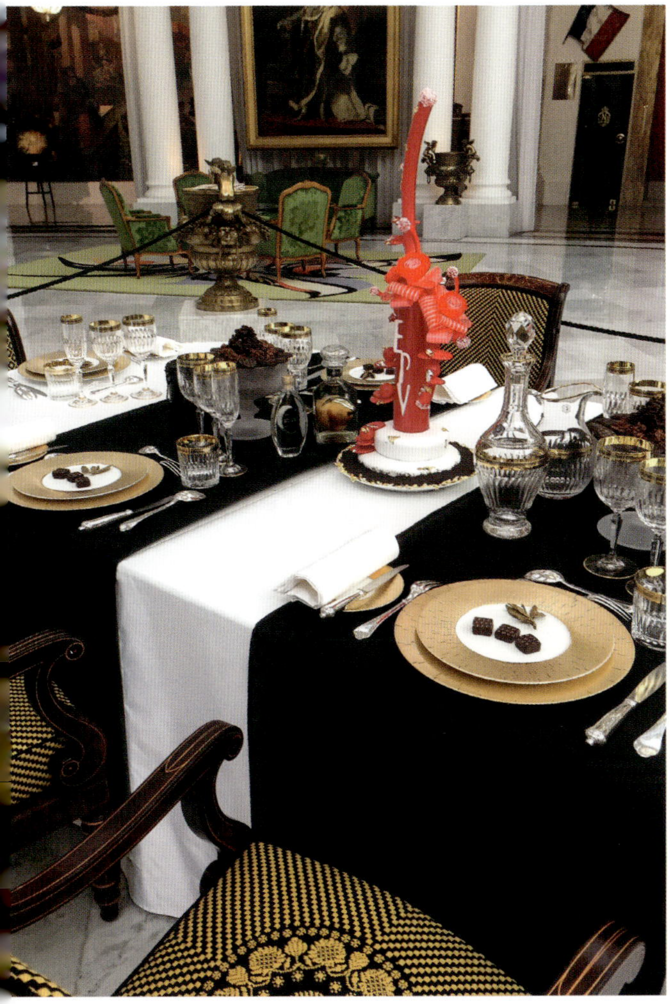

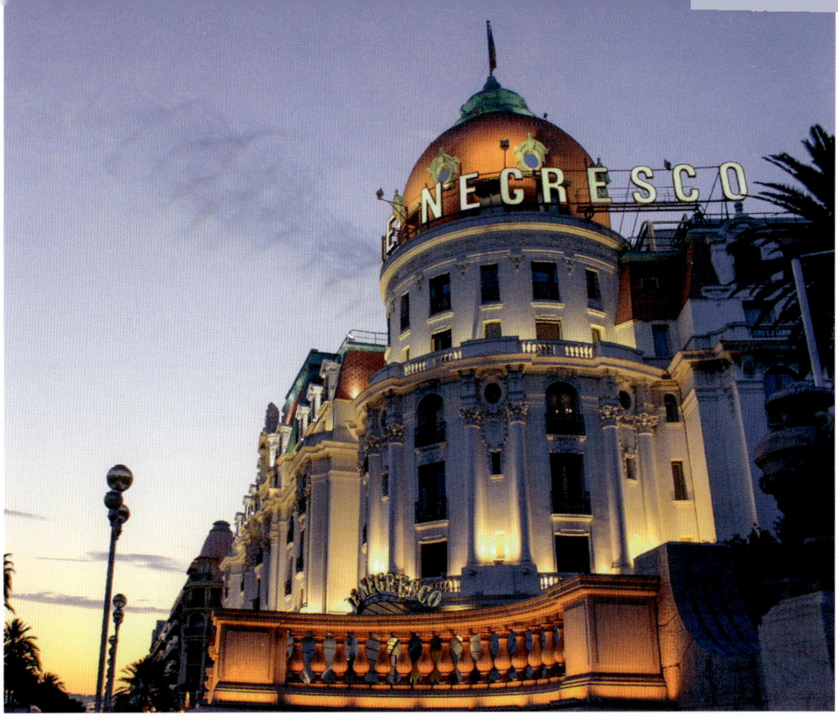

2

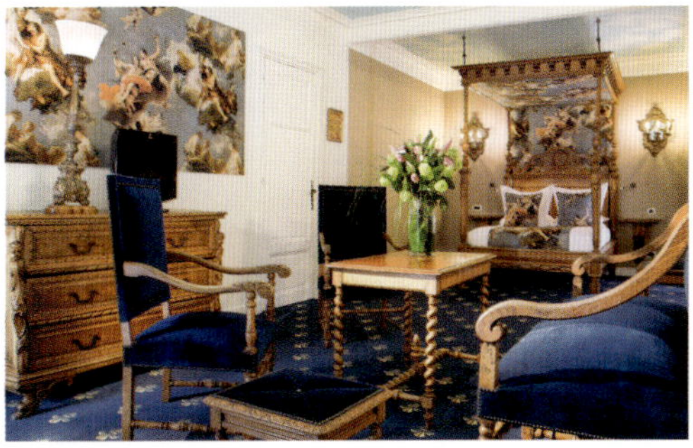

3

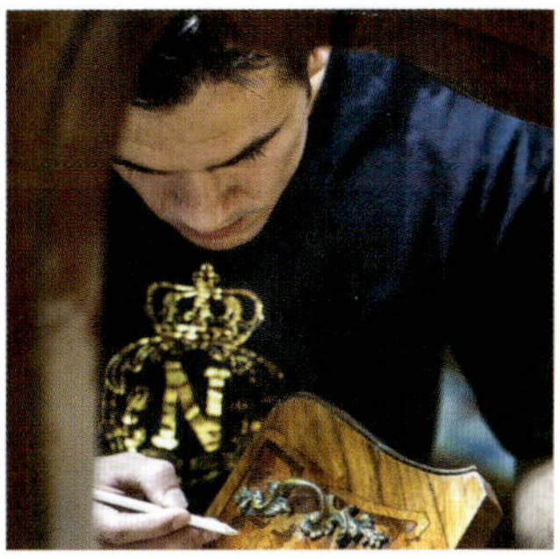

4

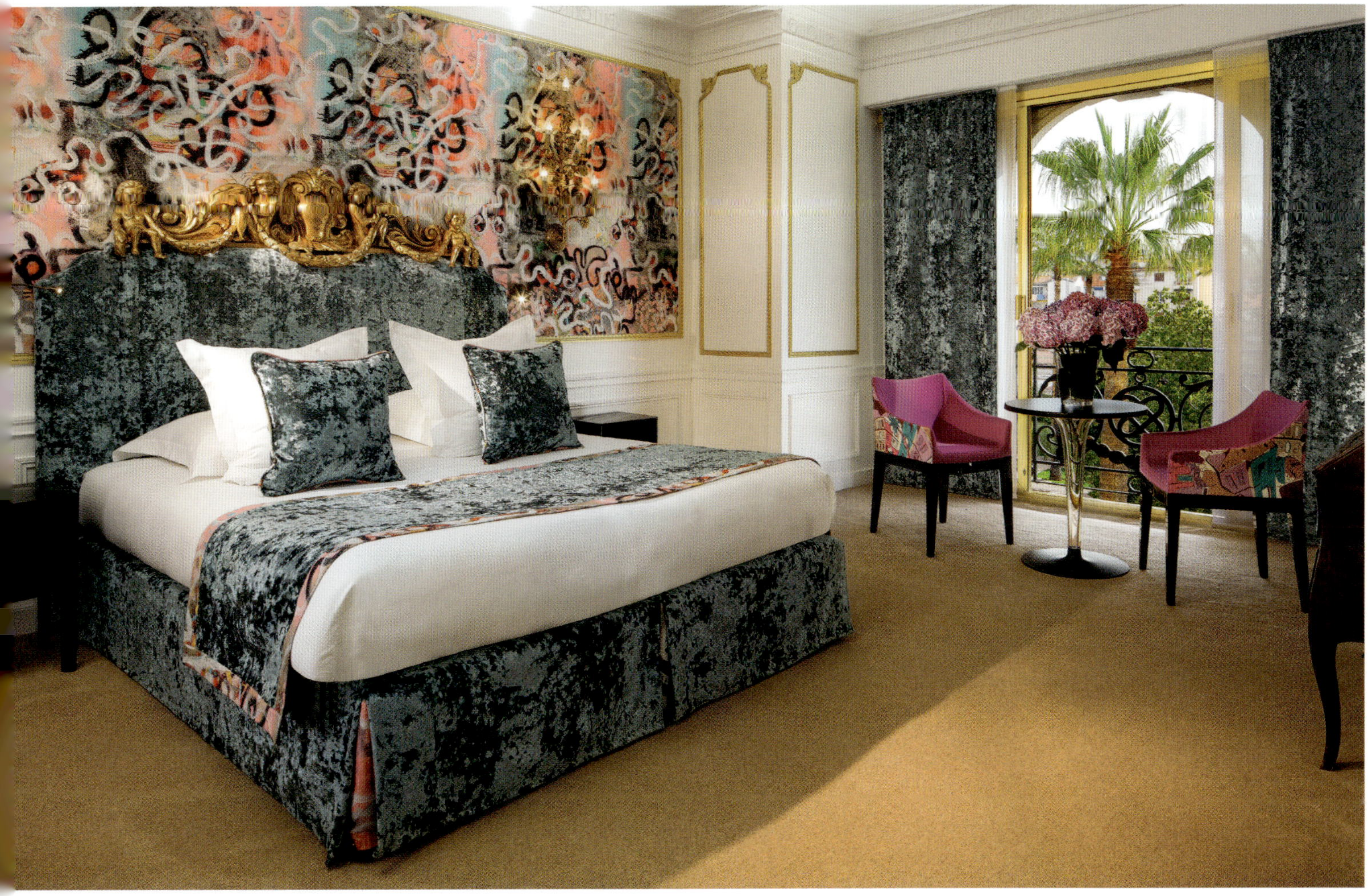

NEW-TONE

MODÉLISTE-MAQUETTISTE

Réalisation de maquettes pour les architectes, designers, publicitaires et industriels du luxe

Pas de projets ambitieux sans maquette

❖ 30 000 MAQUETTES EN 30 ANS

New-Tone intervient à une étape charnière dans la genèse de projets créatifs par la réalisation de maquettes en volume, que ce soit à travers la matérialisation en volumes de projets d'architectes ou de prototypes pour des agences de design et l'industrie du luxe. L'activité est florissante, mais à 54 ans le fondateur, Daniel Menu, veut céder l'entreprise. Nous sommes en 2005 et, de son côté, Éric Fiessinger souhaite se lancer dans l'aventure de l'entrepreneuriat avec sa femme Laurence. Certes, cet ancien dirigeant du groupe Pernod et cette consultante en ressources humaines ne sont pas familiers de l'activité, mais ils vont multiplier le chiffre d'affaires de la société par 2,5 et recruter de nouveaux salariés (28 aujourd'hui). En tout, elle a son actif plus de 30 000 maquettes depuis sa création en 1984, ce qui en fait l'un des pionniers et des leaders du secteur en France et en Europe.

❖ LES DEUX PILIERS DE L'ACTIVITÉ : L'ARCHITECTURE ET L'INDUSTRIE DU LUXE

Installé depuis 2010 dans un ancien garage de 1 200 m² près de la place de la République à Paris, l'atelier dispose de tous les types de machines permettant de faire émerger une forme, de façonner des blocs de Plexiglas, de bois ou de métal, parfois éclairés et/ou animés. Un volet important concerne la création de la couleur qui n'existe pas forcément dans la gamme des nuanciers standard, d'où l'importance du coloriste. Des architectes de renom s'appuient sur le savoir-faire des maquettistes de New-Tone, à l'image de Jean-Michel Wilmotte (la cathédrale orthodoxe russe de Paris) ou Jean-Marie Duthilleul (le projet de la gare de Lyon). À noter également l'ambitieux projet du Grand Paris, la couverture de la cour Visconti du musée du Louvre signée Rudy Ricciotti et Mario Bellini ou encore la démente Fondation Vuitton par Frank Gehry, dont les difficultés techniques n'ont plus être résolues que grâce aux études.

Dans la cosmétologie, New-Tone travaille en exclusivité avec la maison Louis Vuitton pour la création des maquettes de sa nouvelle gamme de parfums. Il y a ensuite des accessoires pour le maquillage ou des présentoirs pour les plus grandes marques de l'industrie du luxe (Hermès, Guerlain...).

Point commun de ces deux secteurs d'activité : une haute exigence de qualité, qui mêle un savoir-faire artisanal (l'assemblage est réalisé à la main) aux technologies de pointe (impression 3D, usinage numérique, découpe laser...). New-Tone a développé un savoir-faire d'artisanat d'art, alliance de mesure, de sens esthétique et de virtuosité manuelle. **D. L. et S. P.**

LES 5 DATES CLÉS

1975
Début de l'activité de maquettiste par Daniel Menu

1984
Création de la société DAMU New-Tone

2005
Rachat de l'entreprise par Éric et Laurence Fiessinger

2010
Nouveaux locaux et changement de raison sociale : « New-Tone »

2014
L'entreprise reçoit le label EPV

1. Assemblage manuel du projet de bâtiment de la Société mutuelle d'assurance du bâtiment et des travaux publics (SMA-BTP), conçu par l'architecte Jean-Michel Wilmotte (échelle 1/100). **2.** L'atelier New-Tone, dans le quartier République à Paris, baigné de la lumière indispensable à nos coloristes. **3.** Maquette au 1/20 de la Maison au bord de l'eau, conçue en 1934 par l'architecte Charlotte Perriand, et réalisée, 80 ans plus tard, au bord de Miami Beach. **4.** Maquette conçue en 2013 par New-Tone de la Cité du vin à Bordeaux, rappelant la charpente d'un navire prenant la mer. Architectes XTU. Échelle 1/100.

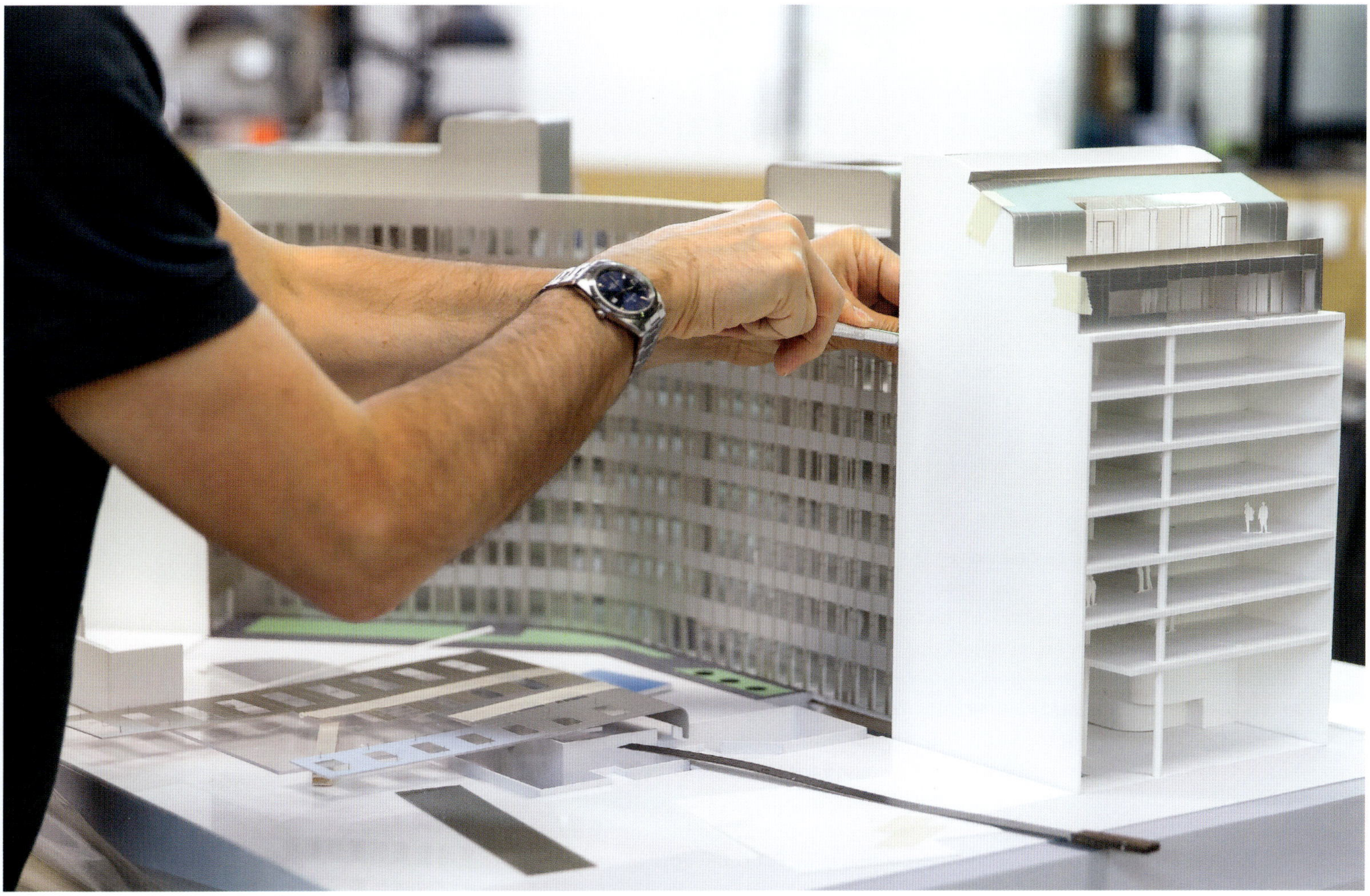

1

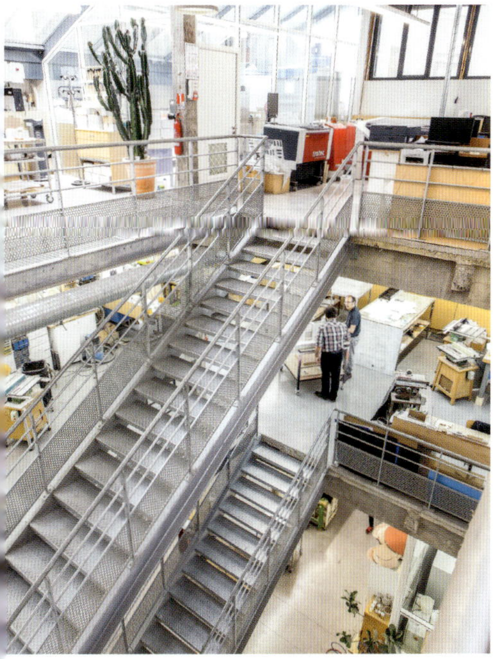

2

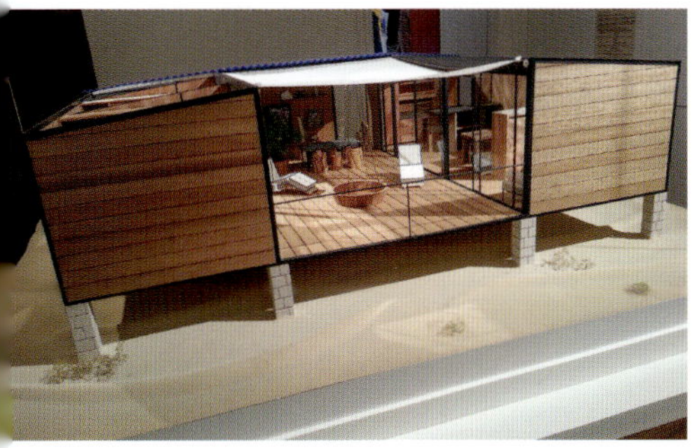

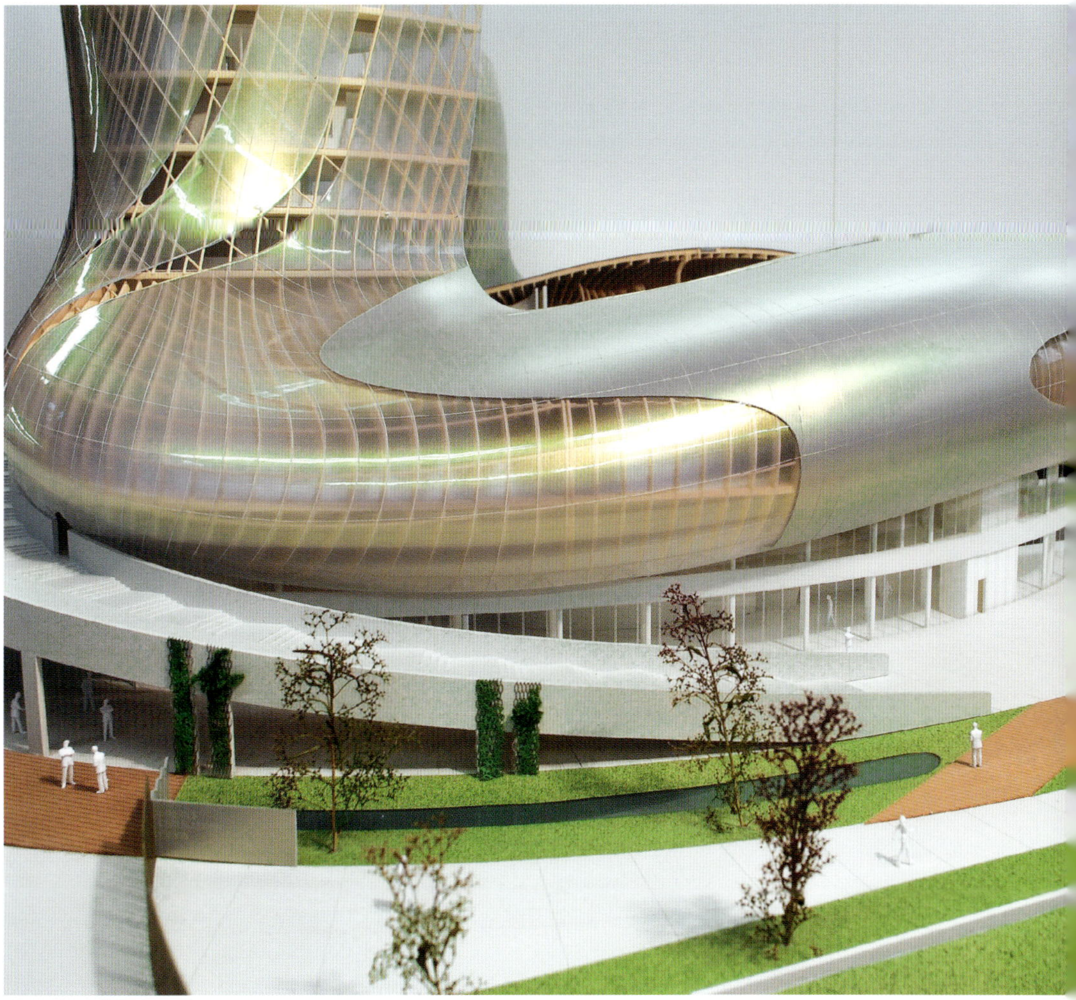

4

LES PAVILLONS DE BERCY
MUSÉE DES ARTS FORAINS

RESTAURATEUR

Restauration et mise en scène des objets d'art forain et du spectacle

Le patrimoine est vivant

◆ « UN MUSÉE DU SPECTACLE OÙ LES OBJETS ONT LA PAROLE »

Fallait-il être visionnaire ou un peu fou pour créer un lieu unique au monde dédié à la fête et à l'univers forain ? Jean Paul Favand, son fondateur, a voulu «un musée du spectacle où les objets ont la parole» et où on peut les toucher et s'en servir, chose impensable pour un musée public. Sous vitrine, ils sont morts ! Cet homme est un amoureux des objets qui ont une histoire, qui «sont capables de jouer un rôle», comme il le dit lui-même. Il les traque depuis les années 1970 à travers toute l'Europe: il est alors comédien et antiquaire. Il constitue une collection d'objets de curiosité, du spectacle et de la fête (théâtre, cinéma, fête foraine), mais rapidement son atelier parisien devient trop étroit – ce que l'on peut imaginer face à plusieurs manèges. Il occupe une première friche industrielle à Gentilly (1988-1993) – qui voit la naissance du Musée des Arts forains –, puis retour à Paris, dans le 15e arrondissement (1993-1996), avant d'investir ce lieu formidable dans les chais Lheureux.

◆ DES MANÈGES À LA RESTAURATION DES BOISERIES

Dans les 5000 m² d'anciens entrepôts, Jean Paul Favand raconte des histoires et réveille notre goût de l'extraordinaire, à travers de grandes mises en scène aux allures de dioramas dans lesquels on peut circuler, «où les visiteurs traversent le miroir et deviennent acteurs de leurs propres rêves». Mais au-delà du rêve, il s'agit d'un patrimoine incroyable – de 1850 à nos jours – qu'il faut préserver, transmettre, maintenir fonctionnel (les manèges) et restaurer. Pour cela, une documentation de plus de 29000 items anciens (cartes postales, catalogues de fabrication d'objets forains...) éclaire l'intervention des professionnels. L'entreprise a développé un savoir-faire pour la restauration des boiseries, car rappelons que les manèges étaient repeints tous les trois ans en moyenne, ce qui effaçait au fur et à mesure les détails et la finesse des sculptures. D'où la difficulté parfois pour les restaurateurs de retrouver la couche picturale d'origine.

À titre d'exemple, le manège de vélos Callebaut et Decanck a nécessité 25000 heures de travail, avec l'intervention de 18 corps de métiers, depuis les mécaniciens jusqu'aux restaurateurs d'art. Il a fallu refaire le mât central, mangé par la vapeur, rentoiler les plafonds, renforcer les frontons, dont le bois était détérioré, gratter trois strates de peinture, l'une rouge doré, l'autre avec les initiales du forain, la troisième avec des paysages.

Façades d'attractions, manèges, cibles de tir mécaniques, figures de jeu de massacre, limonaires, machines de voyance, stands de loterie, panoramas... tout un univers à découvrir – Musée des Arts forains, mais aussi Théâtre du Merveilleux, Théâtre de Verdure et Salons Vénitiens – et autant d'espaces à louer par les entreprises pour des événements hors du temps. **S. P.**

LES 5 DATES CLÉS

1972
Création du Tribulum, magasin d'antiquités de Jean Paul Favand

1996
Investissement des Pavillons de Bercy

1999
Jean Paul Favand aménage un nouveau bâtiment: les Salons vénitiens

2003
Création du Théâtre du Merveilleux introduisant le numérique et la projection vidéo dans des scénographies qui se veulent résolument vivantes et modernes

2009
L'entreprise reçoit le label EPV, renouvelé en 2015

1. L'entrée de la salle du Musée des Arts forains. **2.** Un cheval de bois présenté avec un harnachement de plumes de music-hall. **3.** Dans les ateliers, nettoyage et restauration d'un élément de théâtre mécanique forain du XIXe siècle. **4 et 6.** Le manège de vélocipèdes et le manège de chevaux de bois, tous deux de la fin du XIXe siècle, peuvent encore être utilisés par les visiteurs grâce au travail de restauration. **5.** Jean Paul Favand rend la parole aux objets qu'il met en scène, une fois restaurés. Au Théâtre du Merveilleux, le plafond d'un manège devient le ballon d'une montgolfière, dont la nacelle-éléphant porte sur le dos un monde en miniature. Ce mariage d'objets évoque les voyages extraordinaires.

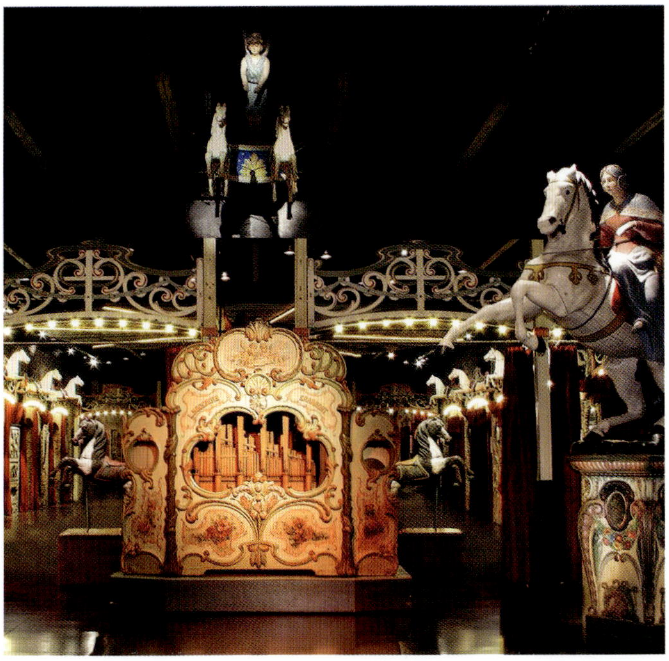
1

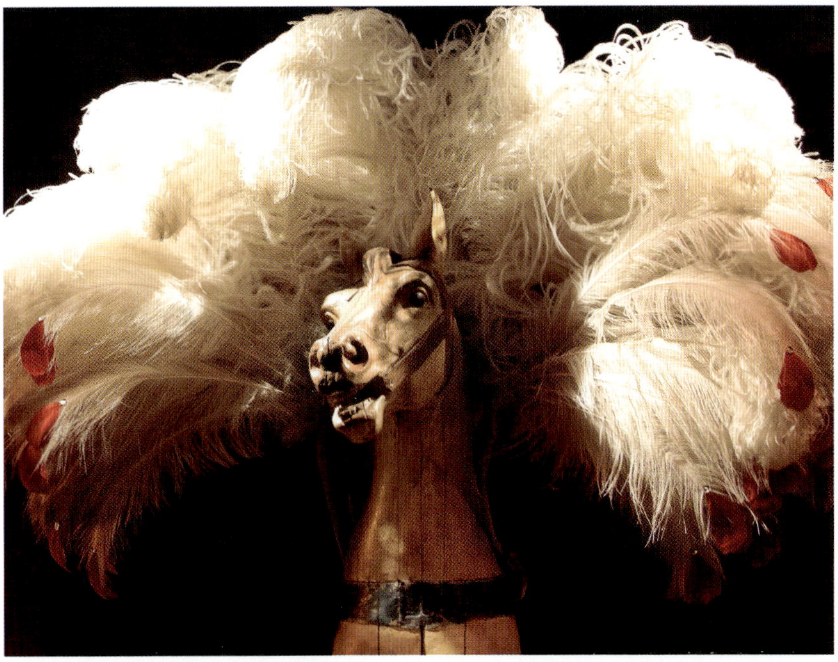
2

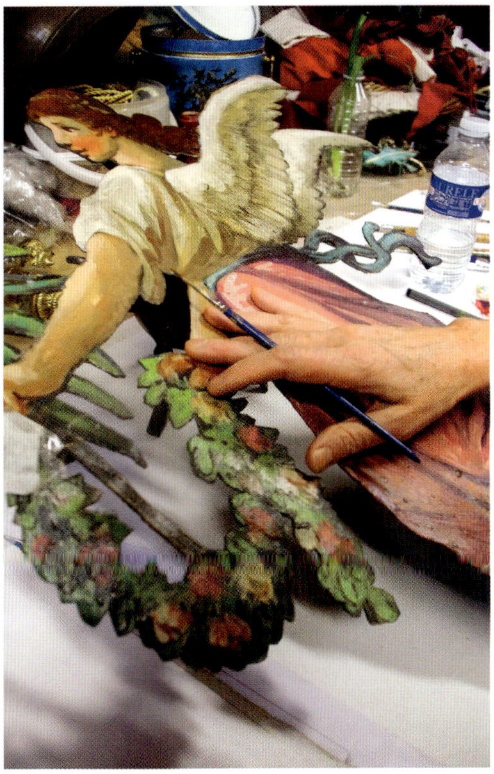
3

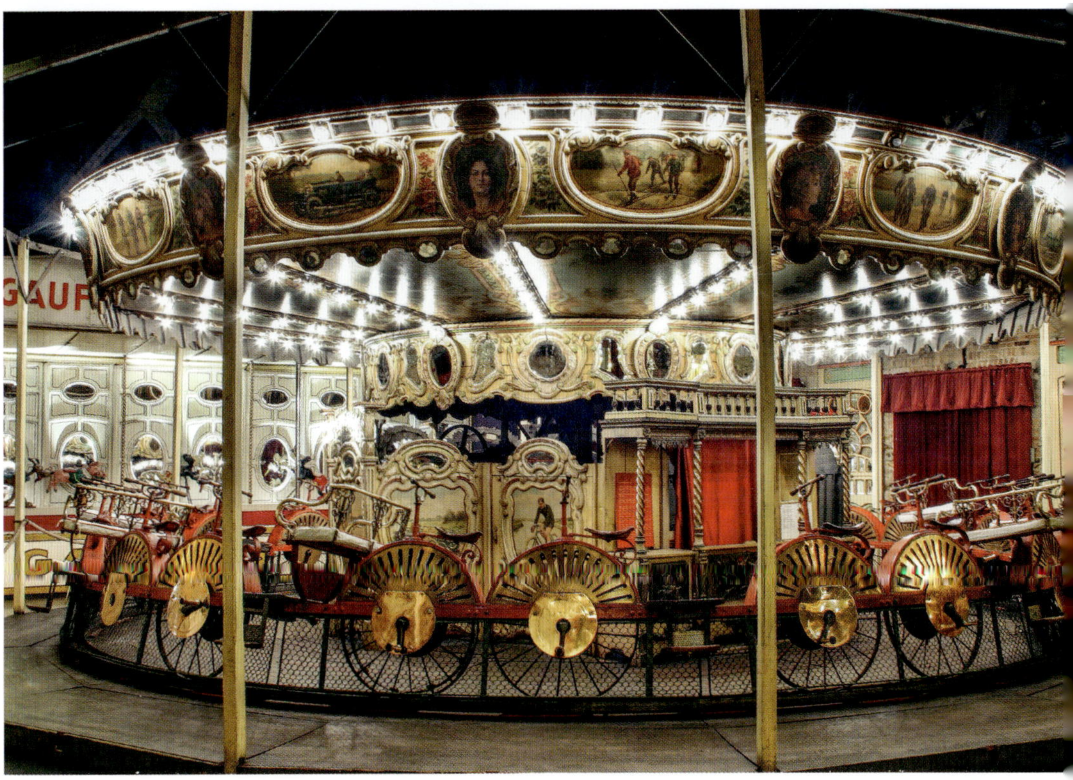
4

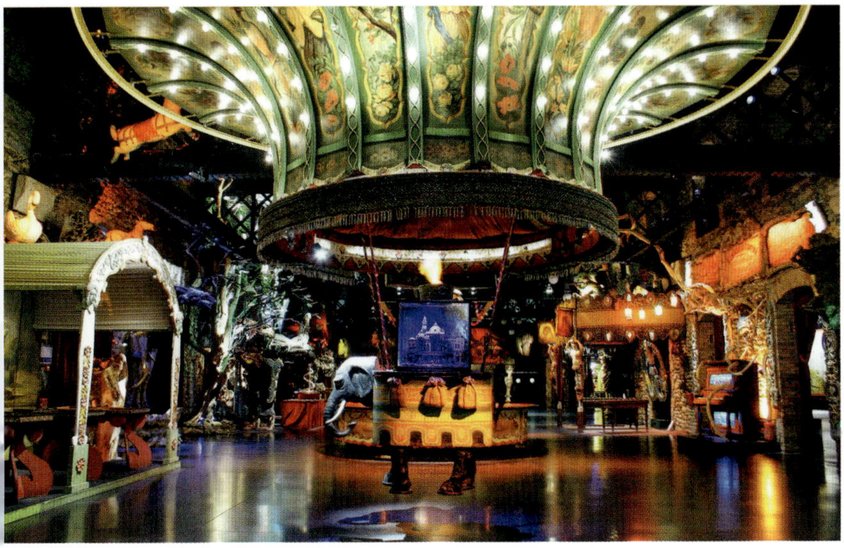
5

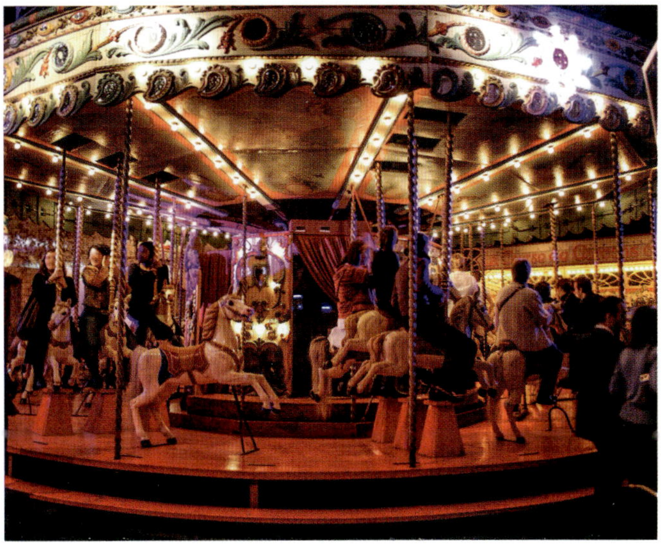
6

BERNARD PICTET VERRIER

VERRIER

Verre appliqué à l'architecture et à la décoration

Le verre, matériau de tous les exploits

DES RÈGLES STRICTES POUR UNE TOTALE LIBERTÉ

Au milieu des années 1970, Bernard Pictet s'ennuie sur les bancs de la faculté de droit, d'autant qu'il s'est découvert une véritable passion pour le verre, matériau, selon lui, de tous les paradoxes. Alors il abandonne les études et se forme auprès de J. G. Druet, artisan verrier dont il rachète l'atelier, avant de s'installer, en 1981, au cœur du 11e arrondissement de Paris. « Le verre, précise Bernard Pictet, est une matière très capricieuse qui obéit à des règles très strictes. Respectez ces règles et le verre sera le matériau le plus libre qui soit, car il peut prendre toutes formes, apparences ou fonctions. Sortez un tant soit peu de ces règles... et il casse ! » En effet, le verre n'est pas aussi fragile qu'on peut le croire. « Il est possible de fabriquer une passerelle entière en verre de quatre mètres de portée. Sa résistance a été testée à 20 tonnes. » Les verres travaillés par Bernard Pictet sont éclatés au burin, dorés à la feuille, gravés, argentés, colorés, dépolis à l'acide, métallisés, sérigraphiés...

LE VERRE CINÉTIQUE, UNE INVENTION

Au début des années 2000, ce féru d'art, touche-à-tout, oriente son atelier sur la création, s'inspirant des arts décoratifs et surtout de l'art contemporain : de Klimt à Soulages, en passant par Dunand, Vasarely, Picasso et bien d'autres. « On s'inspire, mais on ne copie jamais », tient-il à préciser. Dès lors, l'atelier – qui emploie aujourd'hui neuf personnes – prend une autre envergure. Bernard Pictet remet au goût du jour les techniques anciennes en les perfectionnant et en les améliorant sur le plan esthétique. Il mixe matières et techniques, explore les interactions entre le verre et l'image, le verre devenant un support télévisuel. Il crée de surprenants effets d'optique avec le verre cinétique, technique pour laquelle son atelier a déposé un brevet.

80 % DU CHIFFRE D'AFFAIRES À L'EXPORT

Il a ainsi pu séduire les grands décorateurs et designers de la planète, par ses réalisations – du plateau de table à la façade d'immeuble –, qui ornent les belles demeures, les sièges sociaux des grandes entreprises, les palais ou les yachts et se vendent entre 700 et 15 000 € le mètre carré. L'atelier Bernard Pictet travaille pour Hermès, Chanel, Dior, le siège d'EDF, Total ou Louis Vuitton et exporte 80 % de ses réalisations à l'étranger (S.M. Hassan II, roi du Maroc – palais d'Agadir, de Fez, de Rabat et de Casablanca), en particulier aux États-Unis, en Europe, dans les pays du Golfe, en Russie et au Japon. **D. L.**

LES 5 DATES CLÉS

1995
Première collaboration avec un artiste (Jean-Charles Blais) pour le pôle universitaire Léonard-de-Vinci

1996
Chantier en verre structurel pour le hall du siège de Louis Vuitton

2008
L'entreprise reçoit le label EPV

2009
Dépôt du brevet sur les verres cinétiques

2013
Exposition de verres à effet optique au salon Révélations, au Grand Palais, à Paris

1. Vue intérieure d'une mezzanine lumineuse de la librairie Taschen à Los Angeles, créée par Philippe Starck. Sur le fond, dépoli à l'acide, ont été collés plusieurs éléments de verre de 12 mm chacun, découpés et gravés en forme de stalactite. **2.** Dans cette boutique Guerlain de Versailles – architecte Patricia Grosdemange –, l'œuvre de Nicolas d'Olce a été interprétée par Bernard Pictet : un verre extrablanc laqué noir avec gravure du motif rehaussée de feuilles d'or et d'un dégradé peint. **3.** Travail au burin sur verre. **4.** Recherche : gravure à la roue diamantée rehaussée de feuilles d'or et de feuilles de couleur verte. **5.** Verres décoratifs à effet optique. Décorateur Maxime d'Angeac **6.** Recherche : motif éclaté au burin rehaussé de feuilles d'or patinées.

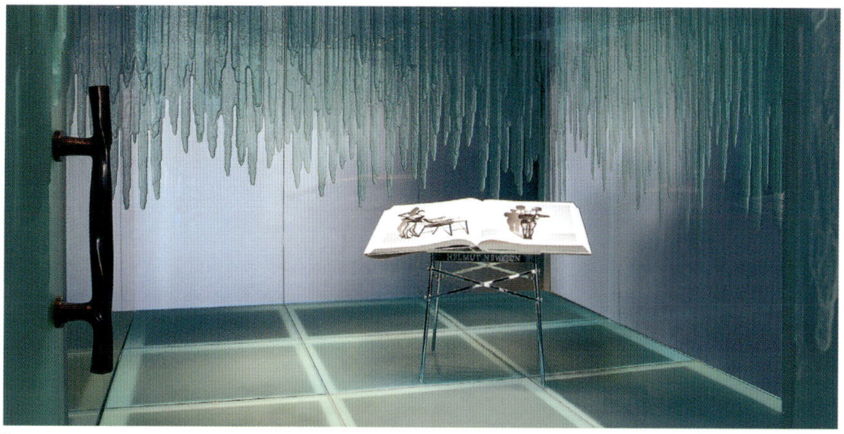
1

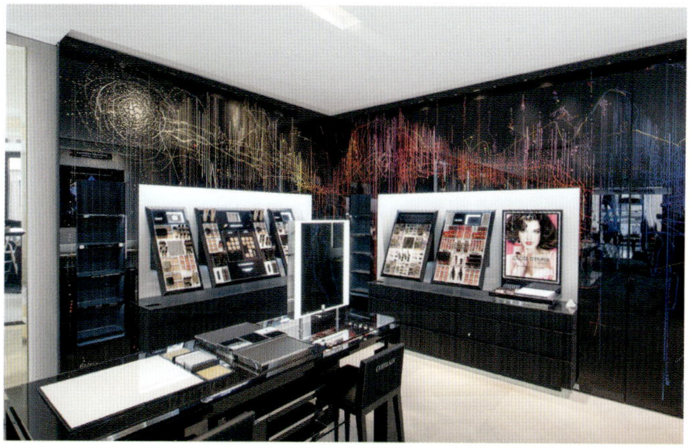
2

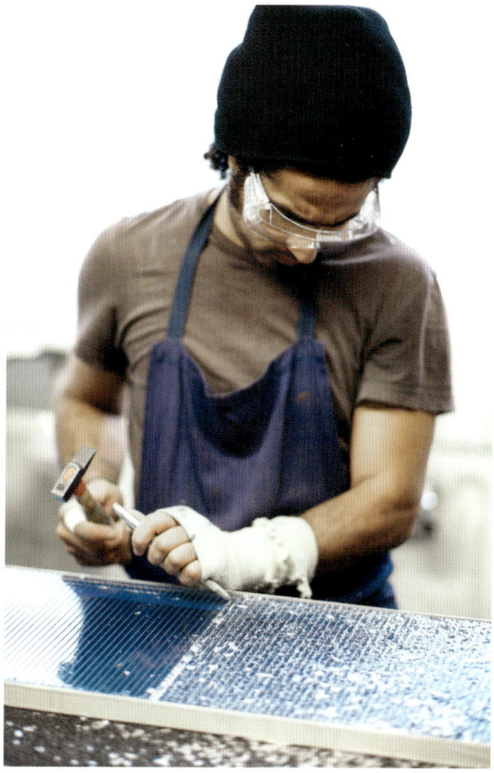
3

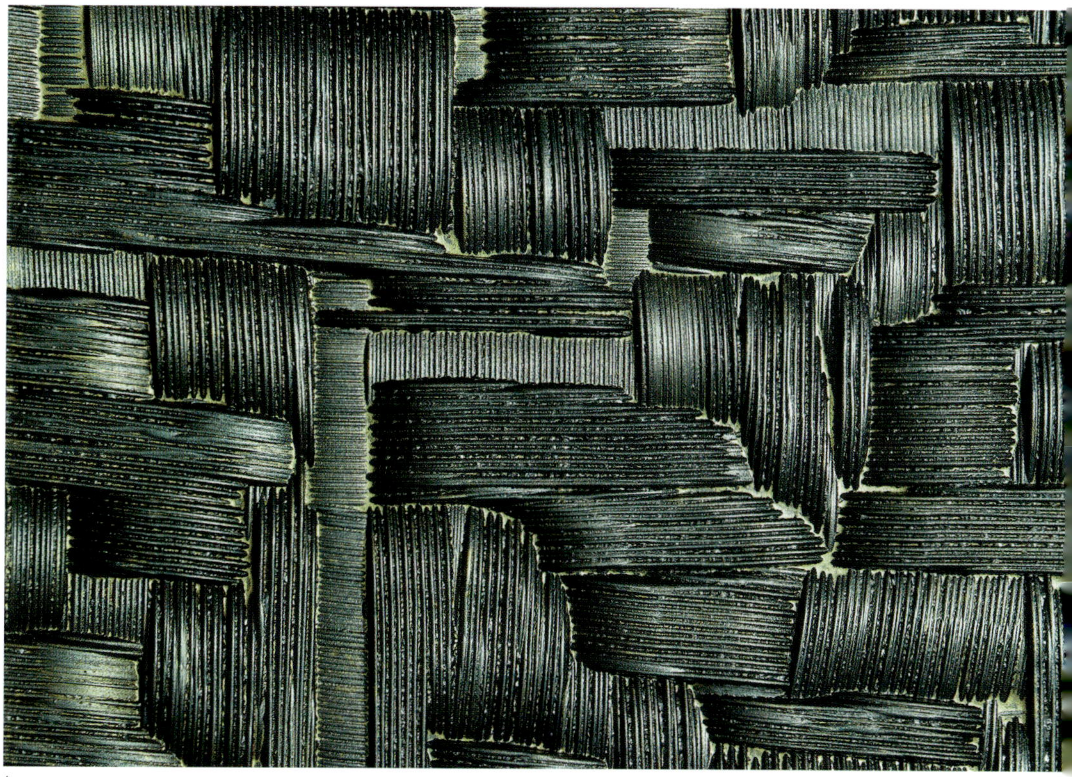
4

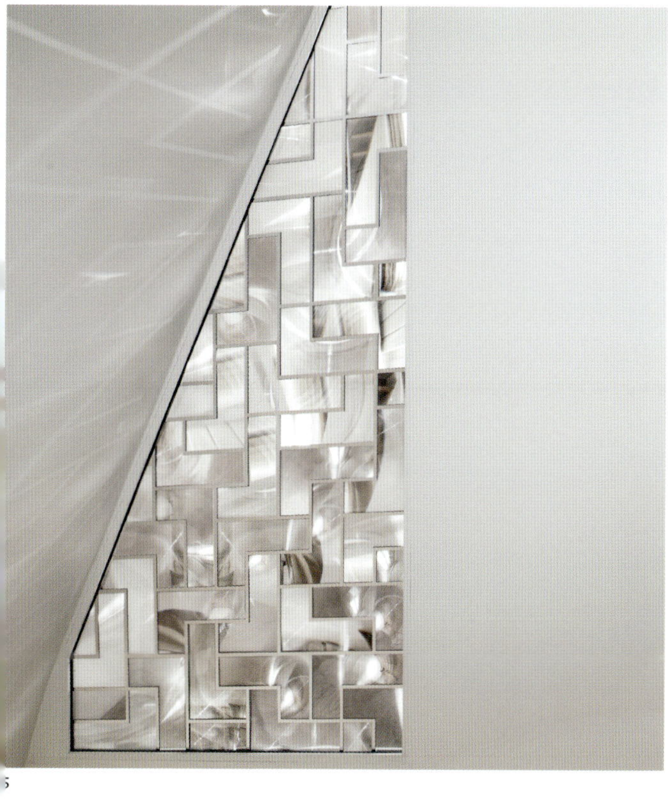
5

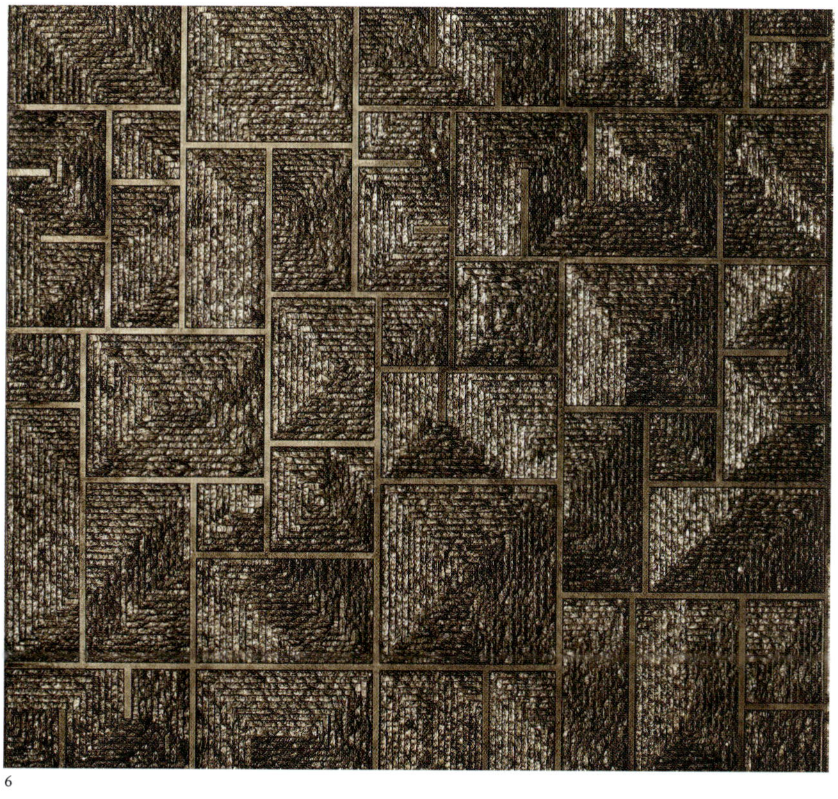
6

PUIFORCAT

ORFÈVRE

Orfèvrerie d'art

Des lignes épurées et architecturées

◆ DE LA COUTELLERIE À LA HAUTE ORFÈVRERIE

L'histoire de la Maison Puiforcat – dont les origines remontent à 1820 – est celle d'une dynastie de dix générations qui ont fait d'un atelier de coutellerie établi dans le Marais la prestigieuse marque d'orfèvrerie dont le poinçon est devenu mythique. L'impulsion sera donnée par Louis-Victor Puiforcat à la fin du XIXe siècle, qui réunit une sélection de pièces significatives des XVIIe, XVIIIe et XIXe siècles, dont il confie la réédition aux artisans. Cette collection, entrée dans la légende, est conservée au musée du Louvre. Son fils Jean, bien qu'imprégné de cet héritage, va rompre avec la tradition et accomplir une véritable révolution. Passionné de sculpture, il se tourne vers l'avant-garde et adhère au Mouvement des artistes modernes, dont il partage le goût cubiste et le sens de l'abstraction. En matière d'orfèvrerie, il invente un nouveau langage formel, caractérisé par des lignes architecturées, épurées, inspirées par l'Art déco, qu'il décline à partir de trois figures de base : la sphère, le cône et le cylindre. Il marie audacieusement l'argent massif à d'autres matériaux précieux comme les bois exotiques, les pierres dures, le galuchat. Disparu prématurément en 1945, il restera le fondateur de la haute orfèvrerie contemporaine et ses créations régulièrement rééditées continuent d'inspirer les collections de la maison.

◆ PRÉCISION DES DESSINS, ÉLÉGANCE DES LIGNES, NOBLESSE DE LA FACTURE

Le « style Puiforcat » est identifiable au-delà des époques par la précision des dessins, l'élégance des lignes et la noblesse de la facture. Actuellement, quinze artistes seulement se partagent cette excellence, maîtrisant un savoir-faire virtuose leur permettant de réaliser les trois répertoires stylistiques proposés par le catalogue : le style classique – inspiré par les grands orfèvres de l'histoire –, le style Art déco – d'après les dessins de Jean Puiforcat – et les modèles contemporains, imaginés avec le concours de designers actuels.

◆ UN HÉRITAGE D'AVENIR

Depuis deux siècles, l'orfèvrerie Puiforcat orne les tables et les décors des cours royales et impériales de l'ancienne Europe et des plus hautes institutions d'État dans le monde. En 2000, elle édite la timbale à champagne, puis en 2010 la timbale à cognac, adaptations aux usages contemporains de la célèbre timbale en or d'Anne d'Autriche, pièce majeure de la collection Louis-Victor Puiforcat, dont les ateliers ont réalisé la réplique en vermeil. Plusieurs lignes récemment créées, parmi lesquelles Zermatt, en acier massif, dessinée par Patrick Jouin, et Orfèvre-Sommelier, gamme de verres à vin développée avec le designer Michael Anastassiades, déploient l'expertise de la marque vers un « art de vivre orfèvre » qui séduit les esthètes et les collectionneurs jusqu'en Asie. **E. M.**

LES 5 DATES CLÉS

1820
Les frères Joseph-Marie et Émile Puiforcat s'associent au coutelier Jean-Baptiste Fuchs pour la fabrication de coutellerie industrielle

1840
Jean-Baptiste Puiforcat, fils d'Émile, prend la direction de l'atelier

1920
Jean Puiforcat est fait maître orfèvre

1993
Puiforcat rejoint la Maison Hermès

2006
L'entreprise reçoit le label EPV

1 et 8. L'avivage et le polissage, dernières étapes, donnent une finition « poli miroir » à l'aide de brosses, de tampons et de flanelles douces. **2 et 3.** La gravure reproduit en de fines hachures courbes ou pointillées un dessin, un chiffre, des armoiries. **4 et 7.** Le travail d'orfèvre consiste à effectuer l'habillage d'une pièce et à la terminer en ajoutant les appliques, moulures, gaines, becs, charnières et patins. **5.** Pièces de la collection Puiforcat Orfèvre-Sommelier, dédiée à la dégustation du vin, développée en complicité avec le sommelier Enrico Bernardo et dessinée par le designer Michael Anastassiades. **6.** Le montage des couteaux.

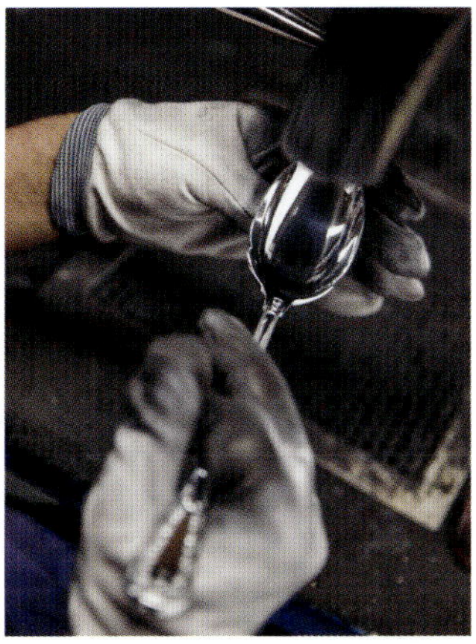

1

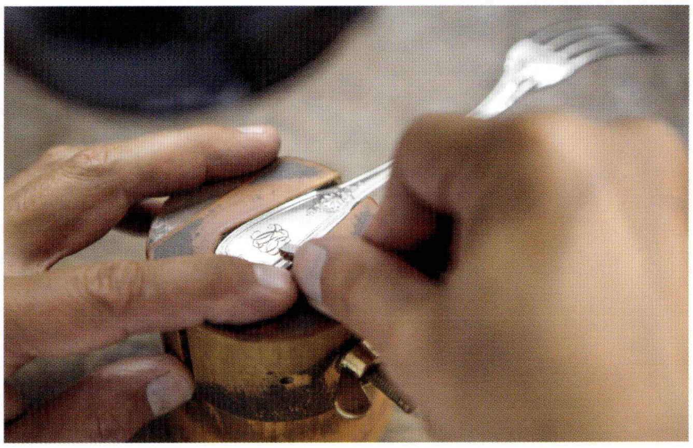

2

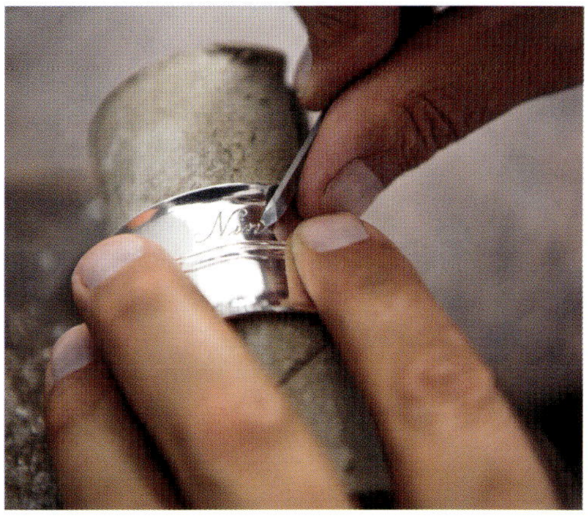

3

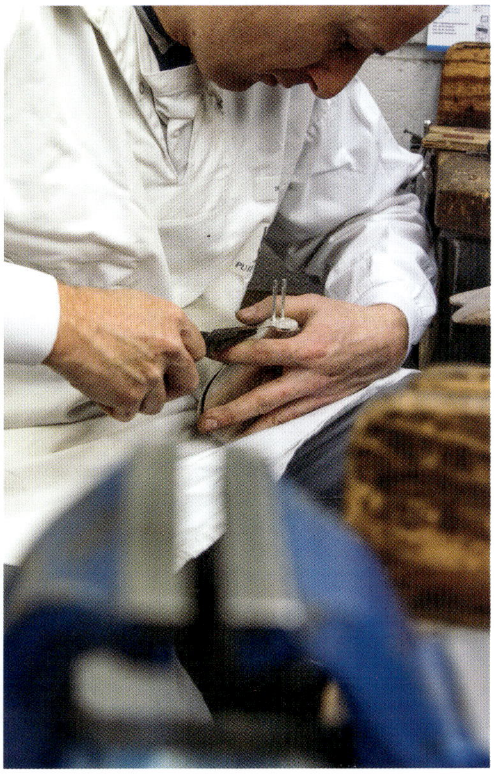

4

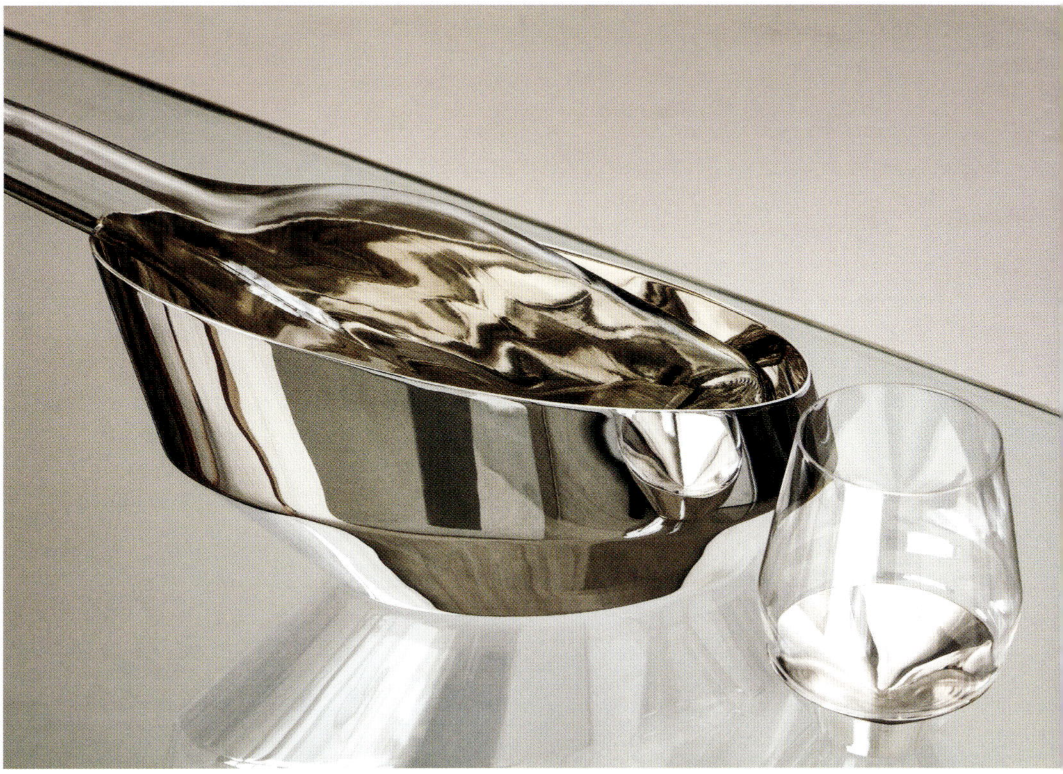

5

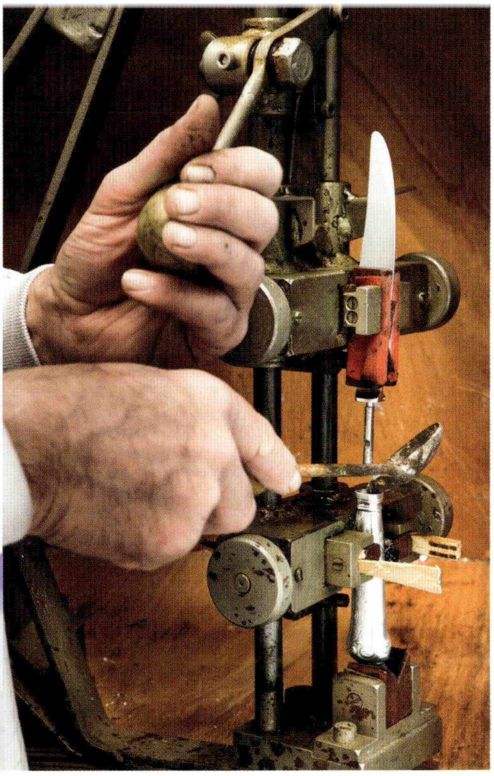

6

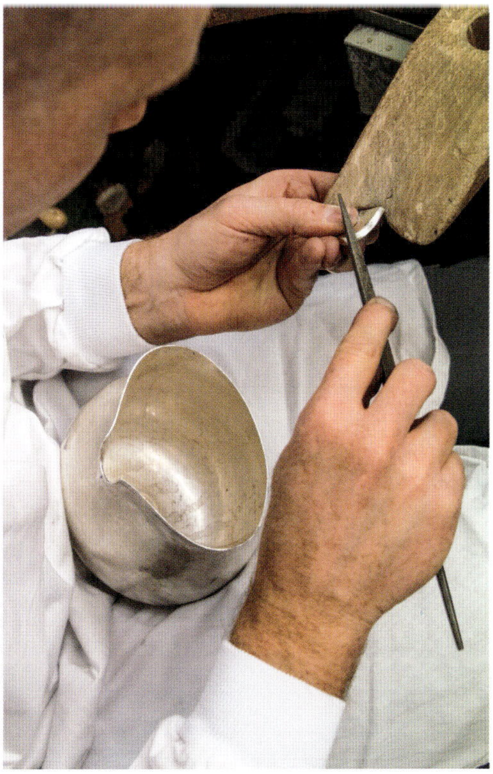

7

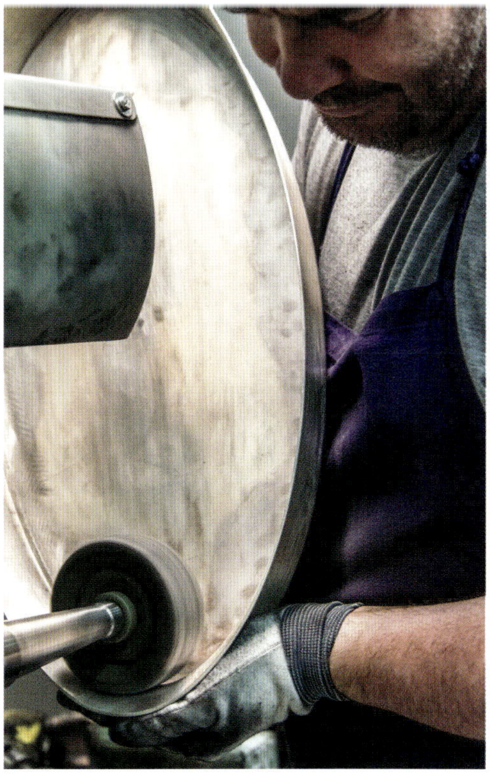

8

RICCOBONI

COUVREUR-ZINGUEUR

Entretien et restauration des toitures parisiennes

Les gardiens des toits de Paris

◆ L'IDENTITÉ DE LA VILLE LUMIÈRE

Le baron Haussmann aurait-il pu imaginer qu'un jour, alors qu'il façonnait le nouveau visage de la capitale, les toits de Paris seraient inscrits dans la liste du patrimoine mondial de l'Unesco ? Le dossier présenté en commission n'a malheureusement pas été retenu en 2016, mais il est indéniable que ces toits en zinc et en ardoise appartiennent bien au patrimoine et à l'identité de la Ville lumière. Si pour nous, béotiens, ces nuances de gris, de bleu et de noir semblent appartenir à un flot uniforme, chaque toit a sa particularité, comme le confirme Rémi Riccoboni. S'il a suivi son père sur les chantiers dès l'enfance, il a effectué le Tour de France des Compagnons du Devoir et une formation à l'École supérieure de couverture d'Angers. Il a ensuite ainsi participé à des chantiers patrimoniaux importants, dont la rénovation de la couverture de la cathédrale de Chartres. Après cela, il a intégré l'entreprise familiale de couverture créée par son arrière-grand-père en 1927, pour la reprendre en 2005.

◆ SOIGNER CHAQUE DÉTAIL

Avant de commencer un chantier, il est important de respecter l'architecture de chaque immeuble et donc celle de chaque toit, de s'imprégner de l'environnement et de la situation géographique pour les restaurer à l'identique selon les règles de l'art, telles que les architectes de l'époque les avaient pensées. Ce qui suppose de maîtriser les techniques traditionnelles – d'ailleurs typiquement parisiennes –, notamment dans le travail du zinc. Il faut aussi choisir les matériaux les mieux adaptés et les plus nobles : métal, cuivre, plomb, zinc, mais aussi pierre, terre cuite, ardoise et bois. Une diversité qui fait le charme du métier ! « La valeur ajoutée de l'entreprise est de soigner chaque détail : même si les détails semblent insignifiants, la somme de ces détails soignés détermine la qualité de l'ouvrage », souligne Rémi Riccoboni, dont l'entreprise est la seule spécialisée dans l'entretien et la restauration des toits de Paris à être labellisée Entreprise du patrimoine vivant.

◆ TRANSMETTRE LE SAVOIR-FAIRE

« Un bon couvreur doit visualiser la pièce avant de commencer. On a une feuille de zinc de deux mètres sur 65 centimètres à qui il faut donner vie et qu'il faut mettre en forme », explique Rémi Riccoboni, qui ajoute : « L'activité de couvreur n'a rien à voir avec n'importe quelle activité classique. Il faut avoir au moins dix ans de formation avant de pouvoir commencer quoi que ce soit en couverture. » L'entreprise emploie aujourd'hui 16 salariés, dont trois jeunes en stage ou en apprentissage. Le brassage générationnel est important, notamment dans la transmission des savoir-faire, estime celui qui est à l'origine du projet Paris-sur-les-toits : une plateforme dédiée à l'exploration des 70 km² de toits de la capitale. De quoi donner le vertige ! **D. L. et S. P.**

LES 5 DATES CLÉS

1927
Création de l'entreprise par Jules Riccoboni

1992
Rémi Riccoboni participe au Tour de France des Compagnons du Devoir

2005
Rémi Riccoboni reprend l'entreprise familiale

2014
Obtention du titre de maître artisan en couverture et ornementation

2015
L'entreprise reçoit le label EPV

1. Mise en œuvre d'un isolant mince au-dessous de la couverture en zinc. **2.** Vue générale d'une toiture d'un immeuble situé dans le 16e arrondissement de Paris. **3.** Découpe d'un talon en zinc naturel avec une cisaille. **4.** Un compagnon couvreur prenant les mesures d'une lucarne située en brisis. **5.** Réfection d'un triple brisis en ardoises, avec une vue sur la tour Eiffel. **6.** Le compagnon réalise un « pied » de noue en ardoises.

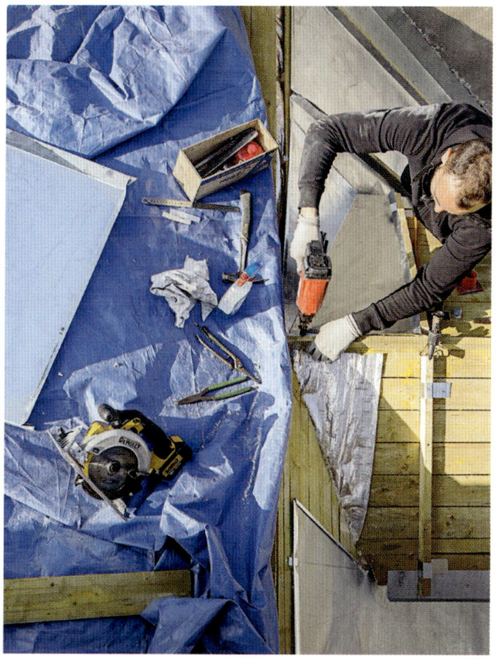
1

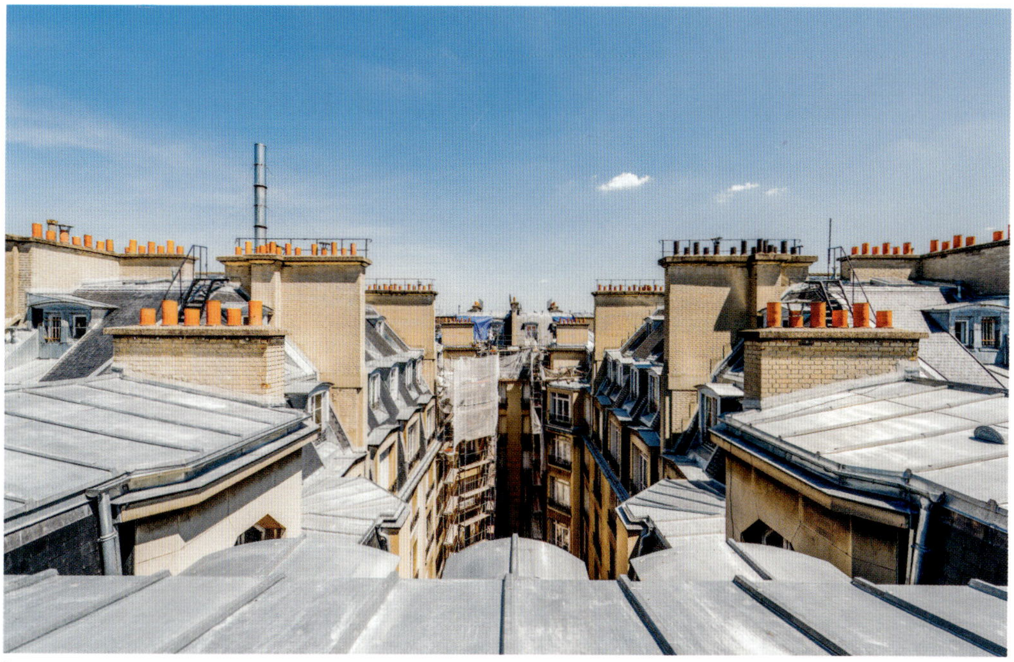
2

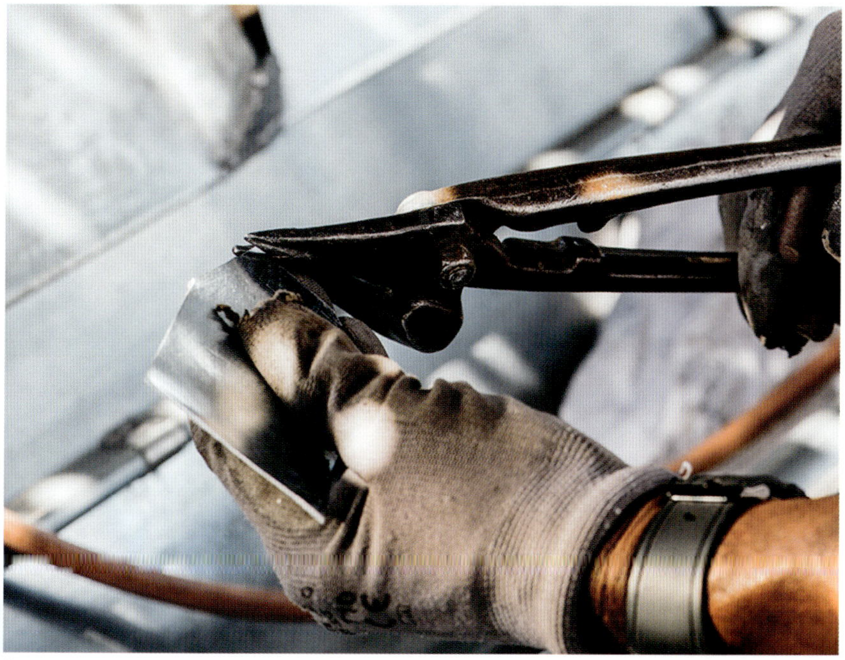
3

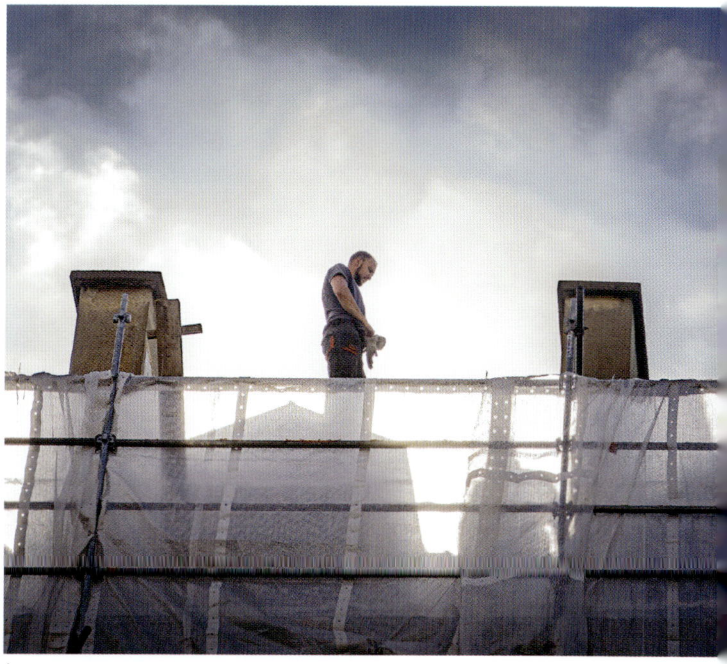
4

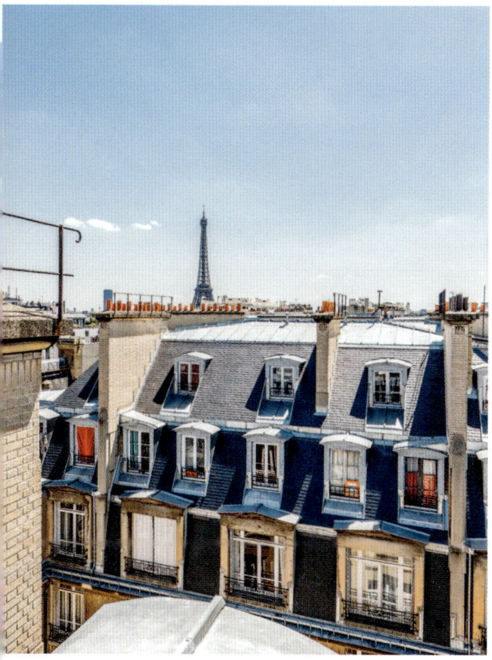
5

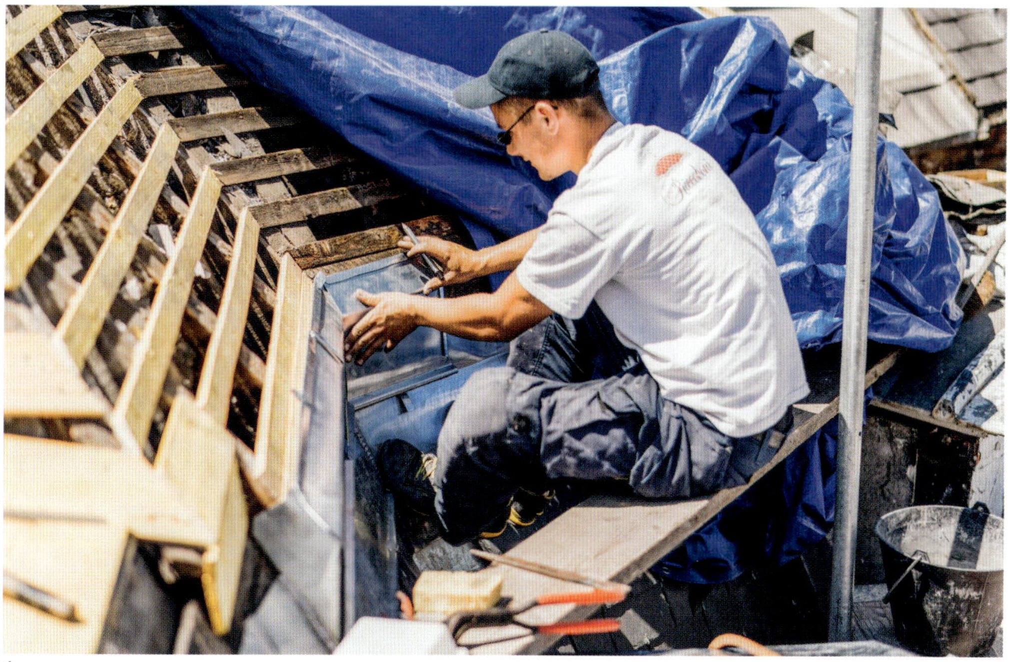
6

ATELIER ET ÉCOLE D'ART JEAN SABLÉ

PEINTRE EN DÉCOR

Réalisation et enseignement de peintures décoratives pour le patrimoine

La vérité triomphe en trompe-l'œil

INITIÉ TRÈS JEUNE À LA PEINTURE DÉCORATIVE

Avec un père peintre en décor, Jean Sablé s'initie dès le plus jeune âge à la peinture décorative. Titulaire d'un brevet de maîtrise en 1985, il complète sa formation à Bruxelles auprès du maître flamand Clément Van der Kelen. En 1986, ce Lorientais d'origine commence son activité d'artisan d'art, puis installe son atelier à Versailles, berceau des arts décoratifs. C'est là qu'il peint des trompe-l'œil architecturaux, des ornementations (faux bois, faux marbres, fausses pierres fines et semi-précieuses), des décors panoramiques, des chinoiseries, des ciels, des fresques, etc. tout en revisitant les codes esthétiques de la cité royale. Sa démarche créatrice n'est d'ailleurs pas dénuée d'humour.

MEILLEUR OUVRIER DE FRANCE

Aujourd'hui, son atelier, qui s'appuie sur une dizaine de peintres décorateurs, réalise sur commande, dans le monde entier, des œuvres originales de peintures en trompe-l'œil et décoratives pour le compte de richissimes clients. Médaille d'or du concours Un des Meilleurs Ouvriers de France en l'an 2000, il appartient au gotha mondial des 150 meilleurs peintres de décor. D'Alexandrie en 1998 à Saint-Pétersbourg en 2016, Jean Sablé a participé à plus d'une trentaine d'expositions internationales.

FONDATEUR DE L'ÉCOLE D'ART JEAN SABLÉ

Parallèlement à cette activité, il a enseigné son art pendant vingt ans auprès de professionnels de la peinture, de la décoration et de la restauration. Cette expérience pédagogique l'a amené à fonder, en 2003, l'École d'Art Jean Sablé dans le quartier historique Saint-Louis à Versailles, dédié aux artisans d'art et aux artistes créateurs de la ville. Depuis sa création, l'École a accueilli 1400 élèves, dont bon nombre venus de l'étranger, pour une formation aux techniques du décor peint architectural d'une durée de six mois. « Cette école est à la fois un conservatoire du métier de peintre en décor et un laboratoire de la modernité. Elle se distingue par un traitement pictural particulier, issu notamment des recherches, des techniques et des outils que j'ai mis au point tout au long de mes trente-huit années de vie professionnelle », explique Jean Sablé. Par ailleurs expert judiciaire dans le domaine des métiers d'art près la cour d'appel de Versailles, il est l'auteur d'un livre *Décors peints et trompe-l'œil*, publié aux éditions Eyrolles, lauréat du grand prix Art et Techniques décerné chaque année par la Société nationale des Meilleurs Ouvriers de France. **D. L.**

LES 5 DATES CLÉS

1986
Création de l'Atelier Jean Sablé

2000
Médaille d'or du concours Un des Meilleurs Ouvriers de France

2003
Création de l'École d'Art Jean Sablé

2010
Présidence et organisation du XVe Salon international des peintres en décor à Versailles

2015
L'Atelier et l'École d'Art Jean Sablé sont labellisés EPV

1. *Vanité* (détail de l'œuvre peinte sur toile). Création réalisée pour Révélations 2015, le salon des métiers d'art et de la création au Grand Palais. **2.** Le salon aux Chinoiseries dans un hôtel particulier. Restauration de décors peints pour le patrimoine. **3.** *Constellation* (peinture sur toile). Création pour Dior, Armani, Vuitton, Hermès, Prada, Céline, Bulgari, Gucci, Fendi. **4.** Ensemble de marbres et de moulures en trompe-l'œil pour le patrimoine : Rouge Royal, Veiné de Carrare, Vert Campan, Grand Antique (détail de l'œuvre murale). **5.** *Le Lac des cygnes* (détail de l'œuvre peinte sur toile). Création réalisée en 2016 en hommage à Piotr Illich Tchaïkovski pour le Salon international des peintres en décor de Saint-Pétersbourg.

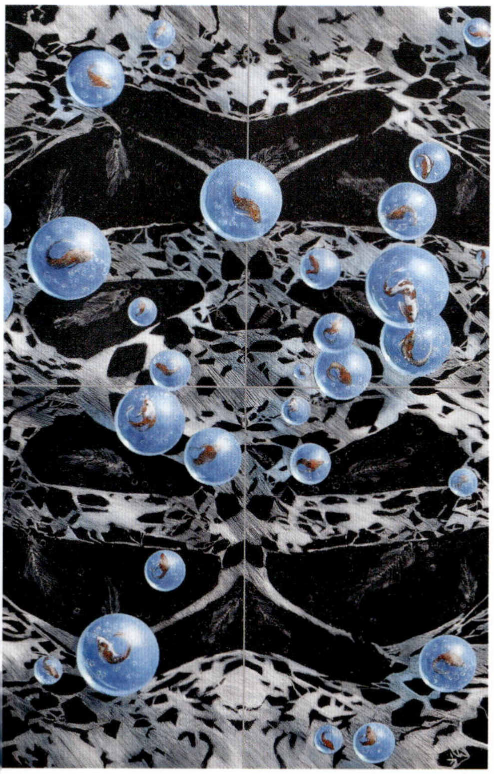

1

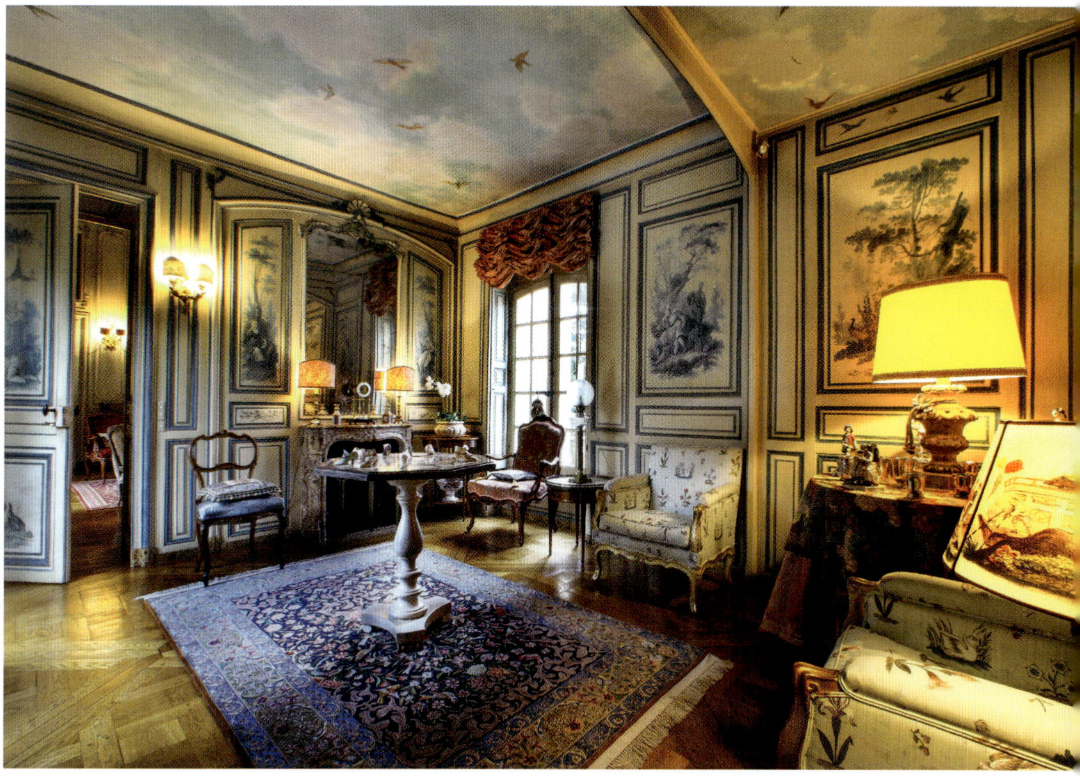

2

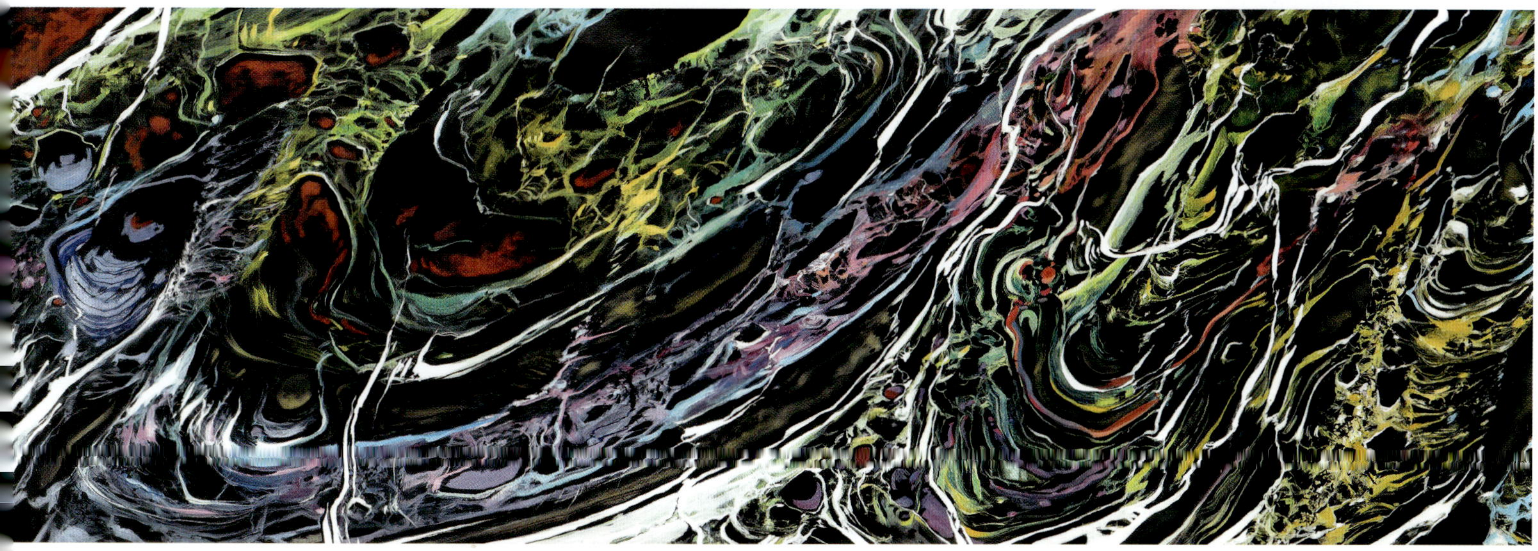

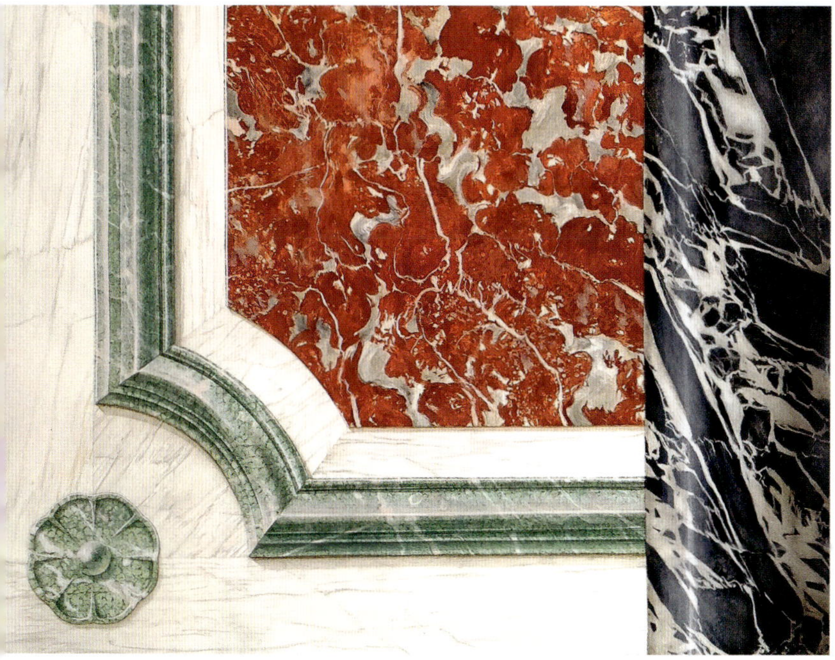

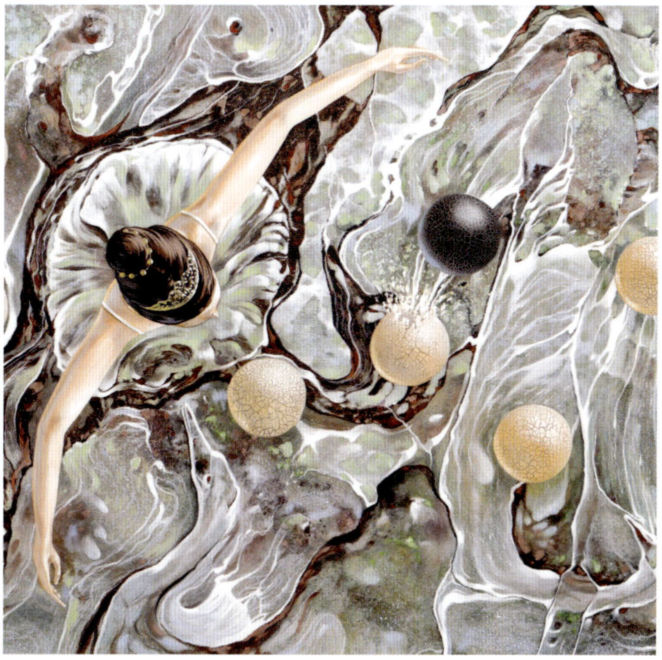

5

MÉTALLERIE SCHAFFNER

MÉTALLIER ET FERRONNIER

Ferronnerie, escaliers, menuiserie métallique, verrières, métallerie fine, structures métalliques

Une signature universelle : l'escalier en acier

❖ DU FER À CHEVAL AUX OUVRAGES D'EXCEPTION

En 1812, Jacob Schaffner est ouvrier forgeron et s'installe à Eschau, au sud de Strasbourg, car les agriculteurs ont besoin d'un maréchal-ferrant, activité qui perdure jusqu'à la Seconde Guerre mondiale. Après cela, la mécanisation réoriente l'activité vers la serrurerie de bâtiment : sortent de l'atelier portes d'entrée, portails, rampes, garde-corps et ouvrages en ferronnerie d'art. Mais c'est surtout dans les années 1970 que l'entreprise passe du stade artisanal à une production plus importante : Jean-Marc Schaffner reprend les rênes après une formation de sept années chez les Compagnons du Devoir. Nouveau cap franchi en 1995, lorsqu'il rachète un nouvel atelier à Duppigheim, passant de 800 à 3 000 m², et se spécialisant dans la conception et la fabrication d'escaliers, la menuiserie métallique, la construction métallique et la ferronnerie d'art. Aujourd'hui, 204 ans après l'initiative de Jacob et depuis sept générations, l'entreprise compte environ 45 collaborateurs (dont sept compagnons du Devoir et trois Meilleurs Ouvriers de France). Dirigée par les deux fils de Jean-Marc depuis 2008 – Vincent et Philippe –, elle est reconnue mondialement, tout particulièrement pour ses ouvrages d'exception à haute technicité, tels que des escaliers, des verrières et des rampes en ferronnerie ou en Inox. L'entreprise travaille dans toute la France et sur Paris – où se trouve la moitié de ses chantiers –, mais s'exporte de plus en plus, en Europe, aux États-Unis et au Moyen-Orient.

❖ UN LOGICIEL DÉVELOPPÉ EN INTERNE

Outre l'amour du travail bien fait, la société a été sans cesse animée par le sens de l'innovation, sur le plan technique avec l'acquisition de machines d'abord traditionnelles puis à commande numérique. Son bureau d'études a développé un logiciel qui permet la conception, le dessin et la modélisation d'un escalier en trois dimensions en deux heures à peine, alors qu'il en fallait huit auparavant. L'innovation se traduit également sur le plan de la communication ou de l'organisation du travail en faisant appel à des partenaires extérieurs et des consultants.

❖ DES RÉFÉRENCES : DE L'ÉLYSÉE AU RITZ

Schaffner a fabriqué pour la Bibliothèque universitaire de Strasbourg un escalier en métal, verre et bois sur quatre étages, pesant 23 tonnes ou, pour un appartement à Dubaï, une rampe d'escalier de 45 mètres de long, agrémentée de feuillages dorés à la feuille et dotée d'une main courante en laiton poli miroir. Il a fallu 6 000 heures de travail sur six mois pour mener à bien ce projet. Parmi les chantiers récents, citons le portail d'honneur de l'Élysée, les escaliers du réaménagement du premier étage de la tour Eiffel, les nouvelles verrières coulissantes de l'hôtel Ritz à Paris, les rampes du pavillon Marengo au Louvre... L'entreprise travaille aussi à l'aménagement de boutiques de luxe pour Vuitton, Dior ou Tiffany & Co de par le monde. **D. L. et S. P.**

LES 5 DATES CLÉS

1812
Fondation de l'entreprise

1970
Reprise de l'entreprise par Jean-Marc Schaffner

1995
L'entreprise déménage à Duppigheim dans un atelier de 3 000 m²

2012
Renouvellement du label EPV

2015
Lauréat du Trophée de la construction : Grand Prix du jury dans la catégorie chantier.

1. Repoussage d'une feuille. **2.** Rampe en ferronnerie et structure mur vidéo. Boutique Dior de Cannes. **3.** Escalier monumental de la BNU de Strasbourg. **4.** Soudure d'un escalier. **5.** Finition d'une main courante en Inox. **6.** Extension d'une maison en ossature métallique et mur-rideau.

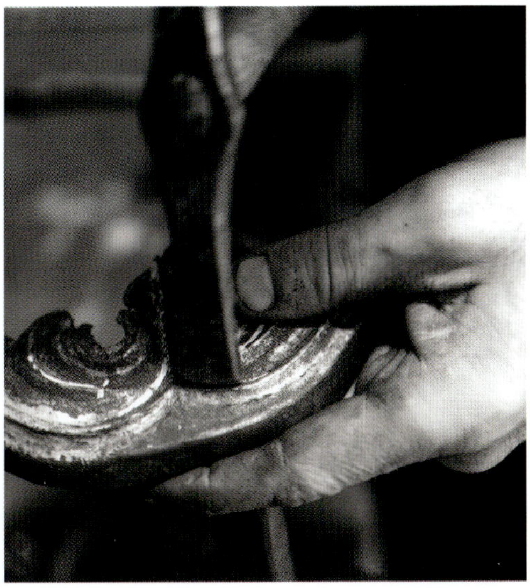
1

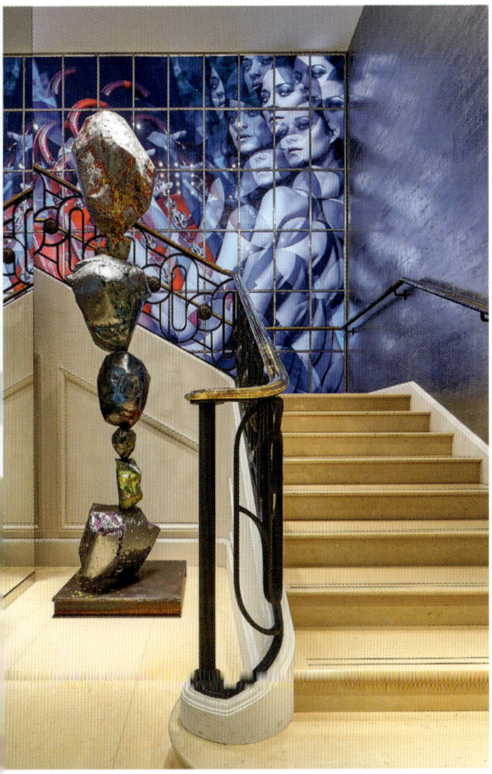
2

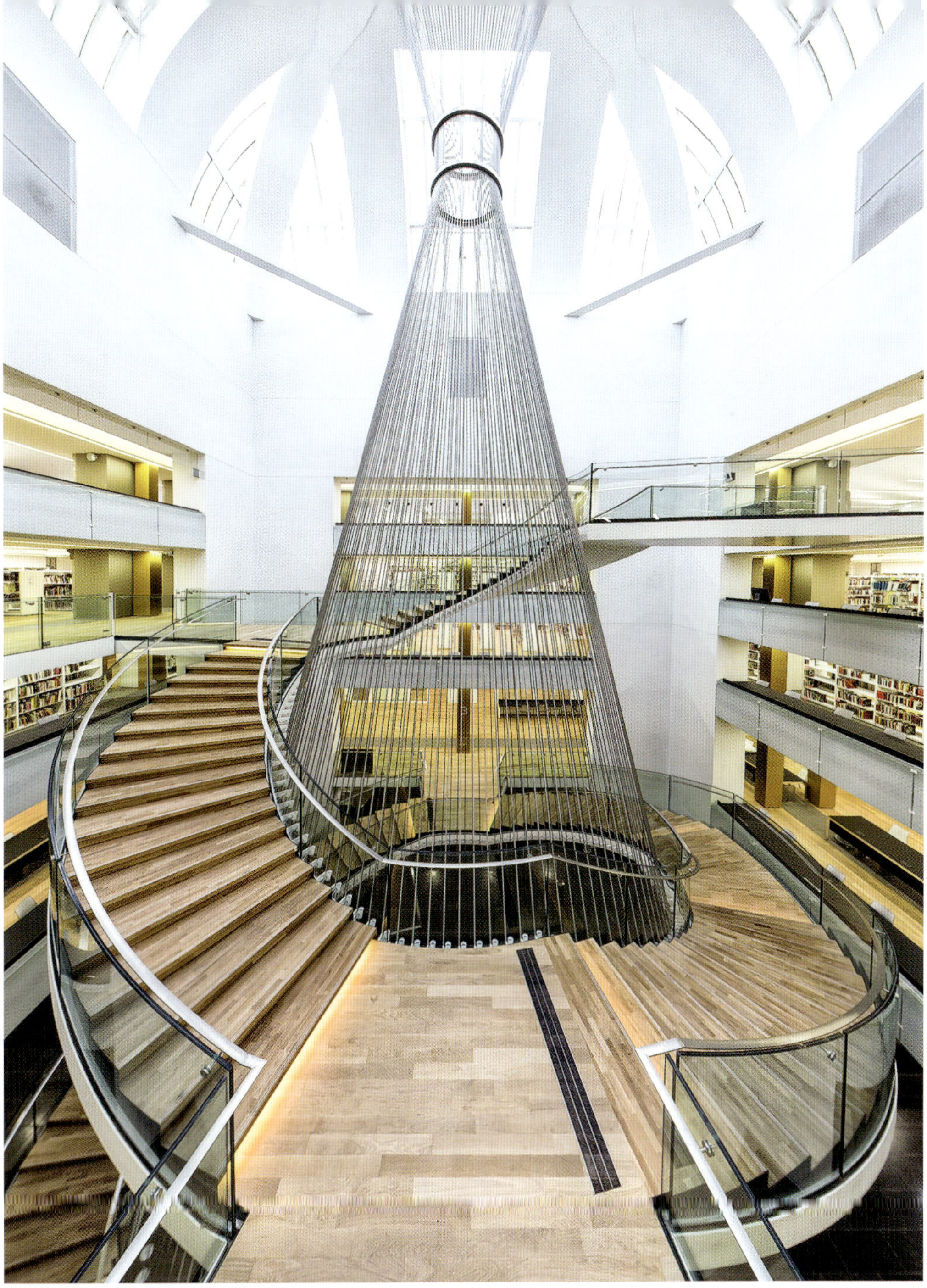
3

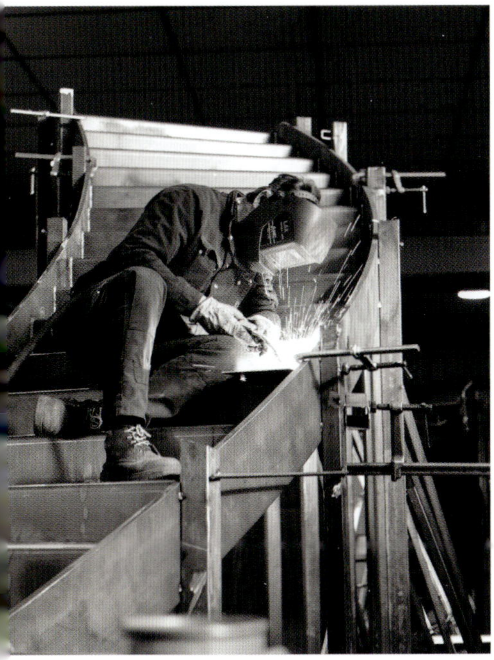

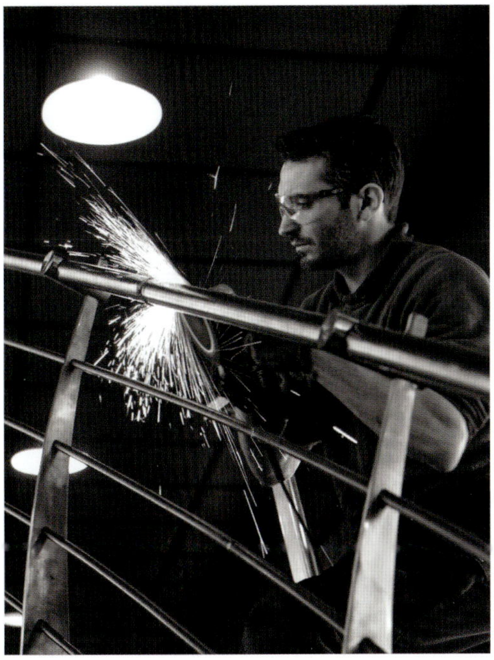
5

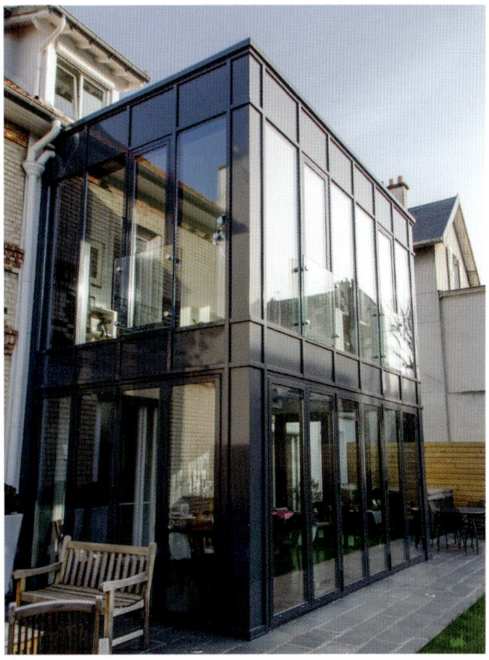
6

VITTORIO SERIO

ÉBÉNISTE

Création et fabrication de meubles contemporains

Pas d'ébénisterie sans grand créateur

UN DES DERNIERS DINOSAURES DU FAUBOURG SAINT-ANTOINE

Vittorio Serio se définit lui-même comme l'un des derniers dinosaures du quartier du faubourg Saint-Antoine à Paris, où son père était déjà ébéniste. Après un CAP d'ébéniste obtenu en 1979 et complété par les cours du soir à l'école Boulle, il s'installe en 1983 à son compte et ouvre son atelier 33, rue de Montreuil. Là il réalise ses premières séries de meubles de style. Mais très vite, la reproduction lui laisse un sentiment d'insatisfaction. Et dès l'année suivante, il se tourne vers la création de pièces uniques, mêlant styles classique, actuel et contemporain. « J'apporte à cet élément classique une vision contemporaine avec un positionnement dans le monde de l'art », précise Vittorio Serio.

RETROUVER L'ÉPANOUISSEMENT DE L'ÉBÉNISTE DU XVIIIe SIÈCLE

Dès lors, sa vision du métier change. Attaché au savoir-faire et aux façons de travailler des anciens ébénistes, il a le souci d'apporter à l'ébénisterie classique un souffle nouveau en intégrant dans ses créations des influences diverses, des techniques nouvelles et des matériaux très différents. « Je suis à la recherche de l'épanouissement de l'ébénisterie telle qu'on la pratiquait au XVIIIe siècle lorsqu'il y avait des créateurs. » Il travaille non plus seulement le bois, mais aussi le métal, le verre, le marbre, les cornes de zébu, les éléments de récupération, le plastique... « Cela peut être une plume de paon, du bois d'ébène ou une plaque d'isolateur de circuits intégrés, précise-t-il. Il n'y a pas de limite. » Ensuite, certaines créations s'imposent par une forme, une matière qui le surprend. En trente ans, Vittorio Serio a créé plus de 180 pièces uniques, qu'il vend essentiellement à des clients américains, allemands ou suisses.

SOUCIEUX DE TRANSMETTRE SON SAVOIR-FAIRE

Engagé pour le développement de l'artisanat d'art et la reconnaissance d'un statut d'artisan créateur, Vittorio Serio fonde en 2001 l'association L'EAC : l'Exposition des Artisans Artistes Créateurs, organise la Biennale de la création des arts décoratifs, devient président des Artisans de Paris et, en 2010, administrateur puis vice-président des Ateliers d'art de France. Tout en se battant pour obtenir un statut unique « métiers d'art », il est soucieux de transmettre son savoir-faire et sa vision de l'ébénisterie contemporaine. Il a formé 33 apprentis, dont 17 sont aujourd'hui à leur compte : « Je donne ainsi la possibilité à d'autres de poursuivre ce qui est bon pour notre métier et montre que l'on peut vivre de son activité en laissant une trace de soi. » **D. L. et S. P.**

LES 5 DATES CLÉS

1983
Ouverture de l'atelier Serio

2001
Il fonde l'association L'EAC : l'Exposition des Artisans Artistes Créateurs

2006
Vittorio Serio est maître artisan en métier d'art. La même année, l'entreprise reçoit le label EPV

2010
Vittorio Serio est le premier vice-président des Ateliers d'art de France

2013
Vittorio Serio est nommé chevalier de l'ordre national du Mérite

1. Piètement en laiton massif de la paire de meubles appelée « Fenêtre sur cour », en hommage à Alfred Hitchcock. Le meuble est en corne de zébu, métal et chêne arraché. **2.** La table « Mica » doit son nom à la pierre mica, un minéral friable comme le gypse et difficile à travailler. Elle a nécessité six mois de travail. **3.** Julien, le chef d'atelier, en train de réaliser la table, en tilleul massif, appelée « Éléphanteau », du fait de sa forme animale. **4 et 5.** Vittorio Serio et Julien en train de réaliser la table « Médina », qui a demandé neuf mois de travail. Le dessous représente une ville orientale. Pièce unique comme toutes les réalisations de Vittorio Serio, cette table sert de support pour présenter des bronzes orientalistes. **6.** « Totem », une création avec deux blocs de cristal de roche formant l'ouverture secrète des meubles.

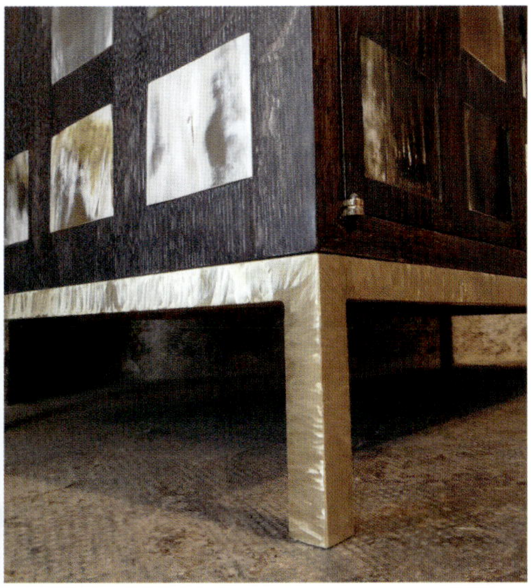

1

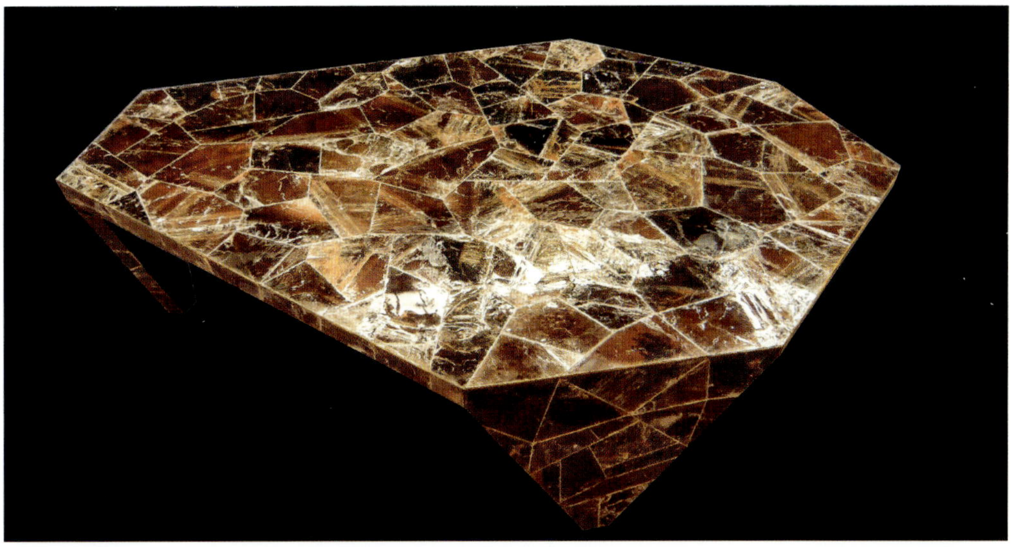

2

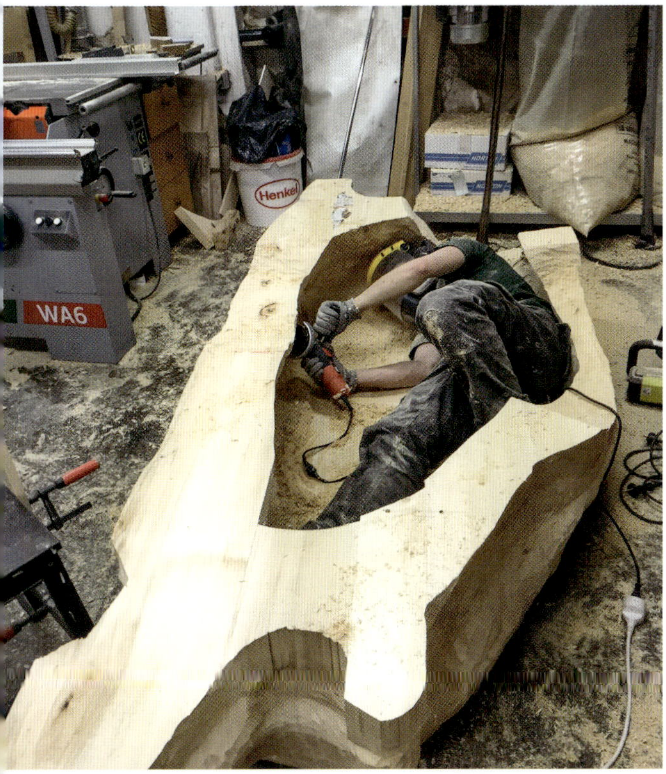

3

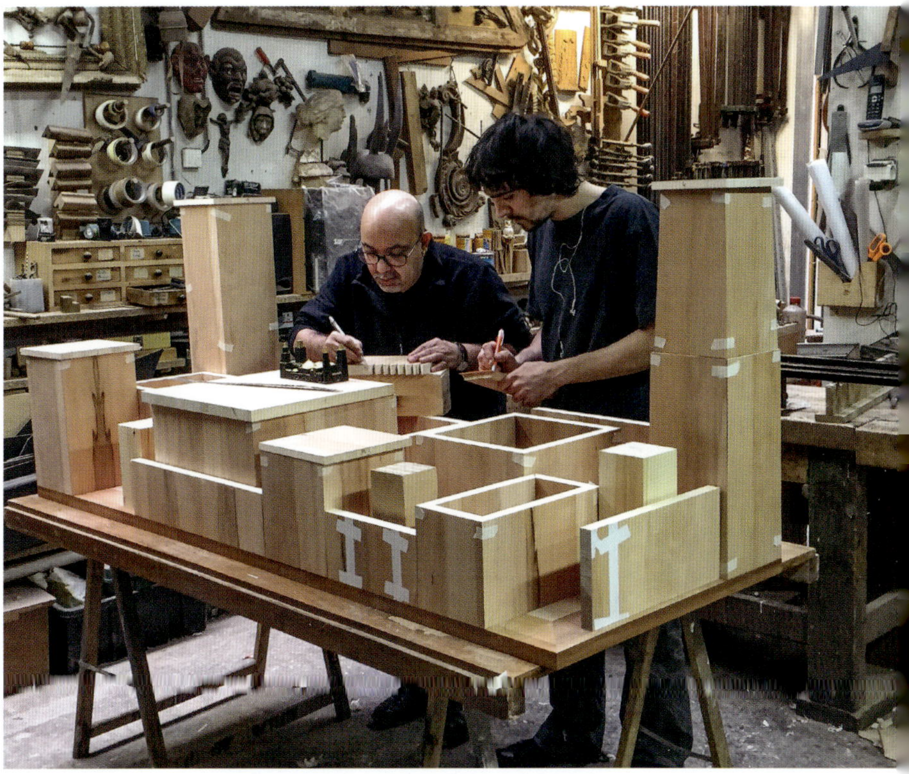

4

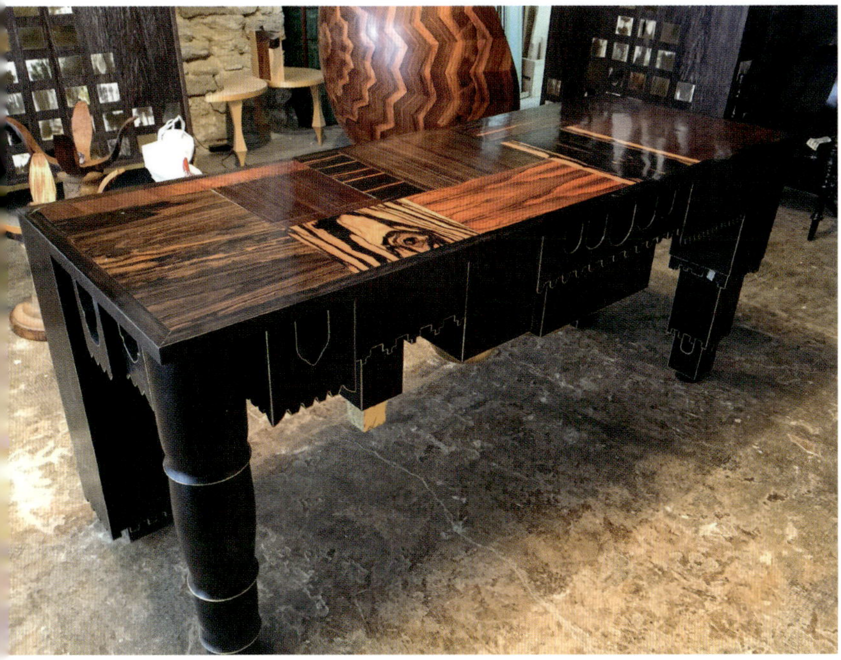

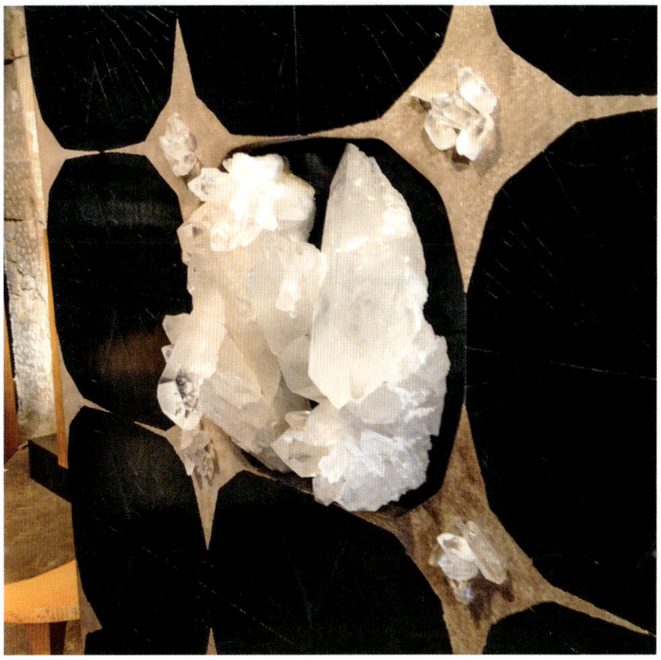

6

SERRES ET FERRONNERIES D'ANTAN

MÉTALLIER

Serres, vérandas, menuiserie fer, restauration et création

La serre dans la tradition du XIXe siècle

❖ DE LA MAÇONNERIE À LA FERRONNERIE

Au milieu des années 1960, Roger Hager – alors maçon – se passionne pour les serres. À partir de là, son entreprise se spécialise dans la restauration, puis la fabrication de serres et de jardins d'hiver d'époque ou de style XIXe siècle avec de l'acier et du verre, deux matériaux qui ont connu leur démocratisation avec la Révolution industrielle. Elle effectue de nombreuses restaurations – dont l'avant-corps des grandes serres du Jardin des Plantes ou les serres de la faculté de pharmacie de Paris – et en crée d'autres comme celles des jardins de l'Élysée ou du square des Batignolles. En 1992, l'entreprise quitte la région parisienne pour s'installer à Savigny-sur-Braye, dans le Loir-et-Cher. Vingt ans plus tard, Christophe Bossuat – ingénieur Arts et Métiers ayant travaillé pendant plus de quinze ans dans le conseil en entreprise – reprend le flambeau.

❖ UN TRAVAIL À L'ANCIENNE

« Nous essayons, à notre échelle, de maintenir la tradition des belles serres à la fois décoratives et fonctionnelles et travaillons avec les mêmes matériaux qu'à la fin du XIXe siècle, à l'ancienne, avec des profilés laminés à chaud, fer en T et cornières », explique Christophe Bossuat.

Pour le jardin des plantes de la Ville de Nantes, l'entreprise – qui emploie une vingtaine de compagnons – a relevé un défi : restaurer, en intégrant les normes actuelles, une serre ancienne de près de 100 m² démontée et livrée… en vrac dans leurs ateliers ! Grâce à cette réalisation – la serre de l'île aux Palmiers –, l'entreprise a été lauréate des Trophées de la construction.

Les serres – en particulier celles de grandes dimensions – constituent aujourd'hui la majeure partie de l'activité et le cœur de l'entreprise, qui produit également des vérandas, « serres habitables » plus complexes à concevoir et réaliser. « Nos clients esthètes souhaitent conserver la légèreté, la transparence, la finesse des constructions anciennes tout en utilisant les verres les plus récents, pour un confort et une isolation modernes. »

❖ 50 % DU CHIFFRE D'AFFAIRES À L'EXPORT

L'entreprise s'est développée à l'export, avec des réalisations en Europe (Irlande, Angleterre, Belgique, Allemagne, Suisse, Italie, Espagne…), mais aussi au Maroc, en Afrique du Sud et même, cette année, aux États-Unis. Le chiffre d'affaires à l'étranger – qui atteint 20 % en 2015 – pourrait dépasser les 50 % l'an prochain. « Un motif de fierté pour nos salariés ! », reconnaît Christophe Bossuat. **D. L.**

LES 5 DATES CLÉS

1963
Création de l'entreprise

1992
Installation de l'entreprise à Savigny-sur-Braye

2008
Obtention du label EPV

2012
Christophe Bossuat reprend Serres et Ferronneries d'Antan

2014
Lauréat des Trophées de la construction, dans la catégorie métiers d'art

1 et 2. Chaque serre fait l'objet d'un montage à blanc dans nos ateliers. Cette étape clé nous permet de valider les dimensions et de prendre les cotes des verres. **3.** La serre de l'île aux Palmiers, dans le jardin des plantes de la Ville de Nantes. Cette superbe restauration, réalisée en 2013, a permis à Serres et Ferronneries d'Antan de remporter le Trophée de la construction 2014, dans la catégorie métiers d'art. **4.** L'intérieur fleuri d'une petite serre « Versigny ». **5.** Serres et Ferronneries d'Antan s'attache à intégrer au mieux ses créations dans l'environnement existant, « comme si elles avaient toujours été là ».

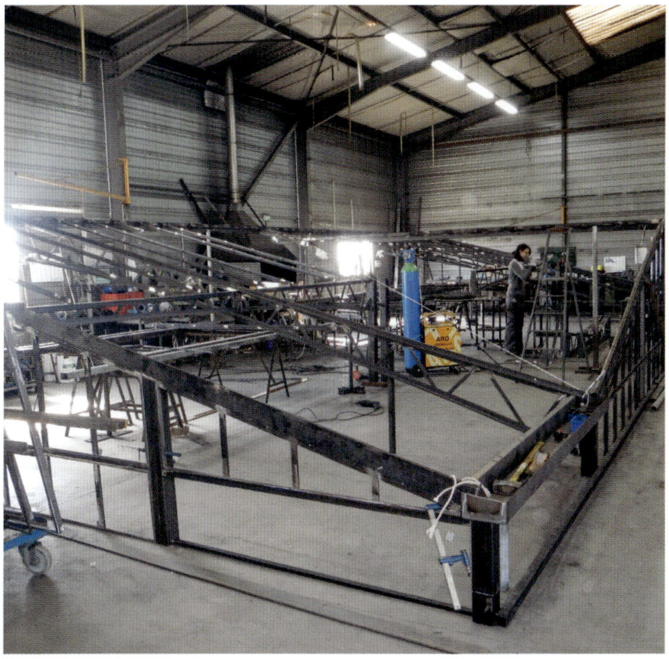
1

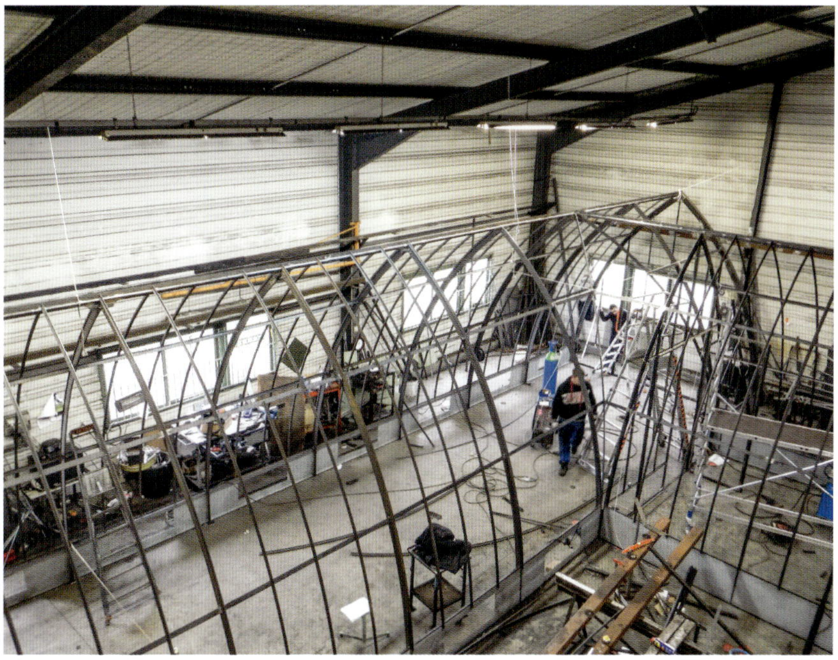
2

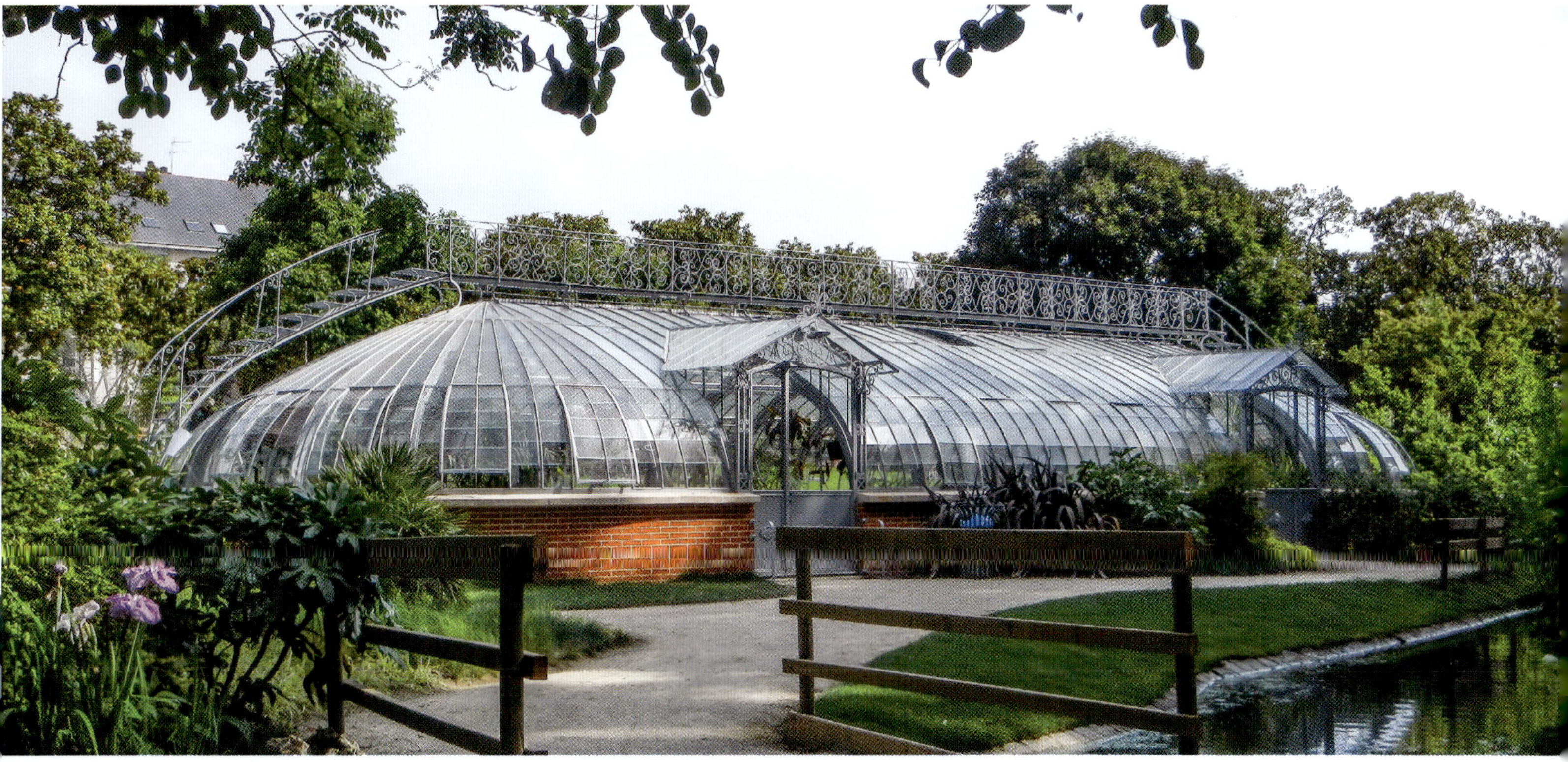
3

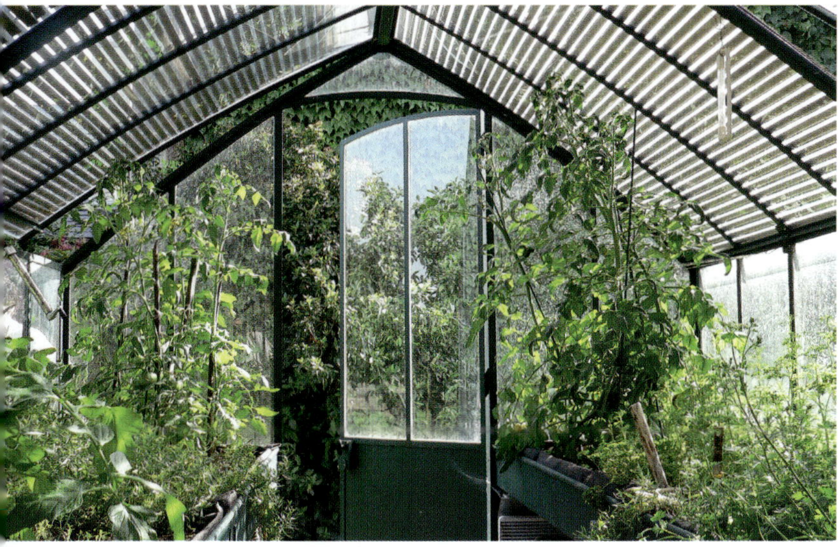

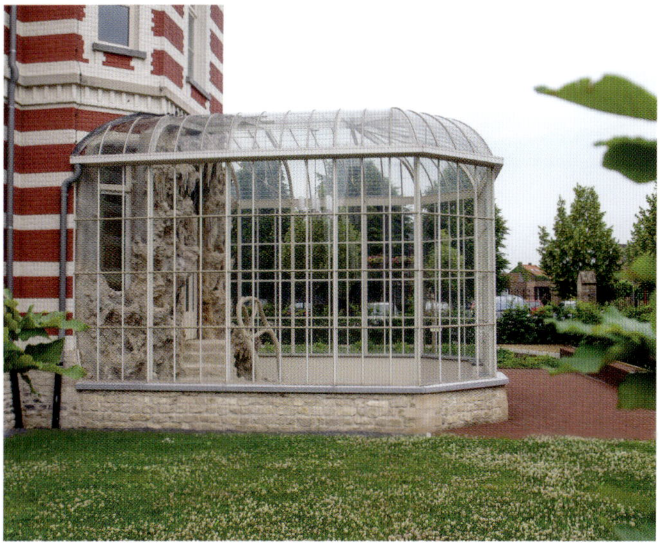
5

SOLYFONTE

FONDEUR

Fonderie métaux précieux et bronzerie d'art

Réinventer la fonderie du XXIe siècle

❖ PLONGER DANS LES RACINES DE L'ANTIQUITÉ

Avant de franchir les portes de l'atelier, on imagine y croiser un descendant d'Héphaïstos manipulant le métal en fusion, tant le lien avec l'Antiquité est évident. On retrouve cette technique du bronze à la cire perdue dans les chefs-d'œuvre de la statuaire grecque – les guerriers de Riace en sont une des rares illustrations parvenues jusqu'à nous – tout comme en Mésopotamie ou dans l'Égypte des pharaons. Mais Solyfonte nous fait basculer dans le XXIe siècle avec des équipements de pointe pour réaliser des prototypes, des sculptures, des bijoux, des pièces d'orfèvrerie (cendriers, briquets, stylos…) ou, pour l'industrie, des objets de décoration (lampes, poignées de porte, arts de la table…), des médailles et des trophées (le dernier en date: le Valois du Festival du film francophone d'Angoulême). Le champ d'application est très vaste et, comme le rappelle Frédéric Saint-Romain, le directeur de Solyfonte, «la particularité de la fonderie est de proposer un service de conception. Un client peut venir avec un objet à fondre ou à mouler, mais aussi avec un dessin ou une photographie d'un objet à recréer». La révolution de la 3D!

❖ LA FONTE À LA CIRE, MODE D'EMPLOI

Pour fondre une pièce en métal (bronze, aluminium ou laiton), la première étape consiste à réaliser un moule en élastomère de l'objet original pour retenir les moindres détails. Grâce à lui, un premier double de l'objet sera réalisé avec des machines de cire sous vide programmables ou à l'aide de caissons de coulée verticale sous vide pour les pièces creuses (celles qui sont très volumineuses, pour éviter une fonte pleine, qui serait trop lourde). Les cires seront ensuite plongées dans un coffrage de plâtre réfractaire qui, après avoir été porté à haute température, gardera leurs empreintes en négatif. Les opérateurs y couleront ensuite le métal en fusion à l'aide de machines à induction haute fréquence permettant une rapidité de fusion et de contrôle de la température du métal. Après avoir dégagé les pièces coulées de leurs gangues de plâtre, puis supprimé les évents et tiges du réseau de l'arbre à cire, la pièce reçoit la touche finale: ciselure, patine à chaud, plaquage (argent, or, palladium… pour les bijoux). Mais les pièces peuvent rester brutes selon la commande.

❖ LA LIBERTÉ DE CRÉATION GRÂCE À LA 3D

«Il y a douze ans, Solyfonte a été la première fonderie à intégrer un département de développement 3D, proposant des services de conception par ordinateur (CAO) et de prototypage haute résolution.» Un atout de taille pour créer et restaurer: «Nous travaillons avec des musées, des demeures historiques, des particuliers qui veulent retrouver le pendant d'une sculpture, par exemple, la réplique en miroir disparue.» Ce savoir-faire de haute précision est très recherché par des clients comme S.T. Dupont depuis 2009. «Nous travaillons en sous-traitance pour les plus grandes lustreries de France, mais aussi les orfèvres et les marques pour la fabrication de collections de mode ou de maroquinerie.» Solyfonte n'est définitivement pas qu'une fonderie. **S. P.**

LES 5 DATES CLÉS

1990
Création de l'entreprise à Lyon. Exclusivement fonderie d'or et d'argent pour la bijouterie-joaillerie

2005
Reprise de l'entreprise par la holding financière Félix (qui détient Tournaire et Vernet Dray)

2009
Mise en place de la fonderie d'art par Christophe Saint-Romain

2012
L'entreprise reçoit le label EPV

2013
Déménagement de la fonderie d'art à Savigneux, dans la Loire, pour s'installer dans de nouveaux locaux de 700 m^2 (en septembre 2017, elle intégrera des locaux de 1500 m^2 à Montbrison)

1. Lignereux, illustre créateur d'objets d'art aux XVIIIe et XIXe siècles, renaît en 2015 avec Breathing Earth: une sphère en grès cérame embrassée par trois serpents de bronze doré. Elle est dessinée par Gonzague Mézin et la céramique en est signée par Thiébaut Chagué. Le travail du métal, véritable prouesse technique, est réalisé par une dizaine d'artisans d'art sous la direction de Cabiria, atelier de bronziers d'art. En particulier, la coulée des éléments de métal est réalisée par l'atelier de fonderie Solyfonte, qui a utilisé à la fois un alliage ancien provenant d'un traité d'artisans du XVIIIe siècle et une nouvelle technologie de fonte par injection. **2.** Polissage manuel à l'atelier. **3.** Conception du projet par la modélisation en 3D. **4.** Atelier de fonderie. **5.** Solyfonte est intervenue, pour la conception du lustre, par la modélisation totale en 3D, à partir de croquis, d'esquisses et de dessins de Mathieu; par les impressions en 3D de nombreuses parties et le moulage de chaque élément; par la fonte à cire perdue en bronze de chacun des éléments, et la livraison de la fonderie brute aux ateliers Mathieu Lustrerie. **6.** Coulée de métal en fusion.

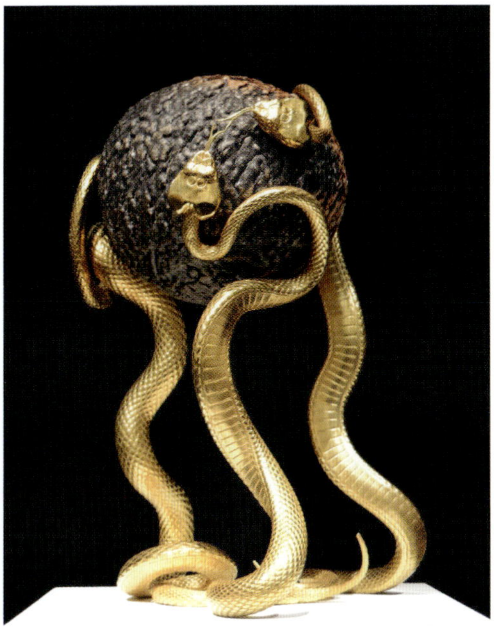

1

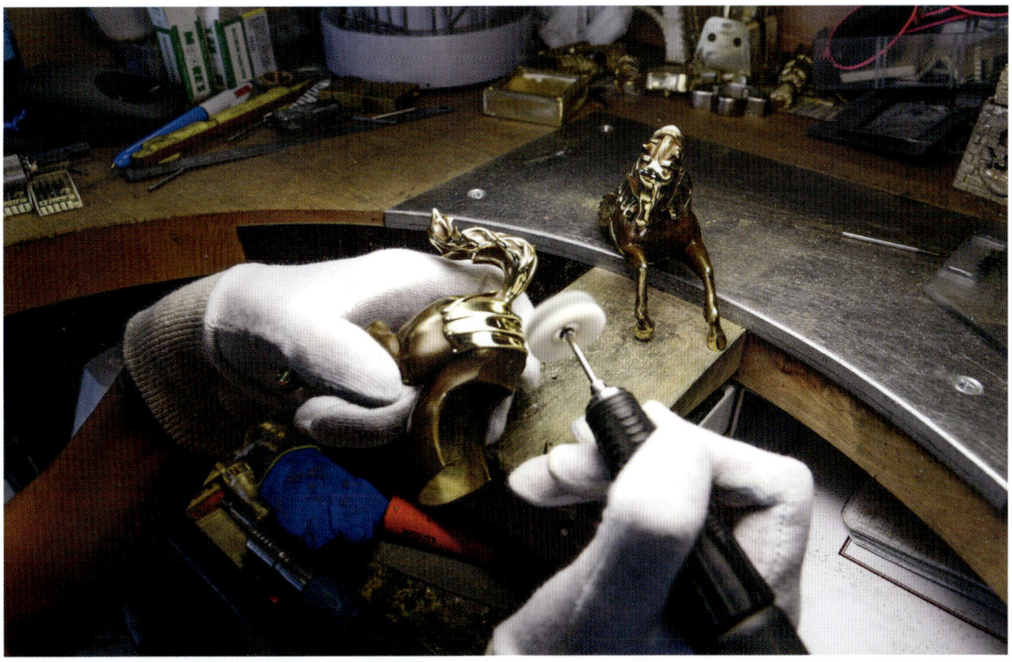

2

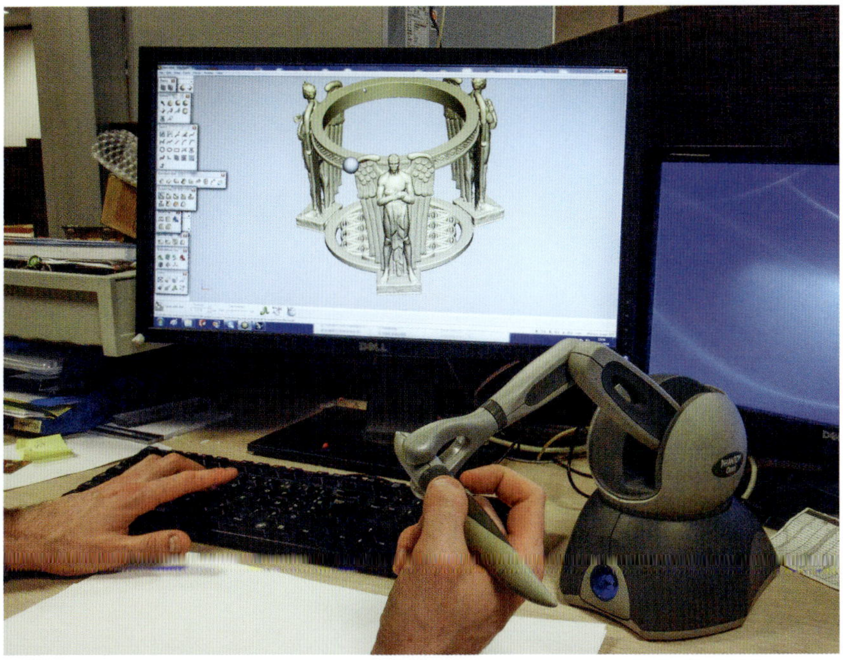

3

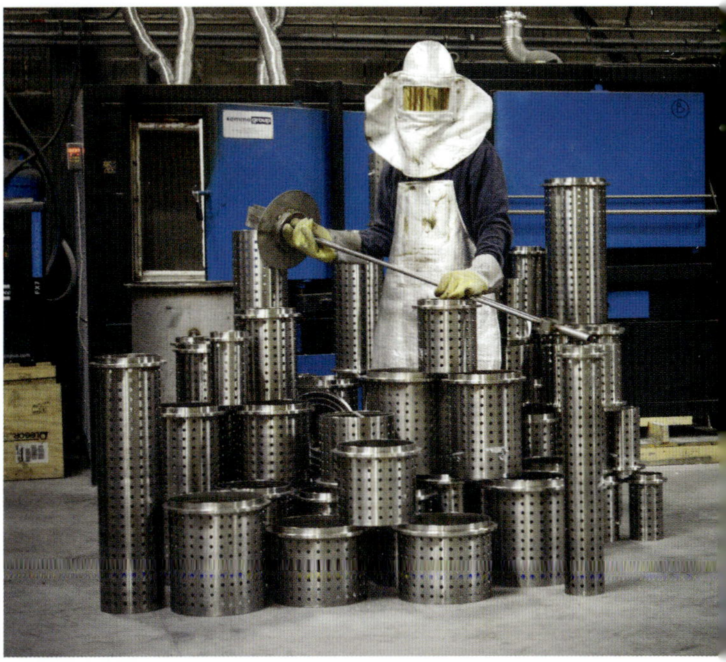

4

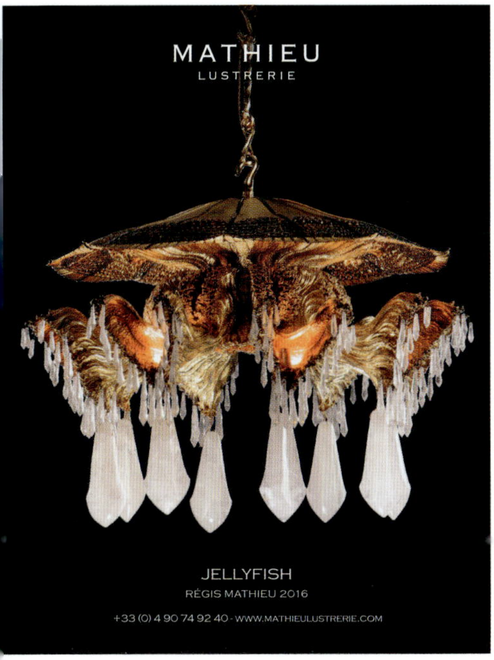
MATHIEU
LUSTRERIE
JELLYFISH
RÉGIS MATHIEU 2016
+33 (0) 4 90 74 92 40 - WWW.MATHIEULUSTRERIE.COM

5

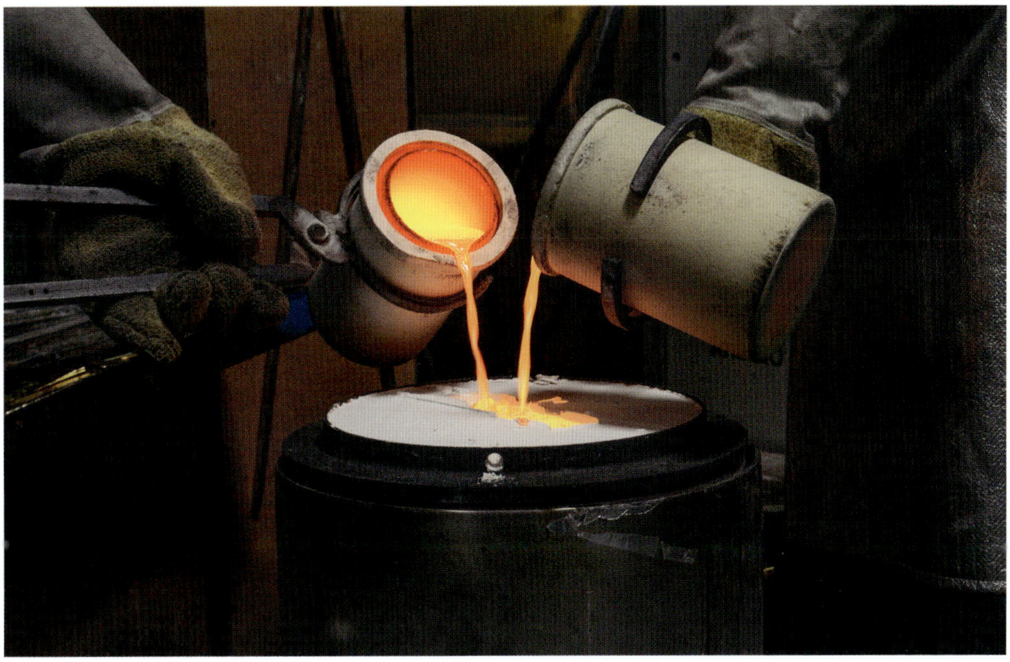

6

TASSINARI & CHATEL

SOYEUX

Tissage de tissus d'ameublement

Tisseur de soie, d'or et d'argent

◆ UNE HISTOIRE LIÉE À CELLE DE LA FRANCE

C'est en 1680 que Louis Pernon, «tisseur de drap d'or et d'argent», fonde la manufacture à Lyon. Quatre générations étendront la renommée de la Maison tout au long du siècle des Lumières jusqu'aux confins de l'Europe. Les plus grands artistes décorateurs de l'époque – parmi lesquels Philippe de La Salle (1723-1804) – signent ces prestigieuses créations destinées aux cours et aux châteaux. Les clients ont pour nom Casanova, Marie Leczinska, la reine Marie-Antoinette… À la fin du XVIIIe siècle, Camille Pernon porte son rayonnement jusqu'à la cour des tsars et, au siècle suivant, Napoléon Ier fait appel à lui pour rénover les palais et les premières réalisations dans le style Empire naissant. Le triomphe de la culture française fait affluer les commandes de toute part jusqu'au Moyen-Orient et en Inde. Les familles Tassinari & Chatel reprennent l'affaire en 1870, perpétuant un savoir-faire qui permet d'intensifier l'activité de restauration. Au tournant du XXe siècle, parallèlement au déclin du mobilier royal, la clientèle de la bourgeoisie d'affaires apparaît, tandis que l'Art nouveau et l'Art déco insufflent un courant de modernité dans les créations. La haute couture prend le relais des architectes et décorateurs, des artistes contemporains signent de somptueuses soieries: Follot, Karbowski, Giraldon… En 1997, la Société Lelièvre reprend la manufacture, dont l'histoire est liée à celle de la France depuis le règne du Roi-Soleil.

◆ DES CANUTS D'EXCELLENCE

Dès la création de la manufacture, les canuts, qui ont fait de Lyon la capitale des «soyeux», contribuent à sa réputation. En 1806, dans ses ateliers, Jacquard mécanise le métier à tisser, révolution permettant les réalisations les plus somptueuses: lampas brochés, brocarts aux fils d'or ou d'argent, velours ciselés… Actuellement, seules deux canuses formées dans la Maison – dont une a qualité de Meilleur Ouvrier de France – savent exécuter ces précieuses soieries.

◆ PÉRENNISER UN PATRIMOINE D'EXCEPTION

Riche de quelque 100 000 pièces réalisées dans ses ateliers et détentrice de la technique qui permet de les reproduire, la manufacture s'est engagée dans l'époque moderne en pérennisant ce patrimoine exceptionnel. Pour le faire vivre, elle détient un stock de près de sept cents références, rassemblées sous le nom de collection «Patrimoine», soieries dont les dessins sont issus de son fonds d'archives et recouvrent tous les styles, de la Renaissance à nos jours. Elle peut reproduire en «commande spéciale» et à l'identique les soieries anciennes, tout aussi bien que créer des pièces contemporaines uniques. **E. M.**

LES 5 DATES CLÉS

1680
Création de la manufacture par Louis Pernon

1807
Passation aux frères Grand

1870
L'entreprise est cédée aux familles Tassinari & Chatel

1997
Lelièvre reprend la manufacture et son exceptionnel fonds d'archives

2006
L'entreprise est labellisée EPV

1. Mouchets de fils de soie rangés par couleurs dans des tiroirs et utilisés pour déterminer les nuances composant l'étoffe. **2 et 6.** Le fonds d'archives Tassinari & Chatel rassemble 110 000 documents tissés depuis le début du XIXe siècle. Ils sont de nos jours une source d'inspiration pour les nouvelles collections ou pour répondre aux demandes des clients. **3 et 4.** Dans l'atelier. **5.** Lampas Tolède réalisé à partir d'une archive de la manufacture, dans l'esprit mauresque en vogue sous le Second Empire. Il porte la référence 1693 de la collection «Patrimoine» distribuée par Lelièvre, en stock et accessible au grand public. Le lampas est réalisé sur métier mécanique avec des fils de soie ou d'autres matières, alliant plusieurs couleurs et des tissages différents appelés «armures», pour sublimer le dessin. **7.** Navette en buis, outil de tissage sur métier à bras utilisé pour passer les fils en trame afin de réaliser le dessin.

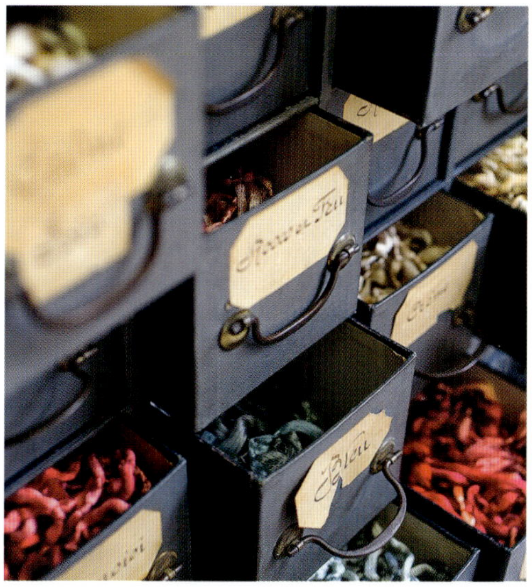

1

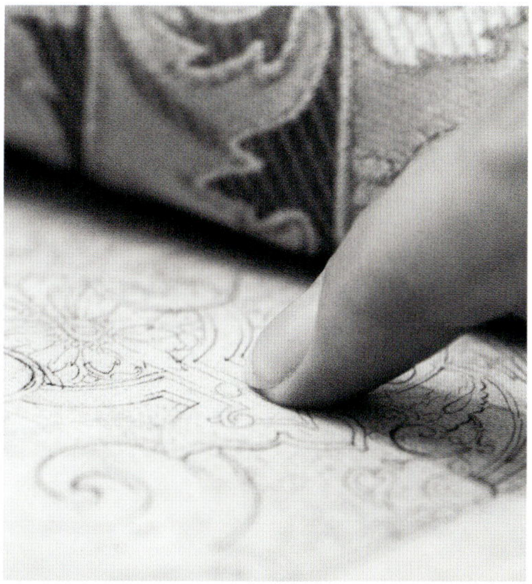

2

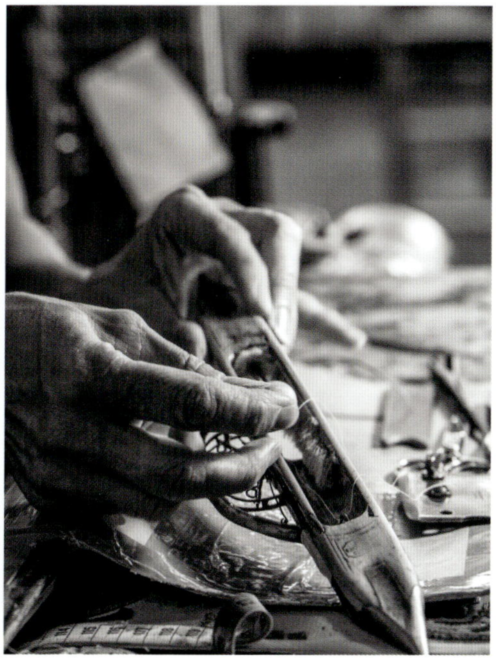

3

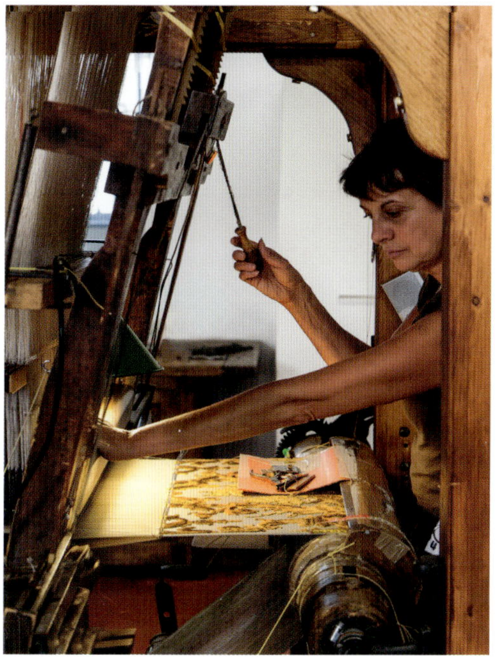

4

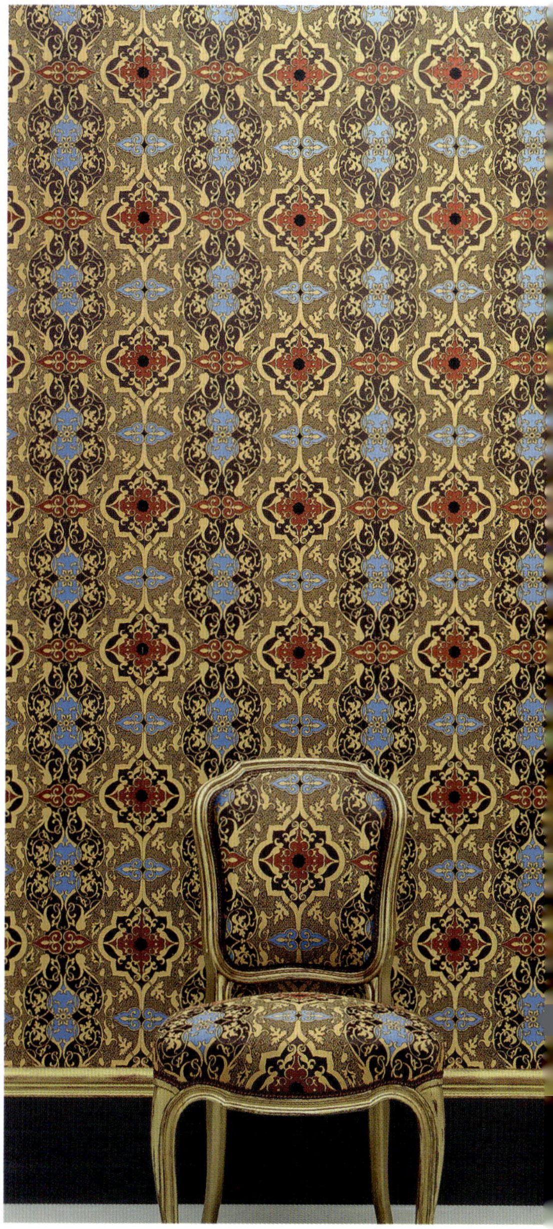

5

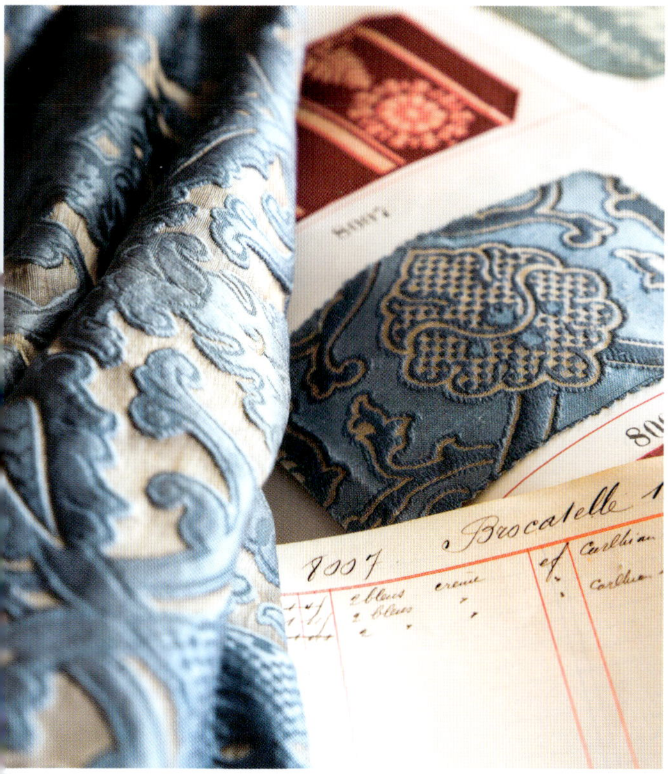

6

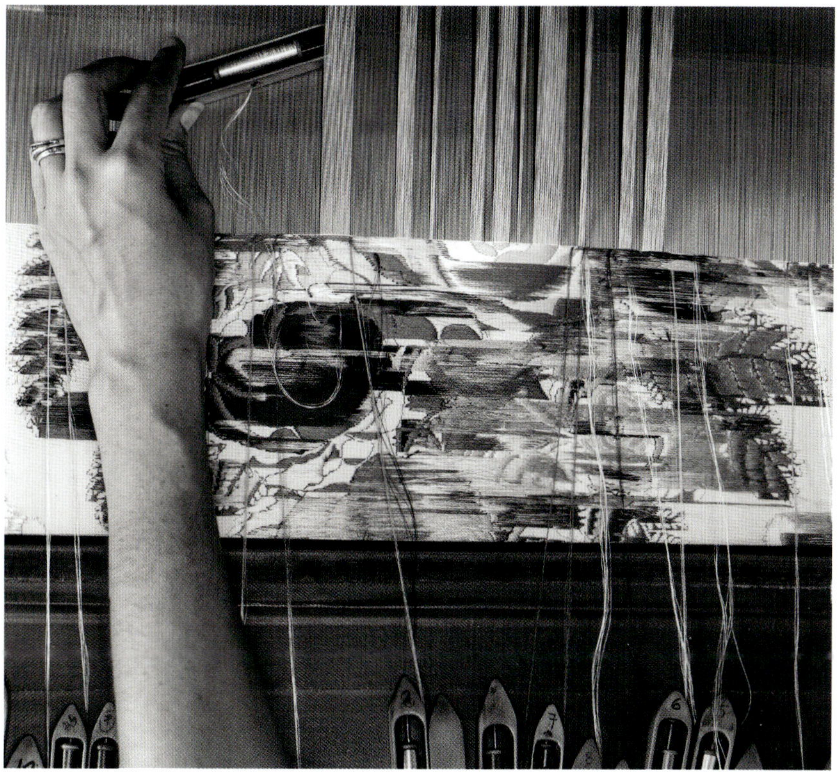

7

TISSAGE ART DE LYS

CRÉATEUR-TISSEUR

Tissage Jacquard de tapisseries et accessoires haut de gamme pour la maison

Croiser jusqu'à 100 fils au centimètre carré !

◆ LES FLANDRES, BERCEAU DE LA TAPISSERIE

Lorsque Jean Deffrennes-Canet et Édouard Catrice fondent, en 1890, la société qui porte leurs noms, l'industrie textile vit un véritable âge d'or dans le nord de la France. Et plus de 125 ans après, celle qui figure comme l'une des dernières entreprises de tissage de la région est toujours installée à Lys-lez-Lannoy, près de Lille. Dans ce berceau de la tapisserie flamande – dont elle réclame l'héritage –, elle produisait à l'origine des tapisseries et des tapis. Rebaptisée Tissage d'Art de Lys en 1983, elle recentre son activité vers la tapisserie décorative. Aujourd'hui, elle continue de créer, de tisser et de confectionner des accessoires textiles haut de gamme pour la maison (coussins, tentures, plaids, chemins de table, trousses…).

◆ DES MÉTIERS JACQUARD À LA CAO

Reprise en 2007 par Nicolas Bonte, la société emploie une quinzaine de salariés (dont trois tisserands, trois couturières et deux stylistes). « Nous disposons de métiers Jacquard complexes où nous croisons plus de 100 fils au centimère carré, explique-t-il. Nous ne sommes plus que deux entreprises en France à disposer d'une telle technicité et d'un tel savoir-faire. Nous pouvons refaire des tissus d'époque ou fabriquer à la demande de petites séries. » Au total, plus de 9 000 références sont inscrites au catalogue, des fleurs traditionnelles aux motifs « tendance » (graphiques, animaux de la jungle, collection de motifs « Le Nord » avec la designer Pauline Androlus…), jusqu'à des reproductions d'œuvres de musées (Gauguin, Klimt, Van Gogh…), dont la plus emblématique est *La Dame à la Licorne* du musée de Cluny. « Un produit est d'abord dessiné et colorié – nous disposons d'une palette presque infinie de couleurs –, puis les métiers à tisser sont programmés afin de reproduire au mieux chaque motif et, enfin, les pièces sont découpées à la main, contrôlées et confectionnées. » Depuis les années 1990, une grande partie du travail est conçue par ordinateur (CAO), ce qui offre une plus grande capacité de création. Ces outils modernes ont ajouté la rapidité à l'excellence du geste.

◆ UN SUCCÈS INTERNATIONAL

L'entreprise attache un grand soin à la sélection des matières textiles – en grande partie des cotons longues fibres provenant d'Égypte, de la laine et de la soie –, une qualité largement appréciée à l'étranger, où 70 % de la production est vendue. Une tradition pour cette entreprise qui, dès l'origine, produisait, entre autres, des tapis de prière pour l'Afrique du Nord. **D. L. et S. P.**

LES 5 DATES CLÉS

1890
Création de l'entreprise

1990
Acquisition de la CAO (conception assistée par ordinateur)

2007
Reprise de la société par Nicolas Bonte

2008
Partenariat avec la Réunion des musées nationaux

2013
L'entreprise reçoit le label EPV

1. Bureau des créatrices, où tous les motifs sont soigneusement imaginés. Une attention particulière est apportée aux moindres détails et au choix des couleurs pour offrir un dessin délicat et réaliste. Les créatrices travaillent sur ordinateur avec un logiciel spécifique relié aux métiers à tisser. **2 et 3.** Une finesse incomparable, une multitude de couleurs et des finitions soignées sont depuis toujours la marque de fabrique de Tissage Art de Lys. Le travail des différentes armures, qui correspond à la palette de couleurs des métiers à tisser, permet de créer des nuances subtiles et d'apporter du relief au dessin. **4 à 6.** Du tissage à la confection, un savoir-faire maîtrisé où patience, rigueur et excellence sont les maîtres mots. Les tisserands gardent un œil vigilant sur les métiers à tisser afin de vérifier la qualité du tissage, d'anticiper la formation de défauts et de prendre soin de ce mécanisme complexe. Les couturières prennent ensuite le relais, donnent forme aux produits et apportent les dernières finitions.

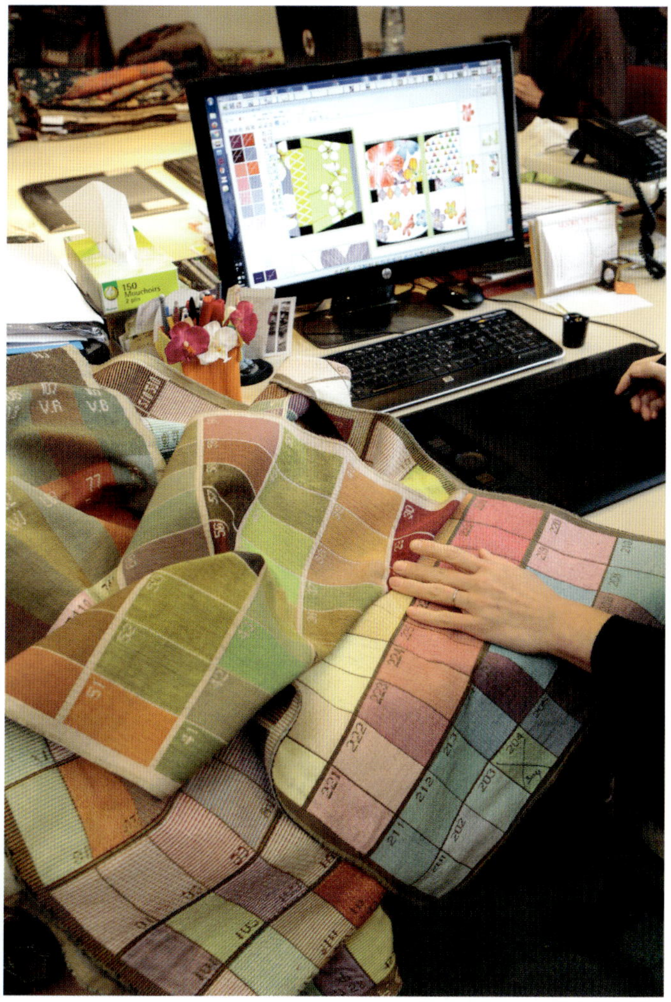
1

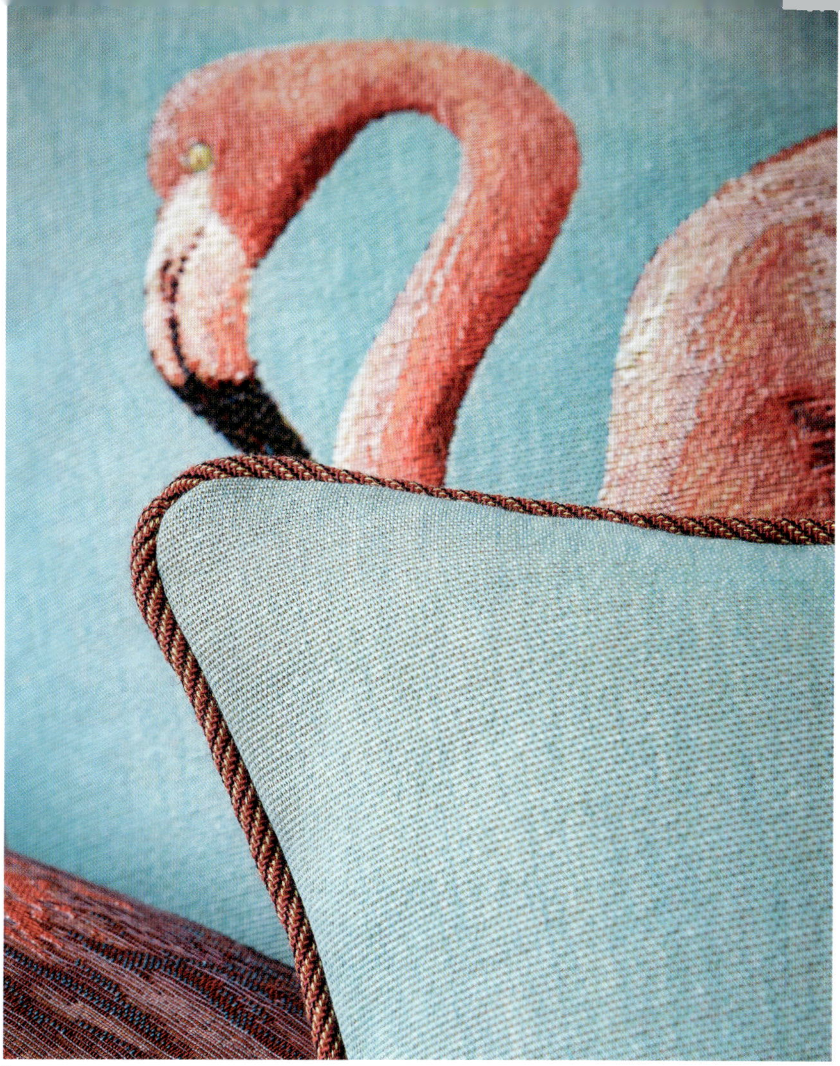
2

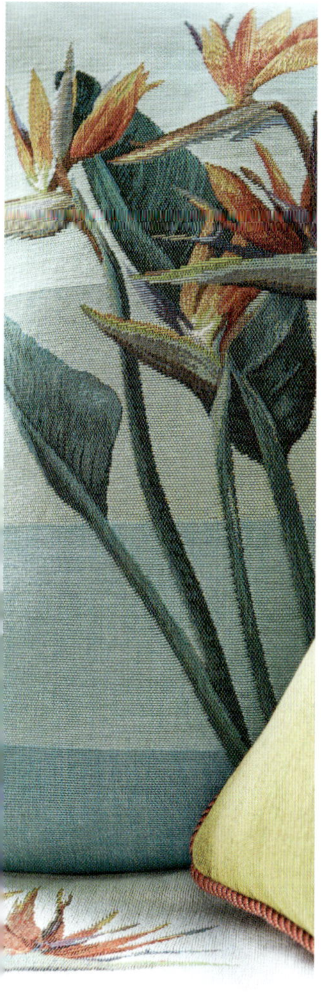
3

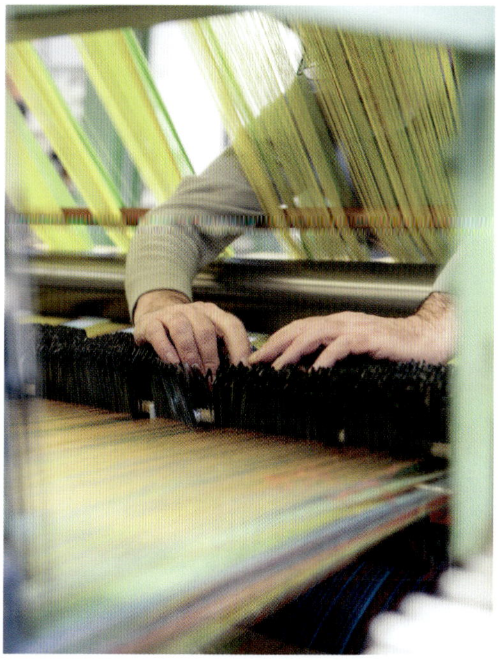
4

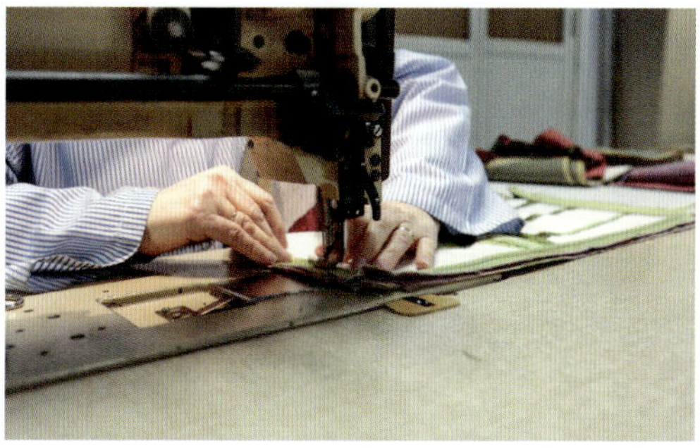
5

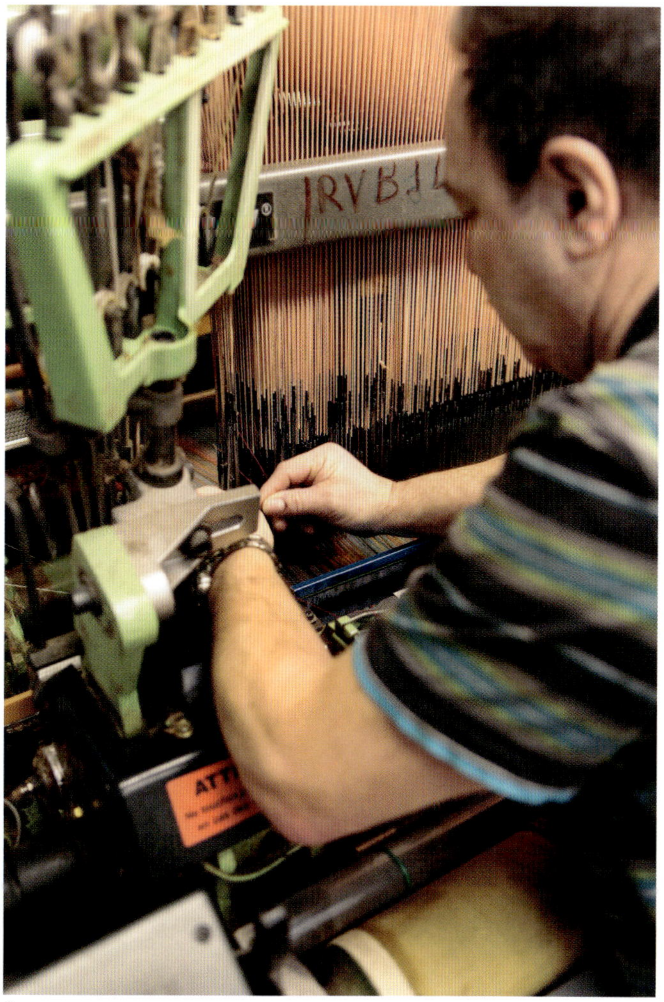
6

PHILIPPE TOURNAIRE

JOAILLIER

Haute joaillerie

Penser le bijou comme une architecture

❖ UN CONTE MODERNE

L'histoire de Philippe Tournaire pourrait être celle d'un conte moderne. Il y a une quarantaine d'années, Philippe est électromécanicien – il répare des télévisions – et ne trouvant pas de bijoux qui lui correspondaient, il s'amuse à en fabriquer. Recevant l'encouragement de ses amis, séduits par ses créations, il s'y intéresse de plus en plus sérieusement, à tel point qu'il ouvre une première boutique à Montbrison en 1984. Le succès étant au rendez-vous, Philippe Tournaire part à la conquête de Lyon en 1999 et de la place Vendôme en 2004. L'étape suivante coule de source : l'ouverture à l'internationale.

❖ NAISSANCE D'UN « STYLE TOURNAIRE » UNIQUE

Ce parcours en dehors d'un cursus balisé et formaté apparaît finalement comme une chance, offrant les conditions pour donner naissance au « style Tournaire » à part et immédiatement reconnaissable. Il y a l'iconique collection « Alchimie », réunissant un carré, un triangle et un rond. Véritable signature et best-seller de la Maison, elle illustre une spécificité technique : l'utilisation du serti clos avec des recoupes dans le métal – le diamant est une des pierres de prédilection aux côtés de l'opale. Il y a également ces bagues architecturées qui ne sont pas plus grandes qu'une chevalière, une prouesse tant les détails sont précis. « Les bijoux architecturaux relèvent d'une vieille tradition remontant au Ve siècle de notre ère », précise Mathieu Tournaire, qui a rejoint la Maison il y a huit ans. « Certains particuliers veulent leur maison sur une bague, et nous avons eu des commandes étonnantes comme celle d'un rappeur américain qui souhaitait que nous reproduisions l'immeuble où il est né. »

❖ DE L'IMPRESSION 3D À L'ATELIER

L'introduction de l'impression 3D dans le processus de production a permis au créateur d'affiner et de multiplier les détails pour des bijoux encore plus spectaculaires. « Lorsque nous avons commencé à utiliser, il y a presque quinze ans, les impressions 3D, les autres bijoutiers étaient frileux, alors qu'aujourd'hui même les grandes maisons y ont recours. » Mais ces objets restent façonnés en cire – les essais en métal n'étaient pas concluants –, ensuite, on retrouve les étapes classiques, à savoir la production d'un moule et la fonte à la cire perdue. L'objet est alors dans les ateliers, où s'enchaînent les étapes classiques : la reprise de l'état de surface, le polissage, l'assemblage, le sertissage...

L'entreprise multiplie les collaborations avec l'atelier Verney-Caron, S.T. Dupont, ValGrine, TF Urban, les skis Lacroix et dernièrement avec Obut. Entre ces deux marques ancrées dans le même territoire, il s'agit d'une rencontre humaine doublée d'une même ambition de diffuser deux savoir-faire. Cela se traduit par un produit d'exception : une boule de pétanque sertie de diamants avec les emblèmes de la maison : la Trilogie. **S. P.**

LES 5 DATES CLÉS

1984
Ouverture de la première boutique à Montbrison

2001
La maison mise sur la conception en trois dimensions avec l'acquisition d'une imprimante 3D

2007
Mathieu rejoint l'atelier, il est désormais directeur artistique de la marque

2009
Première collaboration avec S.T. Dupont

2010
L'entreprise reçoit le label EPV, renouvelé en 2015

Toutes les étapes de fabrication des bijoux Tournaire sont réalisées dans les propres ateliers de la marque à Savigneux (42). **1.** Le serti extrêmement délicat d'une opale. **2.** Le polissage. **3.** La coulée de fonte. **4.** Bague « Village fortifié » en or blanc et rouge sertie d'un diamant noir et d'un diamant jaune. **5.** Création sur mesure : collier Opale, « l'harmonie des formes et des couleurs ». **6 et 7.** Poli de finition.

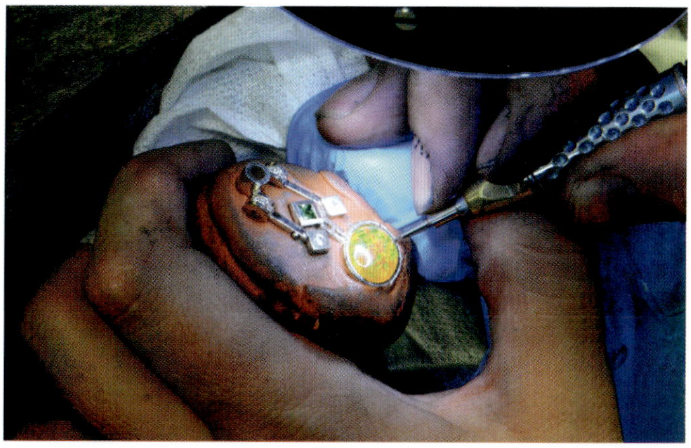
1

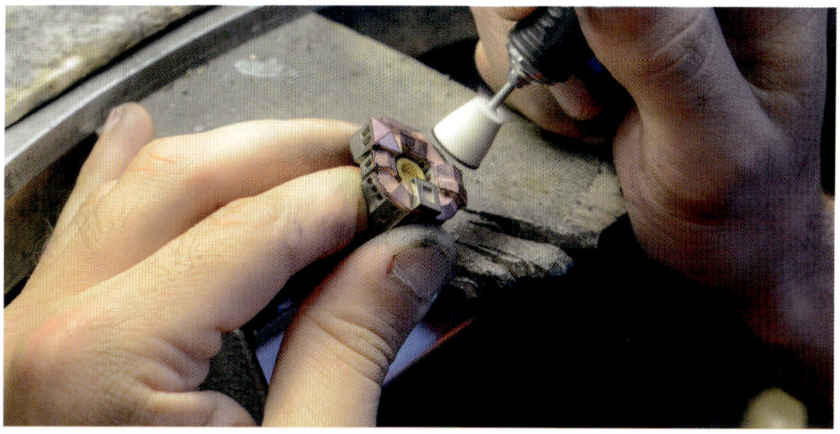
2

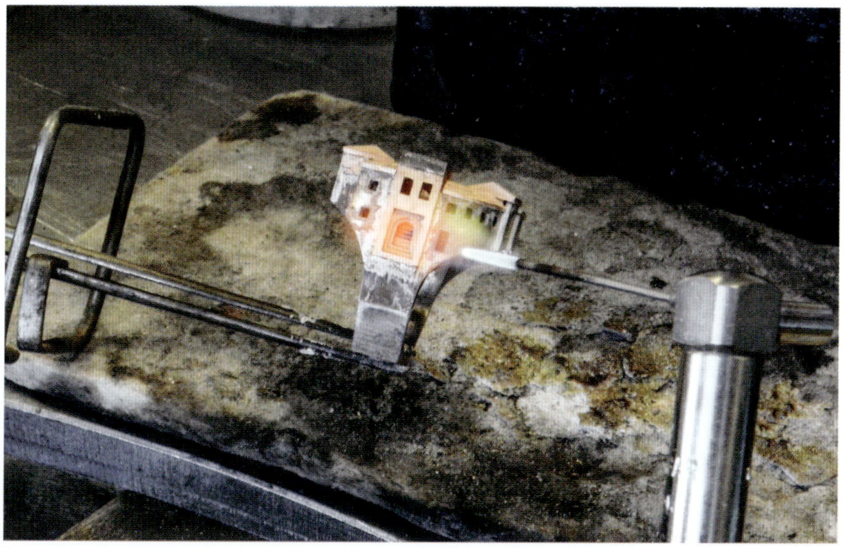
3

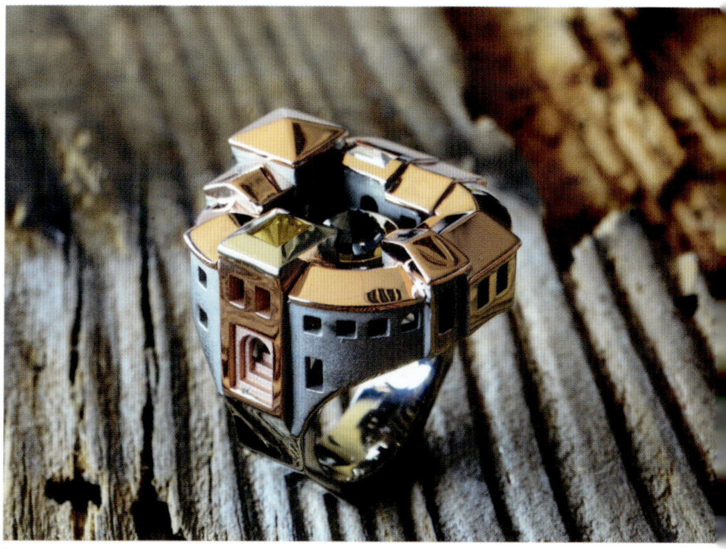
4

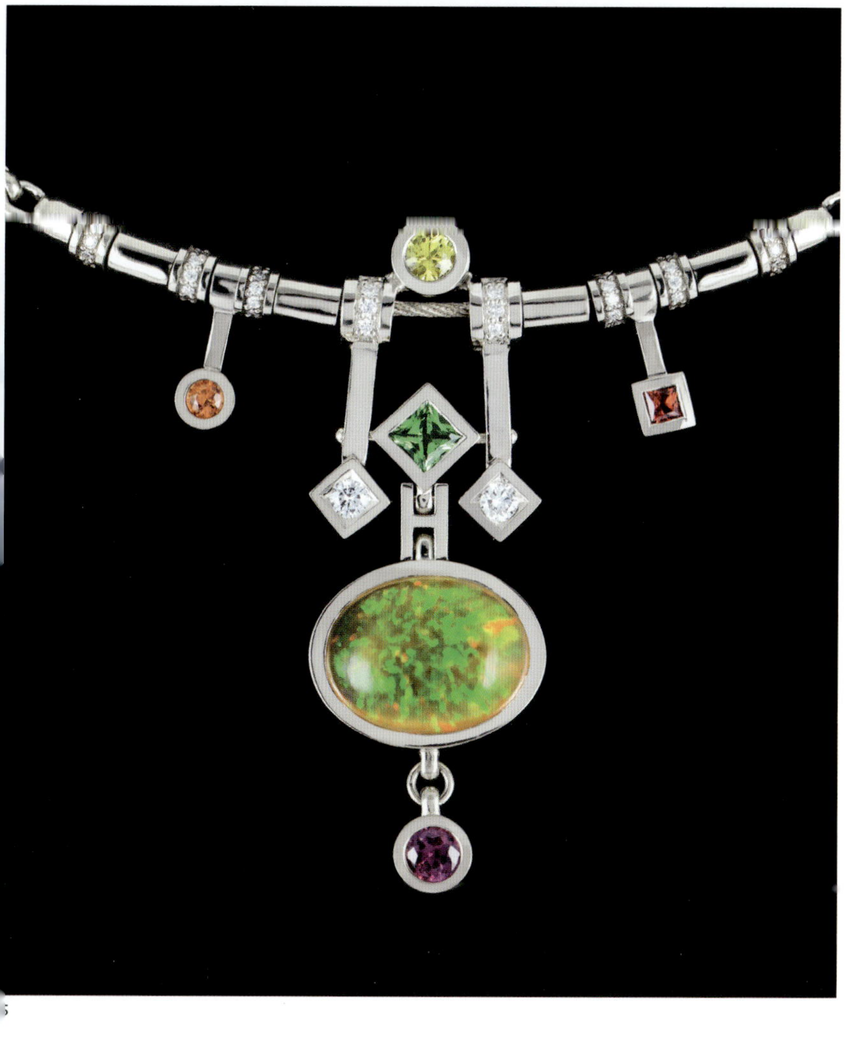
5

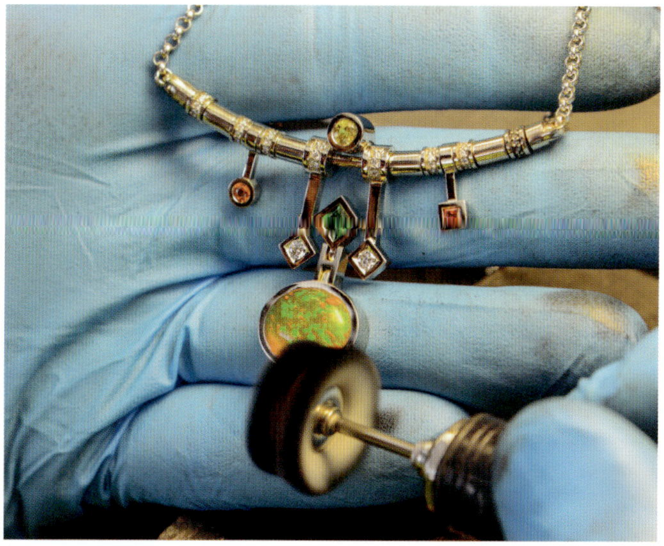
6

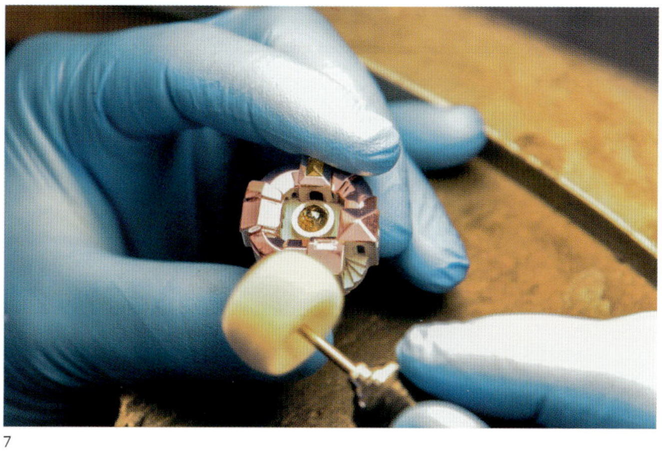
7

VALGRINE

FABRICANT DE CLUBS DE GOLF

Créateur de putters haut de gamme

Les putters les plus élégants et les plus innovants

◆ PREMIÈRE MANUFACTURE FRANÇAISE DE PUTTERS DE GOLF

C'est à Saint-Étienne, dans le berceau de l'excellence métallurgique, que Grégory Moreau, dernier héritier des savoir-faire de la manufacture d'armes, a créé ValGrine. Passionné par les beaux objets, les belles mécaniques et le golf, il a décidé de créer le putter qui serait à la fois le plus innovant et le plus élégant. Pendant trois années, entouré d'ingénieurs et de joueurs professionnels, il est allé chercher dans d'autres secteurs, comme la joaillerie, l'horlogerie, l'aéronautique ou la formule 1, des savoir-faire technologiques et des matériaux inconnus du milieu golfique. Tout ce travail et toutes ces recherches pour aboutir à un design novateur, une excellence dans le fait-main, une expérience unique et sensorielle. Autant d'arguments qui séduisent aujourd'hui de nombreux amateurs passionnés et golfeurs professionnels. L'expertise et la science ont permis à Grégory Moreau de concevoir un putter élégant qui offre à chaque propriétaire un rendement et une efficacité au putting incomparables.

◆ LA « ROLLS ROYCE » DU GOLF

Lancée officiellement à Megève en 2012, ValGrine est le mariage d'un univers haute couture avec des finitions exceptionnelles et de la plus haute technicité avec la précision d'horloger et des innovations brevetées au service de la performance. Mais il n'est pas question pour Grégory Moreau de se contenter du luxe, il entend donner à ses putters une haute valeur ajoutée technologique : le joueur doit faire corps avec son putter, qui est personnalisé, adapté à la taille, au poids, à la masse musculaire, aux habitudes du golfeur. « Nous sommes les seuls à pouvoir modifier la masse du putter, son centre de gravité ou son centre de vitesse sans changer le volume ou le design », précise Grégory Moreau.

L'assemblage, sous atmosphère contrôlée, fait appel à de nombreuses matières : Inox horloger, carbone forgé, alliage de laiton et d'or, aluminium aéronautique... et poussière de météorite.

◆ SPORT OU PRESTIGE ?

Le ticket d'entrée chez ValGrine débute à 950 euros dans la gamme sport aux noms flirtant avec l'histoire et la mythologie : Phœnix, Cæsar ou encore Apollon. Cette gamme répond aux besoins principaux des golfeurs, et les aide à devenir plus précis et plus réguliers au putting. Ensuite, l'entreprise réserve à ses clients les plus exigeants un service de prestige, qui peut répondre aux désirs les plus fous, comme le modèle Cupidon : composé d'un hosel en carbone forgé sous vide, couvert de sept couches de vernis, à la pointe du cœur, une masselotte forgée de poussière de météorite, une poignée en veau grainé pleine fleur cousu au fil de lin, et recouvert de 56 diamants sertis par quatre grains horlogers... Le comble du raffinement ! **D. L. et S. P.**

LES 5 DATES CLÉS

2012
Lancement officiel de ValGrine

2013
Coup de cœur de l'économie

2014
Oscar de la création aux trophées Born Ultimate

2014
Membre du Comité Bellecour

2014
L'entreprise reçoit le label EPV

1 et 4. Fixation des masselottes forgées en poussière de météorite. Densité de la matière : 19,4 g/cm. **2 et 3.** Laquage du hosel en carbone forgé (tresse 5K) de 7 couches de vernis. **3 et 5.** Présentation de deux modèles créés à l'occasion de commandes spéciales dans la gamme prestige. **3.** Modèle Dandy, tête en Inox 309L horloger, entièrement ciselé à la main de motifs baroques. **5.** Modèle Cupidon, tête en aluminium 2024, recouvert de 56 diamants sertis par quatre grains horlogers. **6.** Contrôle et finition sur l'insert fixé sur un appui plan périmétrique avec huit vis de laiton et d'or. **7.** Présentation du modèle Cæsar, dans la gamme sport, tête en aluminium 2024, entièrement revêtu de céramique, une première mondiale. **8.** Deux chapeaux réalisés en cuir d'autruche, utilisés pour protéger la tête des putters. La doublure intérieure est en cuir lisse, cousue au fil de lin, à la main par la couturière.

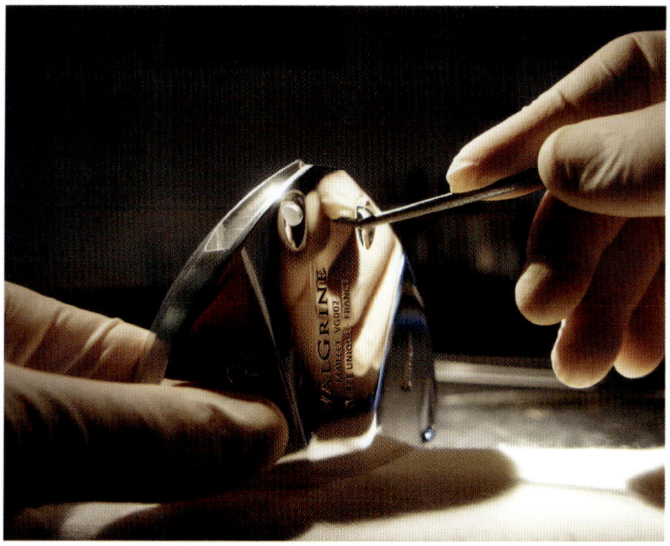

1

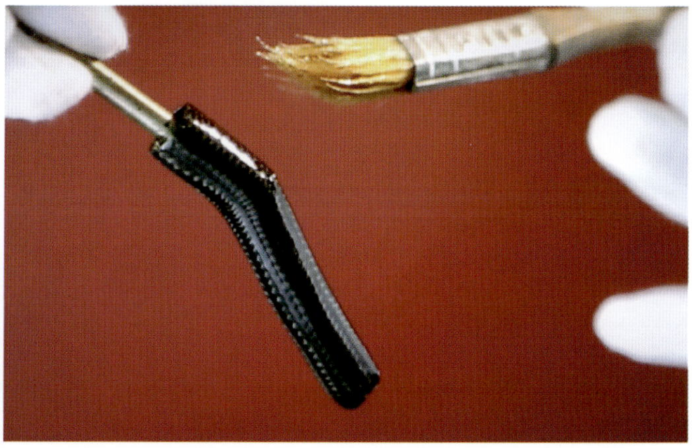
2

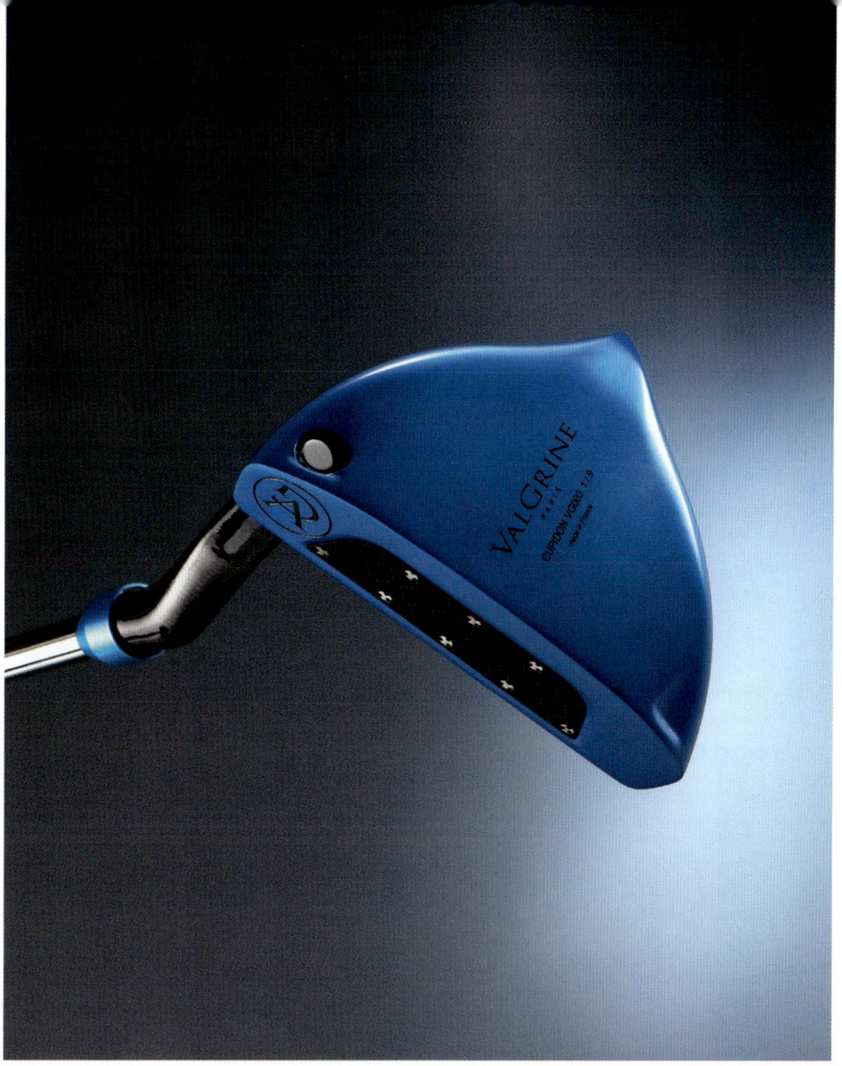

3

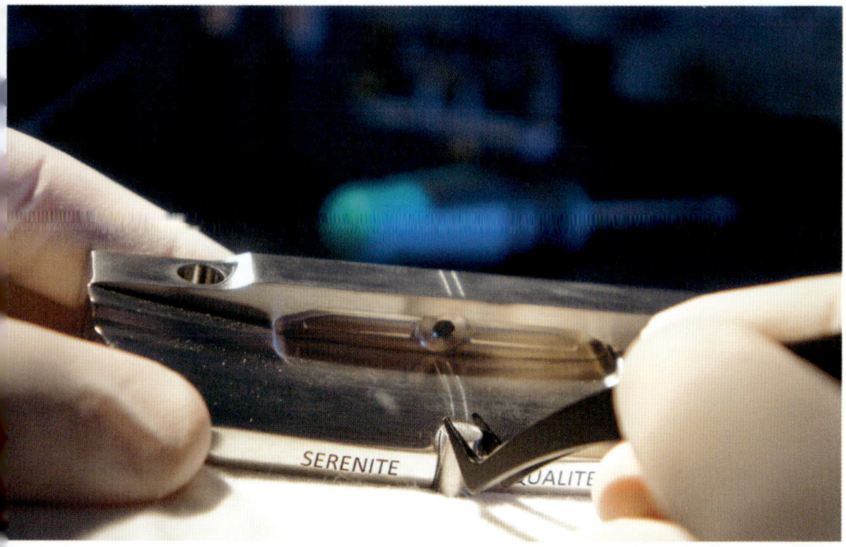

4

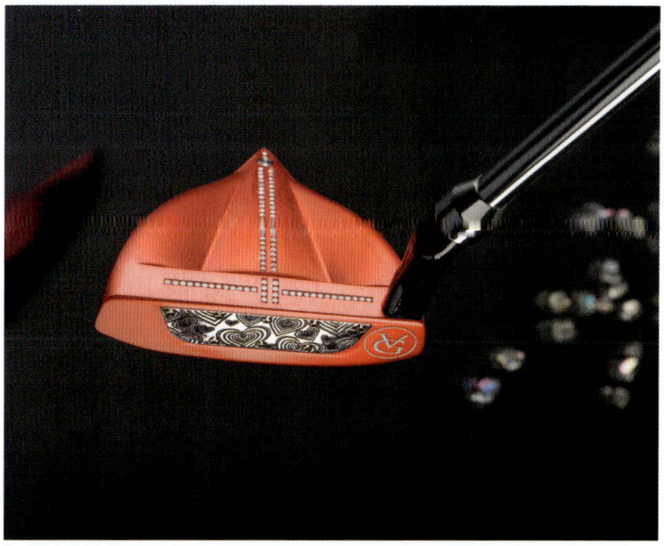
5

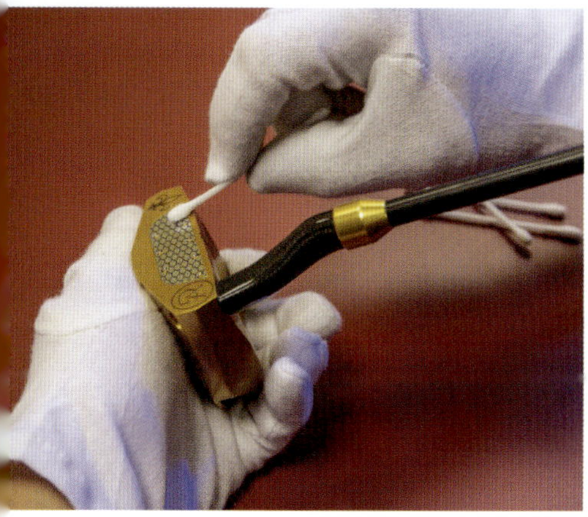

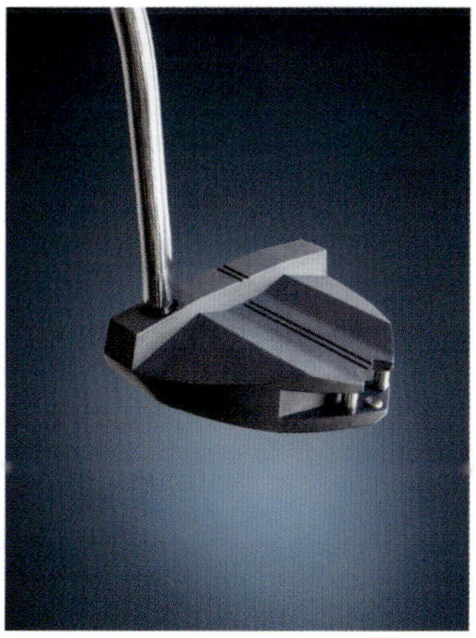
7

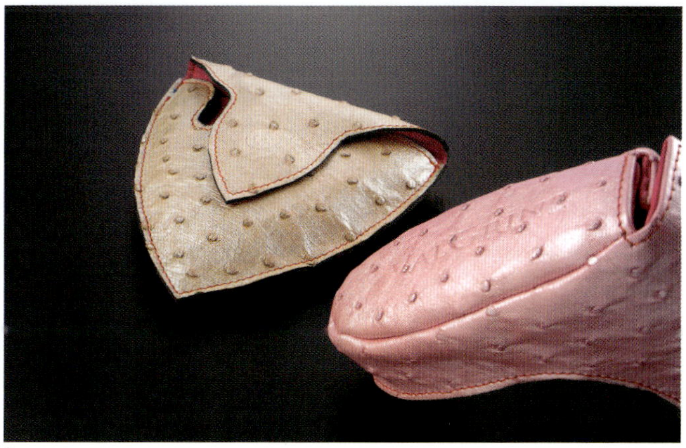
8

CARNET D'ADRESSES

AGRO'NOVAE INDUSTRIE – LES COMTES DE PROVENCE
Manufacture de spécialités et ingrédients à base de fruits
11, espace Saint-Pierre ✦ 04310 Peyruis
Tél. : +33 (0)4 92 33 23 00
WWW.COMTES-DE-PROVENCE.COM

LES ATELIERS DE LA CHAPELLE
Ébénisterie, sculpture, boiseries, menuiserie d'art/Conservation et restauration de mobilier civil et religieux
Z.I. le Bordage ✦ 49710 Le Longeron
02 41 49 04 24
WWW.ATELIERSDELACHAPELLE.COM

LA BOTTE GARDIANE
Bottes camarguaises
470, chemin de Lunel ✦ 34400 Villetelle
Tél. : +33 (0)4 67 66 29 58
WWW.LABOTTEGARDIANE.COM

BULLIER - PINCEAUX LÉONARD
Spécialiste de pinceaux pour l'art et la cosmétique
37, boulevard Laënnec ✦ BP 127
22000 Saint-Brieuc
Tél. : +33 (0)2 96 94 31 10
WWW.BULLIER.FR

LES HARPES CAMAC
Facture de harpes
La Richerais ✦ BP 15 ✦ 44850 Mouzeil
Tél. : + 33 (0) 240 97 24 97
L'Espace Camac Paris
92, rue Petit ✦ 75019 Paris
+ 33 (0)1 40 40 08 40
WWW.CAMAC-HARPS.COM

PARFUMS CARON
Création de parfums et cosmétiques
23, rue François-Ier ✦ 75008 Paris
Tél. : 33 (0)1 42 68 25 72
WWW.PARFUMSCARON.COM

ATELIERS JEAN-BAPTISTE CHAPUIS
Ébénisterie et menuiserie d'art/ Restauration de meubles d'art
Hinzal ✦ 56190 Muzillac
Tél. : +33 (0)2 97 41 59 23
WWW.JBCHAPUIS.FR

CHÂTEAU HAUT-BAILLY
Production de vins (Bordeaux, Grand Cru Classé de Graves)
103, avenue de Cadaujac ✦ 33850 Léognan
Tél. : +33 (0)5 56 64 75 11
WWW.CHATEAU-HAUT-BAILLY.COM

COQUET
Fabrication de porcelaine
Avenue de Limoges
87400 Saint-Léonard-de-Noblat
Tél. : +33 (0)5 55 56 08 28
WWW.JLCOQUET.COM

ATELIERS PHILIPPE COUDRAY
Tapisserie décoration d'intérieur/ Tapisserie d'ameublement
29, rue Victor-Hugo ✦ 93500 Pantin
Tél. : +33 (0)1 57 14 07 00
WWW.ATELIERSPHILIPPECOUDRAY.COM

CRISTALLERIES DE SAINT-LOUIS
Fabrication de pièces en cristal
Rue Coëtlosquet
57620 Saint-Louis-lès-Bitche
Tél. : +33 (0)3 87 06 40 04
WWW.SAINT-LOUIS.COM

LAZAR CUCKOVIC COUTURE
Confection dames, hommes, costumes de scène
172-174, rue de Charonne ✦ 75011 Paris
Tél. : +33 (0)1 43 70 48 08
WWW.LAZARCUCKOVICCOUTUREPARIS.COM

FONDERIES DACHEVILLE NICOL ARDI
Fonderie aluminium, mécanique générale
2, chemin Beauchet ✦ 78490 Méré
Tél. : +33 (0)1 34 86 00 36
WWW.DACHEVILLE-NICOL.FR
WWW.ARDI.FR

DELISLE
Création et restauration de luminaires et de mobilier d'exception
4, rue du Parc-Royal ✦ 75003 Paris
Tél. : +33 (0)1 42 72 21 34
WWW.DELISLE.FR

DEUX-PONTS MANUFACTURE D'HISTOIRES
Imprimerie, fabrication de livres, catalogues, brochures
5, rue des Condamines ✦ 38320 Bresson
Tél. : +33 (0)4 38 24 14 24
WWW.DEUX-PONTS.FR

CLAUDE DOZORME
Fabrication d'articles de coutellerie
Z.A. Racine ✦ BP 19
63650 La Monnerie-le-Montel
Tél. : 33 (0)4 73 51 48 51
WWW.DOZORME-CLAUDE.FR

ESCHLIMANN
Conservation et restauration de décors peints, peintures murales, dorures et sculptures
Rue Ettore-Bugatti ✦ BP 40100
67152 Erstein Cedex
Tél. : +33 (0)3 88 64 18 22
WWW.ESCHLIMANN.FR

EPHTÉE
Fabrication de malles de luxe, à complications et sur mesure
11, rue Aristide-Briand ✦ 33150 Cenon
Tél. : +33 (0)5 56 86 95 83
WWW.EPHTEE.COM

GAINERIE 91
Fabrication d'écrins et de présentoirs en cuir pour l'horlogerie-joaillerie
11, rue Mercure ✦ 91230 Montgeron
Tél. : +33 (0)1 69 03 21 53
WWW.GAINERIE91.COM

RÉMY GARNIER
Fabrication de serrures et ferrures décoratives
30 *bis*, boulevard de la Bastille ✦ 75012 Paris
Tél. : +33 (0)1 43 43 84 85
WWW.GARNIER-REMY.COM

HERZO
Haute joaillerie
6, quai Jean-Moulin ✦ 69001 Lyon
Tél. : 33 (0)4 78 30 49 47
WWW.ROMAIN-HERZO.FR

LEBLON DELIENNE
Fabrication de figurines, statues et objets d'art d'exception
12, rue de la Béthune
76270 Neufchâtel-en-Bray
Tél. : +33 (0)2 35 93 84 03
WWW.LEBLON-DELIENNE.COM

LINGE AU CŒUR
Broderie main et mécanique
2, rue de Valois ✦ 75001 Paris
Tél. : +33 (0)1 46 49 86 56
WWW.LINGEAUCOEUR.COM

LA MAISON DU PETIT-FOUR
Petits-fours sucrés et salés
37, rue Louise-Weiss ✦ 75013 Paris
Tél. : +33 (0)1 45 85 08 09
WWW.PETIT-FOUR.FR

LA MAISON DU VITRAIL
Création et restauration de vitraux
67-69, rue Desnouettes ✦ 75015 Paris
Tél. : +33 (0)1 42 50 88 03
WWW.VITRAIL.NET

LES MÉTALLIERS CHAMPENOIS
Ferronnerie d'art
11, rue des Létis ✦ 51430 Bezannes
Tél. : +33 (0)3 26 36 21 33
WWW.LMC-HB.COM
WWW.LESMETALLIERSCHAMPENOIS.COM

MULTIPLAST
Bateaux de compétition et matériaux composites
24, allée Loïc-Caradec
Le Parc du Golfe ✦ 56000 Vannes
Tél. : +33 (0)2 97 40 98 44
WWW.MULTIPLAST.EU

MUZÉO
Concepteur et fabricant de décoration murale artistique sur mesure
6, rue Nicolas-Appert ✦ 75011 Paris
Tél. : +33 (0)1 70 71 52 20
HTTP://FR.MUZEO.COM

LE NEGRESCO
Hôtellerie-restauration
37, promenade des Anglais ✦ 06000 Nice
Tél. : +33 (0)4 93 16 64 00
WWW.LENEGRESCO.COM

NEW-TONE
Réalisation de maquettes pour les architectes, designers, publicitaires et industriels du luxe
38, rue du Château-d'Eau ✦ 75010 Paris
Tél. : +33 (0)1 43 14 86 30
WWW.NEW-TONE.COM

LES PAVILLONS DE BERCY – MUSÉE DES ARTS FORAINS
Restauration et mise en scène des objets d'art forain et du spectacle
53, avenue des Terroirs-de-France
75012 Paris
Tél. : +33 (0)1 43 40 16 22
WWW.PAVILLONS-DE-BERCY.COM

BERNARD PICTET VERRIER
Verre appliqué à l'architecture et à la décoration
47, rue Oberkampf ✦ 75011 Paris
Tél. : +33 (0)1 48 06 19 25
WWW.BERNARDPICTET.COM

PUIFORCAT
Orfèvrerie d'art
25, rue d'Estienne-d'Orves ✦ 93500 Pantin
Tél. : +33 (0)1 49 42 83 00
WWW.PUIFORCAT.COM

RICCOBONI
Entretien et restauration des toitures parisiennes
105, rue des Grands-Champs ✦ 75020 Paris
Tél. : +33 (0)1 60 43 98 19
WWW.RICCOBONI.FR

ATELIER ET ÉCOLE D'ART JEAN SABLÉ
Réalisation et enseignement de peintures décoratives pour le patrimoine
1, rue Alexandre-Bontemps
78000 Versailles
Tél. : +33 (0)1 39 20 99 76
WWW.JEAN-SABLE.COM

MÉTALLERIE SCHAFFNER
Ferronnerie, escaliers, menuiserie métallique, verrières, métallerie fine, structures métalliques
24, rue des Prés ✦ 67120 Duppigheim
Tél. : +33(0)3 88 49 11 56
WWW.SCHAFFNER.FR

VITTORIO SERIO
Création et fabrication de meubles contemporains
33, rue de Montreuil ✦ 75011 Paris
Tél. : +33 (0)1 43 72 38 15
WWW.VITTORIO-SERIO.COM

SERRES ET FERRONNERIES D'ANTAN
Serres, vérandas, menuiserie fer, restauration et création
Route de Vendôme ✦ Z.A. Les Vignes
41360 Savigny sur Braye
Tél. : +33 (0)2 54 23 70 34
WWW.SERRESDANTAN.COM

SOLYFONTE
Fonderie métaux précieux et bronzerie d'art
11, rue Mercière ✦ 69002 Lyon
Tél. : +33 (0)4 72 41 07 02
WWW.MANUFACTUREARTDESIGN.COM

TASSINARI & CHATEL
Tissage de tissus d'ameublement
13, rue du Mail ✦ 75002 Paris
Tél. : 33 (0)1 43 16 88 00
WWW.TASSINARI-CHATEL.FR

TISSAGE ART DE LYS
Tissage Jacquard de tapisseries et accessoires haut de gamme pour la maison
34, rue Chanzy ✦ 59390 Lys-lez-Lannoy
Tél. : +33 (0)3 20 75 42 10
WWW.ARTDELYS.COM

PHILIPPE TOURNAIRE
Haute joaillerie
2, rue des Métiers ✦ 42600 Savigneux
Tél. : +33 (0)4 77 96 08 84
WWW.PHILIPPETOURNAIRE.COM
WWW.BIJOUTERIETOURNAIRE.COM

VALGRINE
Créateur de putters haut de gamme
9 rue Thimonnier ✦ 42100 Saint-Étienne
Tél. : +33 (0)4 77 47 95 13
WWW.VALGRINE.FR